ACCOUNTING

高职高专会计专业规划教材

Accounting

（第二版）

（配光盘）

电算会计实训教程

李春友　谢小春　主　编

郭　兆　高　峰　副主编

湖南大学出版社

内 容 简 介

本书以用友 U8.50 版本为阐述、实验和实训环境，对电算会计信息信系统的主要子系统作了系统的介绍。本书有三个模拟会计主体：各章分阶段实验、第九章财务综合实训、第十三章财务业务一体化实训分别都是完整的会计数据模型，其操作覆盖了会计部门的主要操作岗位，包括：会计主管、记账凭证的填制和审核、记账、会计报表的编制、出纳、工资计算、固定资产管理等，财务业务一体化实训还包括销售、采购、库存、应收应会等岗位的实训。本书适用于电算会计课程的配套实训用书，也可独立作为电算会计课程的教材。

图书在版编目（CIP）数据

电算会计实训教程（第二版）/李春友，谢小春主编.
—长沙：湖南大学出版社. 2008.6（2010.8 再版）
（21 世纪高职高专会计专业规划教材）
ISBN 978 - 7 - 81113 - 406 - 3

Ⅰ. 电... Ⅱ. ①李... ②谢... Ⅲ. 计算机应用—会计—高等学校：技术学校—教材
Ⅳ. F232

中国版本图书馆 CIP 数据核字（2008）第 089656 号

电算会计实训教程（第二版）

Diansuan Kuaiji Shixun Jiaocheng（Di'er Ban）

主　　编：李春友　谢小春
责任编辑：陈建华
封面设计：张　毅
出版发行：湖南大学出版社
社　　址：湖南·长沙·岳麓山　　　邮　　编：410082
电　　话：0731-88822559（发行部），88821327（编辑室），88821006（出版部）
传　　真：0731-88649312（发行部），88822264（总编室）
电子邮箱：presschenjh@hnu. cn
网　　址：http://press. hnu. cn
印　　装：湖南天闻新华印务邵阳有限公司
开本：787×1092　16 开　　　印张：16.5　　　　　字数：382 千
版次：2010 年 8 月第 2 版　　印次：2010 年 8 月第 1 次印刷　　印数：1～5 000 册
书号：ISBN 978 - 7 - 81113 - 406 - 3/F·168
定价：35.50 元

前　言

高职高专教育特别强调实践技能的培养，要求课程教学特别是专业课的教学贴近实际应用，突出应用性、技能性和实践性。电算会计是会计及相关专业的重要专业课，本身就具有面向实际应用的方法性、工具性和技能性特点。本书就是基于高职高专教育的特点和课程本身的内在属性，在一个广泛应用的软件环境中，用系统的、仿真的、循序完善的会计数据处理过程对学生进行会计电算化全过程的介绍，并提供分阶段的和综合的实际操作训练。

本书有以下特点：

1. 本书内容涵盖电算化会计信息系统的主要子系统，每章包括"基本知识和方法"、"上机实验"两部分。既有各章分阶段实验，同时也在第九章和第十三章安排两个综合实训案例，分别用于财务系统实训和财务业务一体化实训。本书适于作电算会计课程的配套实训用书，也可独立作电算会计课程的教材。

2. 每章分阶段实验大约需 2~4 课时的上机时间，第九章和第十三章综合训练分别需 16~30 课时的上机时间。总的教学时间推荐安排 100 课时（包含大约 40 课时的综合训练），可根据具体实训时间调整实训内容。

3. 本书有三个模拟会计主体：各章分阶段实验、第九章财务综合实训、第十三章财务业务一体化实训分别都是完整的会计数据模型，其操作覆盖了会计部门的主要操作岗位，包括：会计主管、记账凭证的填制和审核、记账、会计报表的编制、出纳、工资计算、固定资产管理等，财务业务一体化实训还包括销售、采购、库存、应收应付等岗位的实训。

4. 本书以用友 U8.50 版本为阐述、实验和实训环境，也可在其他 U8 版本甚至"用友通"下使用，但可能要做适当的调整。本书编写组为基于 U8.50 的实训提供了一个教师检查与评价软件，便于迅速了解学生实训情况并自动进行成绩评定。

5. 本书所涉及的会计数据是根据典型企业的数据加工改造而来，以适合教学和操作训练。所有具体经济数字与指标均已与原单位无直接联系。

本书由李春友、谢小春担任主编，郭兆和高峰担任副主编，姚靠华担任主审。整个实验实训数据的体系框架、系统的基础数据、各子系统的业务数据和报表由李春友（湖南冶金职业技术学校）设计和编写。各章的"基本知识和方法"及"实验指导"部分由以下作者编写：第一章，李春友、鲁芳（湖南女子大学）；第二章，高峰（株洲职业技术学院）；第三、四、五章，董文秀（长沙民政职业技术学院）、李春友；第七章，谢小春（湖南化工职业技术学院）；第八章，袁东兵（湖南外贸职业技术学院）；第十章，李春友、郭兆（湖南工业职业技术学院）；第十一章，佘浩（长沙民政职业技术学院）、刘赛（湖南信息职业技术学院）；第十二章，佘浩。这些章节的其余内容和其他章节由李春友编写。李春友和谢小春对所有章节进行了审定和总纂。

在本书编写过程中，湖南大学出版社、用友软件，以及本实训的原型企业给予了我们极大的支持和帮助，谨以本书向他们致以真诚的谢意。

由于时间仓促，水平有限，虽然我们尽了很大的努力，书中难免会有错误及不妥之处，欢迎同行与读者批评指正。（联系人：李春友，湖南工业大学，412000，Email：lcy@ie165.com）

编　者

2008 年 3 月

目　次

第 **1** 章

会计电算化系统安装与配置

第一节　基本知识与方法

一、会计电算化信息系统的基本概念

会计信息系统是处理会计业务、以提供会计信息为目的的信息系统。会计信息系统要有一定的操作技术和处理手段，用来对会计数据进行采集、加工、存储。随着经济管理工作对会计数据处理要求的日益提高和科学技术的进步，会计操作技术和处理手段也在不断变化，它经历了从手工操作到电子计算机操作的发展过程。会计信息系统也经历了从手工会计信息系统到会计电算化信息系统的发展过程。

会计电算化信息系统是以电子计算机为主的当代电子信息处理技术为手段的会计信息系统。会计电算化信息系统一般可分为会计核算子系统、会计管理子系统、决策支持子系统。这三个子系统分别用于会计的事后核算、事中控制、事前决策。它们的共同目标是反映企业的经营活动情况，监督企业的经营活动，参加企业的管理。

（一）会计电算化信息系统的基本组成

会计电算化是在机器的支持下，由具体的人，在一定的规则约束下，来完成对会计业务的操作和会计数据的处理。所以，会计电算化信息系统的基本组成有硬件、软件、人员、数据和规程。

1. 硬件

硬件是在会计电算化信息系统中需要的所有物理装置的总称。一般的硬件设备包括数据采集设备、处理设备、存储设备和输出设备。数据采集设备是指能够把有关的会计数据输入到计算机中的设备，目前常见的有：键盘、鼠标器等等。数据处理设备是指按一定的要求对数据进行加工、计算、分类、存储、转换、检索等处理的设备，如计算机主机。数据存储设备是指用于存放数据的设备，如计算机磁盘、磁带机等等。数据输出设备是指从存储设备中取出数据按照一定的方式和格式进行输出的设备，如各类打印机、显示设备等等。此外还有通讯设备、机房设施等等。

会计电算化信息系统中不同的硬件组合构成了不同的计算机工作方式。目前，会计电算化信息系统中采用的硬件结构有以下两种：

（1）单机系统。系统只有一台计算机和相应的外围设备。所用的计算机一般是微型计算机。在单机系统中，同一时刻只能供一个用户使用，属单用户工作方式。单机系统的优点是数据一致性好、价格低廉、操作简单、环境要求不高。但功能较弱、集中输入速度低、存储容量不大、处理速度不快，输入输出成为数据处理的瓶颈。这种方式只能实现一些小型的会计电算化信息系统。

（2）网络系统。这种系统是将分散的、具有独立功能的多个计算机通过通讯线路和设备进行连接，并有功能完善的网络管理软件，组成一个功能更强的计算机网络系统，实现计算机之间数据交换和资源共享。在每台计算机上，可以进行数据输入和日常处理，在网络内部实行功能分担和数据共享。但是数据的安全风险较大，维护成本也较高。

2. 软件

软件是控制计算机系统运行的计算机程序和文档资料的统称。会计电算化信息系统不仅需要硬件设备，更需要各种软件来保证系统的正常运转。软件分为系统软件和应用软件。

系统软件包括操作系统、计算机语言系统和数据库管理系统。系统软件担负着管理计算机资源，扩充计算机功能的任务，为用户提供必备的工作平台。

应用软件有文字处理软件、报表处理软件、图像处理软件和会计软件等。会计软件是以会计理论和会计方法为核心，以会计制度为依据，以计算机应用技术为基础，以会计数据为处理对象，将计算机技术应用于财务工作的重要的应用软件。有了会计软件的信息系统则称为会计信息系统。会计软件可以自行开发，也可向外购买。向外直接购买的会计软件称商品化会计软件。目前，大多数企业都是使用商品化会计软件。为此，本书选择功能较全，使用较广泛，设计较成熟的用友软件 U8，作为内容阐述和实验实训的应用平台软件。会计电算化软件一般按会计及相关管理职能岗位来设计和划分功能模块或子系统。图 1-1 是用友 U8 的主要子系统。

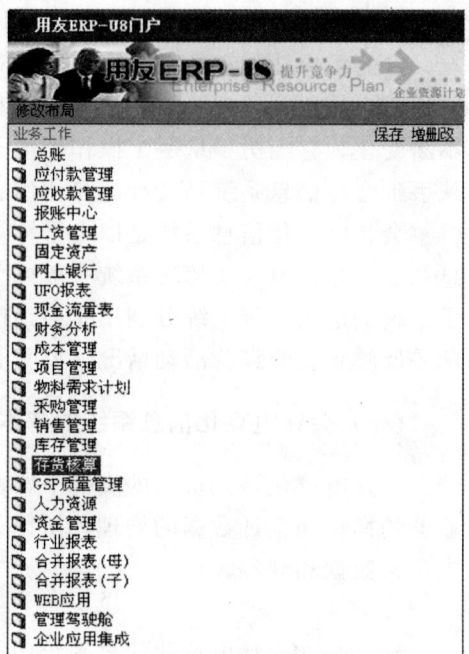

图 1-1　U8 系统功能结构图

3. 人员

单位会计电算化相关人员是指从事会计电算化系统使用和维护的人员。这些人员包括系统管理人员，系统维护人员、操作软件操作员、数据审核员、档案管理员和专职会计人员。会计电算化要求相关人员是复合型人才，同时具备计算机专业和财务专业两方面的知识。

4. 规范

规范是指各种法律、法令条例、规章制度。主要包括两大类：一是政府的法令条例；二是基层单位在会计电算化工作中的各项具体规定，如硬件管理制度、数据管理制度、会计人员岗位责任制度、内部控制和会计制度等。

（二）会计电算化的实施过程

1. 制定会计电算化的工作规划和实施计划

每一个基层单位实行会计电算化，必须有一个工作规划，这样才能使整个会计电算化工作有计划按步骤地进行。对一个单位，一个时期的会计电算化工作所要达到的目标，以及如何有效的、分步骤的实施这个目标而作的规划。规划会计电算化工作有利于合理安排人、财、物，有利于提高会计工作的整体效益，有利于会计电算化工作的实施和检查。

会计电算化工作规划的主要内容包括：制定会计电算化的实施计划、选择计算机硬件和系统软件，开发或选择会计软件、调整机构与培训人员、建立工作规程和管理制度、计算机代替手工记账和管理会计档案。

此外，还要制定会计电算化的具体实施计划。实施计划的主要内容为：

（1）机构设置和人员配置计划。是否建立会计电算化机构，配备会计人员和计算机人员。

（2）硬件配置计划及设备配置计划。如购买多少台主机，何种档次和何种配置，配套设备、辅助设备购置计划，如空调机房设施等。

（3）软件购置计划。选择何种操作平台，系统软件和应用软件。

（4）费用预算包括：硬件经费预算、软件经费预算、消耗材料预算、人员培训预算和其他费用预算。

2. 选择计算机硬件和软件

（1）硬件的配置。硬件是会计电算化信息系统运行的基础，硬件配置的好坏直接影响到建立的会计电算化信息系统的质量、运行状况。计算机硬件配置时一般应考虑以下几个方面的因素：系统的规模对硬件的需要、单位现有的财力、价格性能的对比情况、单位的总体规划，以及供应商提供的售后服务情况。

（2）系统软件的配置。系统软件的选择主要应考虑以下技术指标：与所选计算机的兼容性；与其他系统软件的兼容性，主要是指提供的处理能力能否满足需要，能否支持应用软件；提供的安全保密措施；价格性能比；总体规划要求。

（3）选择会计软件。会计软件的取得根据使用单位的不同情况，可有 4 种途径：购买商品化会计软件、自行开发软件、购买商品化软件与自行开发会计软件相结合、使用上级主管部门推广的会计软件。

3. 调整机构与培训会计电算化人员

（1）调整机构。在引入计算机以后，手工会计岗位分工会发生变化，有的将削弱或合并。传统的工作流程也将变为凭证输入——处理——输出，手工的记账、算账、编制会计报表工作将由计算机完成，随之而来的要增加新的工作人员，如计算机维护人员、操作人员和系统管理人员等等。因此，为提高工作效率和加强内部控制，需要调整机构。设置会计电算化组织机构要遵循逐步扩展、归口管理、会计业务与会计电算化配合及人员配比等原则。实际工作中，要根据单位具体情况和特点以及计算机应用的深度、广度，及时调整组织机构以适应会计电算化工作的需要。

（2）培训人员。会计电算化培训的主要目的是为了使操作人员和各级管理人员，能够适应新的工作环境，熟悉新的工作流程，教会他们如何使用会计核算软件和管理会计电算化信息系统。培训人员又可以分为初级培训、中级培训、高级培训。一般会计人员应完成初培训。初级培训的主要目标是：了解计算机软硬件基础知识，掌握微型计算机基本操作及简单文字处理；了解会计电算化的基本概念和会计核算软件的基本处理流程，掌握3种和3种以上会计核算功能模块的基本操作。

4. 建立工作流程和管理制度

会计组织机构和会计工作方式的变化，势必导致传统内部控制手段和管理制度的变革，完善的工作流程和管理制度是保证会计电算化信息系统顺利运行的必要条件。

5. 计算机代替手工记账

会计电算化将采用电子计算机代替手工记账，要完成这一转换须做好以下几项工作：

（1）系统初始化及数据转换。在会计电算化信息系统的建立过程中，一项很重要的工作是完成会计数据的转化。根据目前我国的具体情况，会计电算化过程一般都是从手工方式直接过渡到计算机处理方式，这就需要将实行电算化之前的手工会计系统基础信息和期末余额作为电算化会计信息系统的基础信息和期初余额。

（2）试运行。即计算机与手工合并运行。这个阶段的主要任务是：通过计算机与手工的合并运行，检查建立的会计电算化信息系统是否充分满足要求，使用人员对软件的操作是否存在问题，对进行中发现的问题是否还应进行修改。

（3）验收。会计电算化的目的之一使用计算机代替手工记账，这不仅是会计核算分析手段的变革，还涉及到会计核算单位内部、外部的各个方面，为保证会计电算化后会计工作质量，以及保证符合国家的有关法规，得到上级管理部门的认可，单位在正式使用计算机代替手工记账之前，还应进行验收。

采用电子计算机代替手工记账，验收时应当具备以下基本条件：使用的会计核算软件达到财政部发布的《会计核算软件基本功能规范》的要求；配有专门的或者主要用于会计核算工作的电子计算机和电子计算机终端，并配有熟练的专职或者兼职操作人员；用电子计算机进行会计核算于手工会计核算同时运行三个月以上，取得相一致的结果；有严格的操作管理制度；有严格的硬件、软件管理制度；有严格的会计档案管理制度。

二、系统安装

U8 系统是用友 V8. X 的升级版本，是基于微软数据库 MS SQL Server 的财务及企业管理软件。安装 U8 系统的方法根据具体的应用模式而有所不同。由于单机应用模式也是一种特殊的 C/S 应用模式，因此以下按照 C/S 网络应用模式展开 U8 系统的安装和配置步骤：

（一）安装 Microsoft SQL Server 2000

版本选择：在服务端安装 Microsoft SQL Server 2000 标准版（Standard）的典型安装（Typical)，在客户端安装 Microsoft SQL Server 2000 桌面版（Desktop）的最小安装（Minimum)。单机应用模式下，也可以只安装 Microsoft SQL Server 2000 的数据服务引擎 MSDE 2000。

验证模式：在服务端安装 Microsoft SQL Server 2000 时，当系统提示选择验证模式时应选择 Windows 和 SQL Server 混合验证模式。

SA（系统默认的数据库系统管理员）用户密码：应妥善设置 SA 的密码，它是配置服务器的重要参数。

用户连接数：在服务端安装 Microsoft SQL Server 2000 时，如果安装程序出现"客户访问许可协议"对话框，那么请输入适当的用户连接数目。如果学生机房每台机器单独创建和管理数据库（单机应用模式），则对用户连接数目并无特殊要求；如果所有账套数据库均建在服务器，则需输入足够的用户连接数。

（二）在服务端安装 U8 系统

当安装好 Microsoft SQL Server 2000 之后，将 U8 安装光盘放入服务器光驱中，在光盘根目录下找到 Setup. EXE。双击 Setup. EXE 文件，即进入安装界面。若是第一次安装，则可修改安装目录。若是覆盖安装，则不可修改。在安装类型选择对话框中，选中"数据服务器"或"完全安装"，按【继续】按钮。初步安装完毕，重启机器，可看到 Windows【程序】菜单下【用友 ERP-U8】程序组下的模块名称。

（三）在客户端安装 U8 系统

如果是单机应用模式，服务端也就是客户端，此步骤即可省去。若是网络应用，则在完成服务端安装后，还需进行客户端安装，方法与服务端安装完全一样：找到安装光盘根目录下的 Setup. EXE，运行 Setup. EXE 根据提示安装，安装类型选择"客户端"，完成安装即可。

三、系统配置

用友 U8 系统安装后，需要在 U8 系统和后台数据库系统（MS SQL server 2000）

之间建立连接，并在数据库系统中创建系统管理、基础信息的数据库，以备根据用户进行后续的各种操作。

（一）建立客户端与服务端联接

U8 系统安装后第一次运行时，系统会自动弹出"U8 服务参数配置"窗口，要求用户确定 U8 系统与 Microsoft SQL Server 2000 数据库的连接参数。在 Microsoft SQL Server 2000 数据服务已经启动的情况下，在"U8 服务参数配置"窗口输入"数据库服务器名"和数据库管理员"SA"的密码，确定后系统将自动试连接。连接成功后将保存这两项连接参数，只要连接参数未改变则无需修改此设置。

（二）系统数据库的建立

第一次运行"系统服务"下的"系统管理"时，系统将自动创建系统数据库与 SQL Server 的连接及相关数据处理，这个过程可能需要花销数分钟时间，用户只要根据提示耐心等待。当提示信息结束、系统窗口稳定时，数据库连接即已经完成，系统数据库（UFSystem、UFSub）也已创建，用户即可注册进行相关操作。

系统重装时，如果出现提示"是否覆盖系统数据库"而按【否】，则仍保留原有用户数据，如果按【是】，则原有用户数据将被清除。第一次运行时没有系统管理员密码（密码为空），用户最好在第一次运行时就改入新的密码，以防疏漏。

第二节　上机实验

一、实验目的

1. 掌握单机版会计软件系统的安装；
2. 掌握网络版会计软件系统的安装；
3. 掌握 U8 服务参数的配置。

二、实验内容

1. 安装数据库；
2. 安装 U8 服务器组件；
3. 安装 U8 客户端程序；
4. 在一台机器上安装数据库、服务器和客户端系统（单机版）。

三、实验资料

购置、下载或向老师索取 U8 系统安装所需的所有安装文件，包括 U8 安装盘和数据库系统。数据库系统可安装独立的 MS SQL server 系统，也可以自 U8 安装盘 "MS-DE" 文件夹安装 MS SQL server 的数据服务引擎。

四、实验指导

1. 观察老师安装网络版的所有步骤。

2. 在单机（机房的学生机，或个人所有的电脑）上安装 U8 系统：先装 "MSDE"，再装 U8 应用系统，在 U8 应用系统安装组件选择时同时选中 "服务器" 和 "客户端"。

3. 修改或确认 "U8 服务参数配置"，确定数据库服务器名称、数据库系统用户 "SA" 的密码。

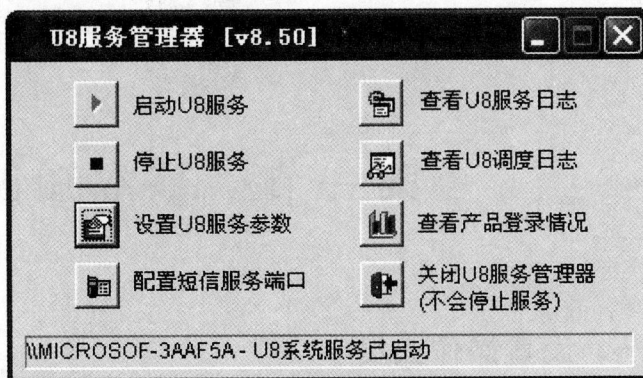

图 1-2　U8 服务管理器

（1）启动 "U8 服务管理器"程序，如图 1-2 所示。启动后会自动最小化，任务栏的通知区显示其图标，双击该图标打开 "U8 服务管理器" 窗口；

（2）点击 "设置 U8 服务参数"，弹出配置窗口，显示数据库服务器名称、数据库系统用户 "SA" 的密码。如图 1-3 所示。如有必要可修改它们，但在系统正常安装、且此前数据库服务已经启动的情况下，这两项参数已经自动配置，一般无需修改。

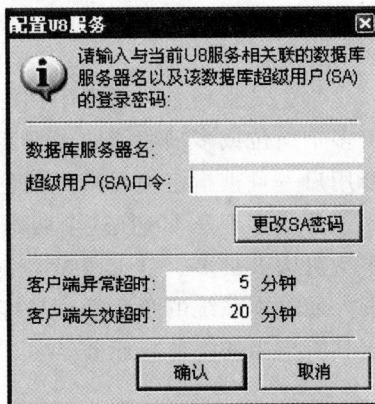

图 1-3　数据库参数配置

第 ❷ 章

账套及权限管理

第一节　基本知识与方法

一、设置操作人员

单位会计电算化工作应设置系统管理员、系统维护员、账套主管、数据录入员、数据审核员、数据分析员以及档案管理员等工作岗位。U8 系统通过下列两种程序对系统操作相关人员进行管理。

（一）角色

角色是指在企业管理中拥有某一类职能的岗位。角色可以是实际岗位，也可以是覆盖多个岗位或多项职能的虚拟职务。例如：会计工作中最常见的是会计和出纳角色。一个用户一旦被指定担当某一角色，即继承该角色的所有操作权限。

角色管理是 U8 在这个版本中新增的功能，主要适应大中型机构的操作员管理。大中型机构人员多、分工复杂，制定了明确的岗位责任制，定义了各种职务及其相应权责。通过本系统的角色管理功能，可以落实岗位或职务的定义，以备在定义操作员时指定其所担当的岗位或职务。

（二）用户

用户是系统的具体操作人员，每一用户有着独立的编号、姓名和登录密码，可通过注册窗口登录到拥有操作权限的各子系统。

角色是抽象的，而用户是具体的。一个角色可以由多个用户担当，这些用户均相同地拥有该角色的权限；一个用户也可以担当多个不同角色，从而拥有这些角色的权限总合。当然，用户除继承所担当角色的所有权限以外，还可以额外增加角色中没有包含的权限。从这个意义上讲，"用户管理"可以独立于"角色管理"，单独使用即可完成对操作人员的管理，这适合小型单位人员少、岗位分工简单的特点。

二、建立核算账套

在使用 ERP-U8 之前，需要建立企业的基本信息，主要包括核算单位名称、所属行业、启用时间、编码规则等，将这些账务信息设置到系统中的步骤称为创建账套。创建完账套之后才可以启用各个子系统，进行相关业务处理。

用友 U8 中一共可建立不重复的 999 套账，编号为 001－999。只有系统管理员用户才有权限创建新账套。创建新账套是由一组向导程序完成的，向导启动后，具体步骤如下。

（一）输入账套基本信息

（1）账套号：新创建账套的编号，为三位数字，即 001－999 之间，并且不能与已存账套号重复。

（2）账套名称：新创建账套的名称，起标识作用，在显示和打印账簿或报表时使用。

（3）账套路径：新创建账套的保存路径，一般使用系统默认路径，以便日后数据出错时维护。

（4）启用会计期：套账的启用时间，便于确定应用系统的起点，确保证、账、表数据的连续性。启用会计期一旦设定就不能更改。

（二）确定单位信息

包括单位名称、单位简称、单位地址等单位基本信息。单位名称为必输项。

（三）选择核算类型

（1）确定本币代码和本币名称。

（2）选择企业类型（工业和商业）：工业类型支持成本核算，商业类型支持进销差价核算。

（3）选择行业性质：为"按行业性质预置科目"确定科目范围，系统会自动根据"企业类型"预置一些行业特定的方法和报表，一般选择"新会计制度"。

（4）确定账套主管：可在下拉框中选择，系统已有的操作人员作为本账套的主管。

（四）确定基础信息的分类标志

确定存货是否分类、客户是否分类、供应商是否分类，以及是否有外币核算。

（五）初步确定分类信息的编码方案

分类编码方案是对系统将要使用到的编码分类、级次及位数进行定义，以便录入各类信息目录。编码级次编码长度的设置将决定核算单位如何对经济业务数据进行核算与管理。

通常采用的是群码方案，即组合编码，并且每段都有固定的位数。任何系统都必须设置编码。例如：某企业会计科目编码为 4222，科目级次为四级，一级科目编码为 4（银行存款一级科目编码为 1002，二、三、四级科目编码均为 2（银行存款二级科目编码为 01，100201 则代表银行存款二级明细科目"工行存款"）。

（六）数据精度定义

数据精度表示系统处理数据的小数位数，超过该精度的数据，系统会四舍五入进行取舍。

（七）系统启用

系统只有在启用之后才能使用。系统启用日期与功能模块的初始化数据相关，进入系统时要判断该系统是否已经启用，不能登录未启用的系统。各系统的启用日期必须大于等于账套的启用日期。

三、定义操作权限

用友 U8 中可同时存在多个操作员，同一操作员可对多个账套进行管理。在角色、用户设置完毕，创建账套完成后，需要为角色、用户设置具体权限。U8 系统可以实现三个层次的权限管理：除提供各子系统功能操作权限设置外，还提供了金额权限的管理和数字字段级和记录级的控制。功能权限的分配在系统管理中的权限分配设置；数据权限和金额权限在"企业门户"的"基础信息"下的"数据权限"中进行分配。对于数据级权限和金额级的设置，必须是在系统管理的功能权限分配之后才能进行。

（一）功能级权限管理

即根据业务处理的职能范围进行权限管理。该方法将提供划分更为细致的功能级权限管理功能，包括各功能模块相关业务的查看和分配权限。

（二）数据级权限管理

即根据数据内容进行权限管理。该方法可以通过两个方面进行权限控制，一个是字段级权限控制，另一个是记录级的权限控制。

（三）金额级权限管理

即根据业务金额的大小进行权限管理。该权限主要用于完善内部金额控制，实现对具体金额数量划分级别，对不同岗位和职位的操作员进行金额级别控制，限制他们制单时可以使用的金额数量，不涉及内部系统控制的不在管理范围内。

四、企业门户（企业应用平台）的基本应用

为使企业能够管理存储在企业内部和外部的各种信息，使企业员工、用户和合作伙伴能够从单一的渠道访问其所需的个性化信息，用友 ERP－U8 提供了企业门户（后续版本称为企业应用平台）。通过企业门户，企业员工可以通过单一的访问入口访问企业的各种信息，定义自己的业务工作，并设计自己的工作流程。

企业门户（企业应用平台）集中了用友 ERP－U8 应用系统的所有功能，为各个子系统提供了一个公共的交流平台。通过"基本信息"选项，用户可以完成各系统的基础档案管理、数据权限划分等设置。通过企业应用平台，用户可以对各系统的窗口风格进行个性化定制，还可以方便地进入任何一个有权限的模块。

（一）企业门户的主要功能

1. 控制台、我的工作、工作流程

控制台：通过系统控制台可以快速进入各个子系统，以避免重复登录，节省时间。ERP－U8 可分为基础设置，财务会计，管理会计，供应链，生产制造，人力资源，集团应用，WEB 应用，商业智能和企业应用集成 10 大产品组。

我的工作：用来定义用户特定的工作内容，具体包括包括业务工作、工作日历、信息中心、移动短消息、外部信息五部分。

工作流程：该功能可根据日常处理业务设计个性化的工作流程图。

2. 配置

即系统配置，主要用于配置生产制造、专家财务分析、人力资源、管理驾驶舱、报账中心、Web 应用等模块所使用的服务器和服务器端口，以及移动短信息的发送端口及短信息接收的刷新时间。系统将检测本机设置，使用默认的服务器、服务器端口、短信端口及刷新时间，您可根据自己的需要更改这些设置。

3. 风格配置

该功能可以拥有体现自身特色的、个性化的页面风格。系统提供了使用系统提供风格和自定义页面风格两种配置方案。

（二）系统启用

该功能用于安装的启用，并记录启用日期和启用人。要对某系统进行使用必须先启用该系统。只能对已安装的系统进行启用。所有系统进入时都会判断系统是否已经启用，未启用的系统不能登录。

（三）编码方案的设置

编码方案功能主要用于设置有级次档案的分级方式的各级编码长度，可分级设置科

目编码、客户分类编码、部门编码、存货分类编码、地区分类编码、货位编码、收发类别编码、结算方式编码、供应商权限组以及供应商分类编码。

编码级次和各级编码长度的设置将决定基础数据的编号，构成分级核算和管理的基础。

第二节　上机实验

一、实验目的

1. 熟悉系统管理功能；
2. 掌握系统管理与其他子系统的关系；
3. 熟悉企业门户的功能；
4. 掌握企业门户与其他子系统的关系；
5. 掌握操作人员的设置；
6. 掌握账套的建立；
7. 掌握编码方案的设置。

二、实验内容

完成角色、用户及权限的设置，账套的创建，系统的启用，编码方案的设置等。

三、实验资料

宏远家电经营有限公司，从 2007 年 1 月 1 日起启用总账、报表、工资、固定资产子系统进行会计处理。有关资料如下：

1. 账套资料

（1）账套信息。账套号：899；账套名称：宏远家电有限公司；账套路径采用默认值；启用会计期：2007 年 1 月；会计期间采用默认值。

（2）单位信息。

单位名称：宏远家电有限公司；

单位简称：宏远公司；

单位地址：湖南省长沙市韶山南路北段 266 号；

法人代表：刘宏远；

邮政编码：411988；

联系电话：0731 - 5647852；

传真号：0731－5647854；

电子邮件：hy123456@sina.com.cn；

税号：430223735215692。

（3）核算类型

记账本位币：人民币（RMB）；

企业类型：商业；

会计制度：新企业会计制度（支持新准则的应选择新准则会计科目）；

账套主管：刘洪涛；

建立账套时按行业性质预置会计科目。

（4）基础信息

有外币核算、存货需要分类、客户需要分类、供应商需要分类。

（5）编码方案（见表 2-1）。

表 2-1　编码方案

项　目	编码方案	项　目	编码方案
存货分类	1、2	部　门	1、2
客户分类	1、2	结算方式	1、2
供应商分类	1、2	地区分类	1、2
收发类别	1、2	科　目	4、2、2、2

（6）数据精度：存货数量、单价小数位数均为 2。

（7）系统启用：启用总账、固定资产、工资子系统，启用时间为 2007 年 1 月 1 日。

2. 用户及权限资料

用户及权限分配资料如表 2-2 所示。

表 2-2　用户及权限

用户编码	用户姓名	用户角色	用户权限
01	刘洪涛	账套主管	拥有主管权限和账套内各子系统的全部权限。
02	王荔	出纳	拥有出纳签字权，现金、银行存款日记账和资金日报表的查询打印权，支票登记权及银行对账权。
03	张云山		账套内各子系统的全部权限（公用目录、固定资产、总账、工资）。

另外，还需要为张云山设置工资数据权限。

四、实验指导

1. 创建账套

【操作步骤】

（1）点击"开始"→"程序"→"用友 ERP－U8"→"系统服务"→"系统管理"，打开"系统管理"窗口（图 2-1）。但此时窗口菜单中"账套"、"权限"等均无效，因为此时尚未注册。

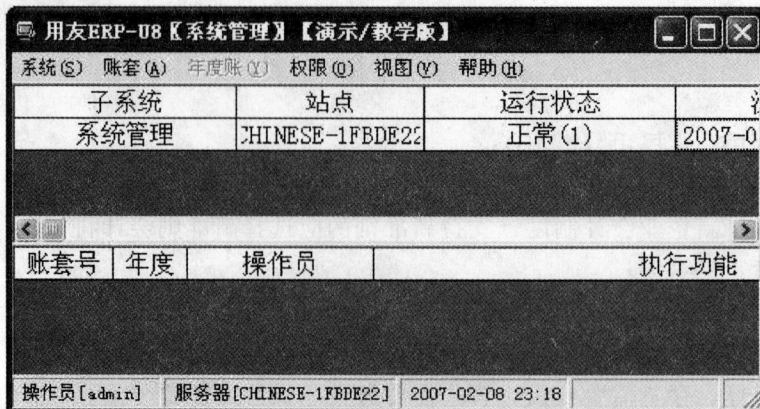

图 2-1　系统管理

（2）在系统管理窗口点击"系统"→"注册"，弹出系统注册对话框，在"操作员"框输入"admin"，点击"确定"，即以系统管理身份登录进入系统。此时"账套"、"权限"菜单有效。

（3）在"系统管理"窗口，执行"账套"菜单下的"建立"，进入"创建账套－账套信息"对话框。如图 2-2 所示。

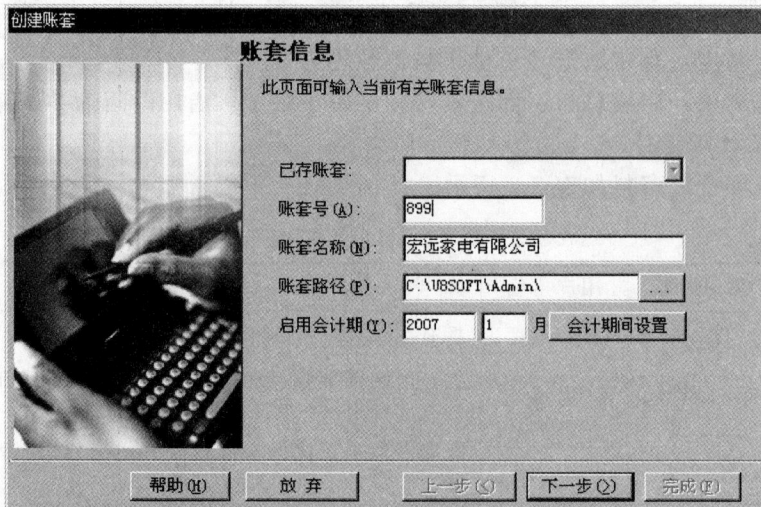

图 2-2　[创建账套－账套信息]

（4）输入账套号"899"，账套名称"宏远家电有限公司"，默认账套路径，启用会计期"2007 年 1 月"后，单击"下一步"，进入"创建账套－单位信息"对话框，如图 2-3 所示。

（5）输入单位名称等相关信息后，单击"下一步"，进入"创建账套－核算类型"对话框，如图 2-4 所示。

（6）输入记账本位币"人民币（RMB)"，企业类型"商业"，会计制度"新企业会计制度"，选择账套主管为"刘洪涛"，建立账套时按行业性质预置会计科目。单击"下一步", 进入 "创建账套－基础信息" 对话框, 如图 2-5 所示。

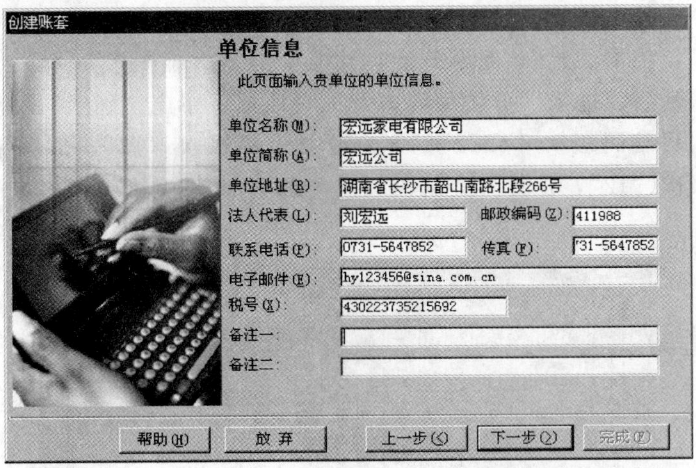

图 2-3　[创建账套－单位信息]

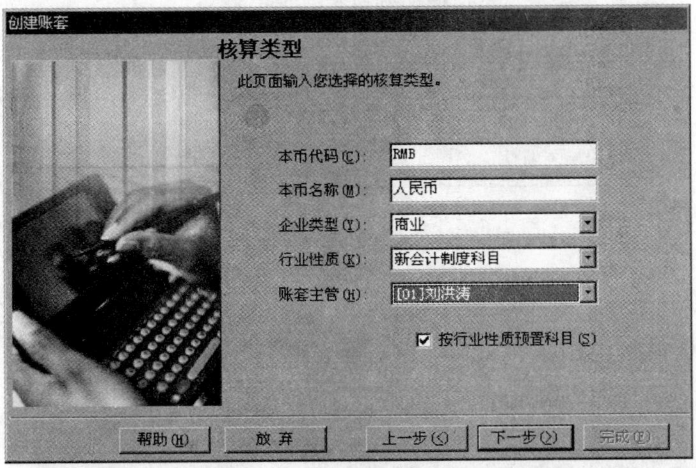

图 2-4　[创建账套－核算类型]

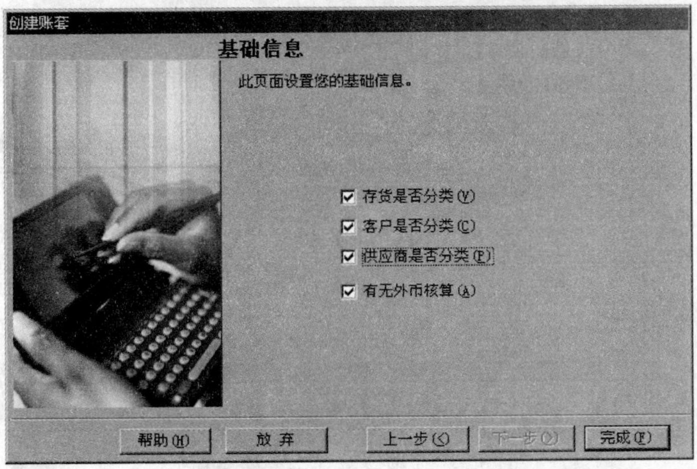

图 2-5　[创建账套－基础信息]

（7）根据企业实际情况，设置基础信息"存货需要分类"、"客户需要分类"、"供应商需要分类"、"有外币核算"。选择相关信息后，单击"完成"，弹出提示对话框"可以创建账套了么?"，单击"是"，系统开始创建账套。

（8）创建账套后，进入"分类编码方案"对话框，单击"确定"，弹出"数据精度"对话框。设置科目编码级次"4222"，客户分类编码级次"12"，部门编码级次"12"，地区分类编码级次"12"，存货分类编码级次"12"，收发类别编码级次"12"，如图2-6所示。

项目	最大级数	最大长度	单级最大长度	是否分类	第1级	第2级	第3级	第4级	第5级	第6级	第7级	第8级	第9级
科目编码级次	9	15	9	是	4	2	2						
客户权限组级次	5	12	9	是	2	3	4						
客户分类编码级次	5	12	9	否	2	3	4						
部门编码级次	5	12	9	是	1	2							
地区分类编码级次	5	12	9	是	2	3	4						
存货权限组级次	8	12	9	是	2	2	2	2	3				
存货分类编码级次	8	12	9	否	2	2	2	2	3				
货位编码级次	8	20	9	是	2	3	4						

图 2-6　〔创建账套─分类编码方案〕

（9）定义数据精度，存货数量小数位"2"，存货单价小数位"2"，其他为默认，单击"确认"，系统提示创建账套成功，并询问是否进行系统启用设置，回答"是"，则弹出"系统启用"对话框，如图2-7。

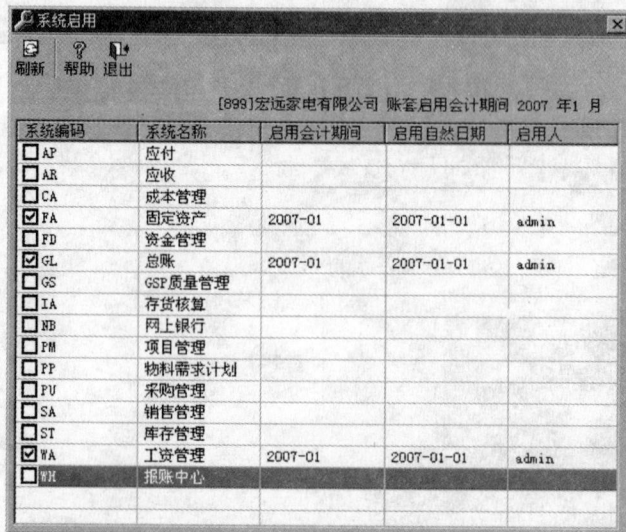

[899]宏远家电有限公司 账套启用会计期间 2007 年1 月

系统编码	系统名称	启用会计期间	启用自然日期	启用人
☐ AP	应付			
☐ AR	应收			
☐ CA	成本管理			
☑ FA	固定资产	2007-01	2007-01-01	admin
☐ FD	资金管理			
☑ GL	总账	2007-01	2007-01-01	admin
☐ GS	GSP质量管理			
☐ IA	存货核算			
☐ NB	网上银行			
☐ PM	项目管理			
☐ PP	物料需求计划			
☐ PU	采购管理			
☐ SA	销售管理			
☐ ST	库存管理			
☑ WA	工资管理	2007-01	2007-01-01	admin
☐ WH	报账中心			

图 2-7　〔创建账套─系统启用〕

单击"总账"、"固定资产"、"工资"系统前的复选框,设置启用时间为 2007 年 1 月 1 日。至此,创建账套完成。建账完成后,可以继续进行相关设置,也可以在企业门户中进行设置。

2. 用户、角色及权限设置

【操作步骤】

(1) 在"系统管理"界面,单击"权限"菜单下的"用户",系统弹出"用户管理"对话框(图 2-8)。

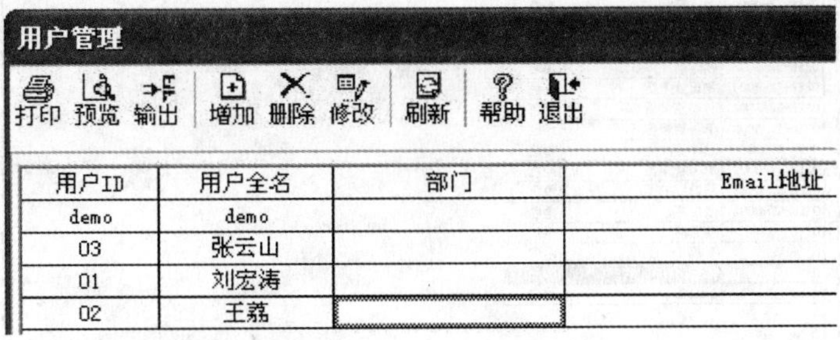

图 2-8 用户管理

(2) 单击"增加"按钮,系统弹出"增加用户"对话框,在"编号"栏输入"01","姓名"栏输入"刘洪涛",输入口令,在对应"所属角色"栏勾选"账套主管",单击"增加"按钮即可保存用户信息(图 2-9)。依次输入"02——王荔"、"03——张云山"。退出"用户管理"界面即可显示本次增加的三位操作员。

图 2-9 增加操作员

(3) 在"系统管理"界面,单击"权限"菜单下的"权限",系统弹出"操作员权限"对话框(图 2-10)。

(4) 在左边的"操作员"一栏选择"刘洪涛",单击"账套主管"选择框,系统提示"设置用户:[01] 账套主管权限吗?",单击"是"则赋予了刘洪涛账套主管的权限。

(5) 在左边的"操作员"一栏选择"张云山",点击"修改"按钮,弹出功能权限定义窗口,给张云山赋予"账套内各子系统的全部权限"(图 2-11)。以同样的操作给王荔赋出纳签字权,现金、银行存款和资金日报表的查询打印权,支票登记权,银行对账权等。

至此，用户、角色及权限的设置就完成了。操作员可以根据系统管理员所赋的权限对系统进行操作。

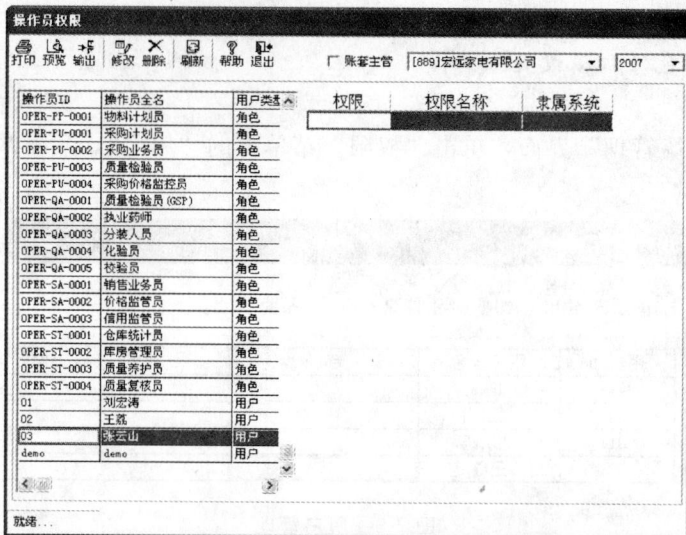

图 2-10　权限管理窗口

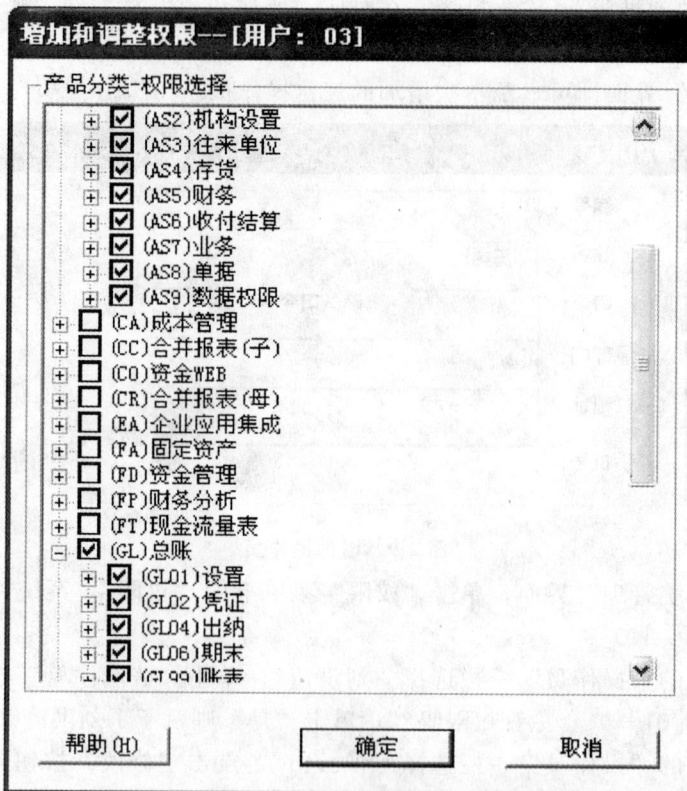

图 2-11　定义功能操作权限

第 ③ 章

总账系统初始化

第一节　基本知识与方法

一、总账系统基础设置

总账系统，即账务处理系统，是会计信息系统中最基本的子系统，主要有五个方面的功能：基础设置、凭证处理、账簿管理及输出、出纳管理和期末业务处理。账务处理系统的日常输入数据是记账凭证，会计信息系统的其他各业务子系统数据也都传递到账务处理系统完成凭证处理。账务处理系统输出各种账表，同时将数据传递给报表管理系统、成本管理系统等子系统供其使用和进一步处理。

在进行日常账务处理之前，要进行系统参数设置、基础信息输入和期初数据（余额）录入等准备工作，即账务系统初始化。这些工作主要包括：

（一）账套选项设置

总账设置的业务控制参数一般有凭证设置、账簿设置、会计日历及其他设置。

1. 凭证选项设置

（1）制单控制。制单控制主要设置在填制凭证时，系统应进行何种控制。设置内容包括：制单序时控制、支票控制、赤字控制、制单权限控制等。

（2）外币核算的汇率方式——固定汇率、浮动汇率。

（3）凭证控制。主要是凭证填制的流程和方式的选择，如：出纳凭证是否必须经由出纳签字、现金流量科目是否必录现金流量项目、凭证编号方式可选"系统编号"或"手工编号"，等等。

2．账簿选项设置

"账簿"选项卡设置了账簿打印位数、每页打印行数等。

3．会计日历选项设置

会计日历选项中可查看各会计期间的起始日期与结束日期，以及启用会计年度和启用日期。

4．其他选项设置

其他设置可以设置的内容有数量小数位、单价小数位、本位币精度、部门排序方式、个人排序方式、项目排序方式、打印设置按客户端保存。

（二）凭证类型设置

1．凭证类别

企业之间会计凭证分类的方法不尽相同，各企业可按照本单位的需要对凭证进行分类。通常，系统提供五种常用分类方式供用户选择：（1）不分类，即所有凭证统称为"记账凭证"；（2）分收款凭证、付款凭证、转账凭证三大类；（3）分现金凭证、银行凭证、转账凭证三大类；（4）分现金收款凭证、现金付款凭证、银行收款凭证、银行付款凭证、转账凭证五大类；（5）自定义凭证类别。可根据自身具体情况选择和修改。

2．凭证类别限制

定义凭证类别时，还可以设置某类凭证在制单时使用会计科目的限制。系统提供四种限制类型：借方必有、贷方必有、凭证必有、凭证必无。

（三）外币及汇率设置

进行外币核算必须设置本账套所使用各种外币信息，包括每种外币的币符、币名、折算方式及汇率等。

（四）结算方式设置

结算方式设置用来建立在经营活动中所涉及到的结算方式。结算方式设置主要包括：结算方式编码、结算方式名称、票据管理标志等。票据管理标志是软件为辅助出纳对银行结算票据的管理而设置的功能，类似于手工系统中的支票登记簿的管理方式。

二、设置会计科目

（一）增加会计科目

增加会计科目时输入的基本内容包括：科目编码、科目名称、科目类型、账页格式、辅助账标记等项目。企业可以根据自身需要自行设置会计科目，一般情况下，企业增加的会计科目主要是明细科目。

（二）修改和删除会计科目

修改或删除会计科目应遵循"自下而上"的原则，即先删除或修改下一级科目，然后再删除或修改本级科目。修改或删除已输入期初余额的会计科目，必须先删除本级及其下级会计科目的期初余额，将期初余额改为 0，才能修改或删除该科目。科目一经使用，即已输入初始余额或记账凭证，则不允许修改或删除该科目，且一般只能增加同级科目，而不能增设下级科目。

如果需要对原有会计科目的项目进行修改，如账页格式、辅助核算等，可以通过"修改"功能来完成。如果需要删除原有会计科目，可通过"删除"功能完成。

(三) 指定会计科目

指定会计科目是指定出纳专管的科目和现金流量科目，只有指定库存现金、银行存款总账科目，才能查询库存现金、银行存款日记账。也只有在完成指定科目设置后，才能执行出纳签字，从而实现库存现金、银行账管理的保密性。

此外，也只有指定现金流量科目，在录入凭证时，才对指定的现金流量科目系统自动弹出窗口，要求指定当前录入分录的现金流量项目。

三、设置辅助核算项目

(一) 客户和供应商信息设置

1. 客户分类和供应商分类

企业一般都会根据自身需要对客户进行分类管理，将客户按行业、地区等进行划分，建立客户分类体系。没有对客户进行分类管理的企业可不设置客户分类。选择了客户分类的企业只有在设置了客户分类后，才能根据不同的分类建立客户档案。

企业可以根据自身管理的需要对供应商进行分类管理，将供应商按行业、地区等进行划分，建立供应商分类体系，再根据不同分类建立供应商档案。没有对供应商进行分类管理的企业可不设置供应商分类。如果在建立账套时勾选了供应商分类，则必须先设置供应商分类，然后才能编辑供应商档案。

2. 客户档案

客户档案设置主要用于设置往来客户的档案信息，以便于管理客户资料及录入、统计与分析数据，为企业的销售管理、库存管理、应收账管理服务。在填制销售出库单、销售发票，进行销售结算、应收款结算和有关客户单位统计时都会用到客户档案。如果企业需要进行客户往来账管理，必须将企业中客户的详细信息录入客户档案中。

3. 供应商档案

建立供应商档案主要是为了便于进行供应商往来核算，同时也为企业的采购管理、库存管理、应付账管理服务。填制供应商往来的记账凭证、采购入库单、采购发票，进行采购结算、应付款结算和有关供货单位统计时都会用到供货单位档案。

（二）部门及员工设置

1. 部门档案

部门档案主要用于设置企业各职能部门的信息。在会计核算中，往往需要按部门进行分类、汇总和管理，从下一级自动向有隶属关系的上一级进行汇总。部门档案包括部门编码、名称、负责人等信息。

2. 职员档案

职员档案主要用于设置各职能部门中需要进行核算和业务管理的职员信息，设置职员档案可以方便地进行个人往来核算和管理等操作。必须先设置部门档案才能设置部门下对应的职员档案。职员档案中的职员编码、职员名称、所属部门为必填项，职员编码必须保持唯一。

（三）项目设置

企业在业务处理中会对多种类型的项目进行核算和管理，例如在建工程、对外投资、技术改造项目、项目成本管理、合同等，项目目录设置提供项目核算管理的功能。

在项目目录设置中首先定义需进行项目核算的项目大类，然后再定义该项目大类的项目级次，在大类下再定义项目小类，建完项目小类后可建立项目档案，最后为该项目大类指定对其进行核算的会计科目。核算科目必须在总账系统会计科目功能中设置辅助核算为项目核算。

四、输入期初余额

（一）科目初始余额、初始外币及数量

只要求录入最末级科目的余额和累计发生数，上级科目的余额和累计发生数由系统自动计算。若年中启用，则只要录入末级科目的期初余额及累借、累贷，年初余额将自动计算出来。

如果某科目为数量、外币核算，可以录入期初数量、外币余额。但必须先录入本币余额，再录入外币余额。若期初余额有外币、数量余额，则必须有本币余额。

（二）个人往来初始余额

用鼠标双击辅助核算科目的期初余额，屏幕显示辅助核算科目期初余额录入窗口。用鼠标单击"增加"按钮，屏幕增加一条新的期初明细，可顺序输入个人各项内容。屏幕下端的状态栏显示已输入的各项期初数的合计。

（三）客户往来初始余额

用鼠标双击辅助核算科目的期初余额，屏幕显示辅助核算科目期初余额录入窗口。用鼠标单击"增加"按钮，屏幕增加一条新的期初明细，可顺序输入客户各项信息内

容。屏幕下端的状态栏显示已输入的各项期初数的合计。

(四) 供应商往来初始余额

用鼠标双击辅助核算科目的期初余额，屏幕显示辅助核算科目期初余额录入窗口。用鼠标单击"增加"按钮，屏幕增加一条新的期初明细，可顺序输入供应商各项信息内容。屏幕下端的状态栏显示已输入的各项期初数的合计。

(五) 项目初始余额

用鼠标双击辅助核算科目的期初余额，屏幕显示辅助核算科目期初余额录入窗口。用鼠标单击"增加"按钮，屏幕增加一条新的期初明细，可顺序输入项目各项信息内容。屏幕下端的状态栏显示已输入的各项期初数的合计。

(六) 期初余额试算平衡

在期初余额窗口可以对期初余额进行试算平衡检查，并显示期初试算平衡表，显示试算结果是否平衡，如果不平，请重新调整至平衡后再进行下一步工作，否则不能记账，但可以填制凭证。

第二节　上机实验

一、实验目的

熟悉总账账套选项卡设置、会计凭证类型设置、外币及汇率设置、结算方法设置、客户分类及客户档案设置、供应商分类及档案设置、地区分类设置、部门档案和职员档案设置、项目档案设置，掌握会计科目设置，掌握期初余额录入。

二、实验内容

1. 账套选项设置；
2. 凭证类型设置；
3. 外币及汇率设置；
4. 结算方式；
5. 科目辅助核算设置；
6. 地区分类；
7. 客户分类及客户档案；
8. 供应商分类及供应商档案；

9. 部门档案；

10. 职员档案；

11. 项目档案；

12. 指定会计科目；

13. 会计科目设置；

14. 期初余额录入及试算平衡。

三、实验资料

1. 账套选项参数：见表 3-1。

表 3-1　账套选项参数

选项卡	参数设置
凭　证	进行制单序时控制 不进行支票控制 对资金及往来科目进行赤字控制 允许修改、作废他人填制的凭证 可以使用应收款、应付款、存货系统受控科目 凭证号采用系统自动编号 打印凭证页脚姓名 不进行制单及审核的明细权限控制 出纳凭证必须经由出纳签字 外币核算采用固定汇率 进行预算控制
账　簿	账簿打印位数、每页打印行数采取默认设置 明细账打印按年排页
会计日历	会计日历采用默认设置
其　他	数量和单价小数位数设置为 2 位 部门、个人、项目按编码方式排序

2. 凭证类别：见表 3-2。

表 3-2　凭证类别

编　号	凭证类别	限制类型	限制科目
01	现金收款凭证	借方必有	1001
02	现金付款凭证	贷方必有	1001
03	银行收款凭证	借方必有	1002
04	银行付款凭证	贷方必有	1002
05	转账凭证	凭证必无	1001，1002

3. 外币及汇率

币符：USD；币名：美元；2007 年 1 月期初汇率：7.82。

4. 结算方式：见表 3-3。

表 3-3　结算方式

结算方式编码	结算方式名称	是否票据管理
1	现金结算	否
2	支票结算	否
201	现金支票	是
202	转账支票	是

5. 会计科目辅助设置：见表 3-4。

表 3-4　会计科目辅助核算要求

科目编码	科目名称	核算要求
1001	库存现金	指定为"现金总账"科目
1002	银行存款	指定为"银行总账"科目，科目设置为"银行账"科目
100201	工行存款	科目设置为"银行账"科目
100202	中行存款	科目设置为"银行账"科目，外币核算：美元
1122	应收账款	客户往来核算，受控系统：无
1221	其他应收款	个人往来核算
2202	应付账款	供应商往来核算，受控系统：无
660203	管理费用－差旅费	部门核算

6. 地区分类：见表 3-5。

表 3-5　地区分类

分类编码	分类名称
1	本　地
2	外　地

7. 客户分类及客户档案：见表 3-6 和表 3-7。

表 3-6　客户分类

分类编码	分类名称
1	批发客户
2	零售客户

表 3-7　客户档案

客户编号	客户简称	所属分类	所属地区	税　号	开户银行	银行账号	地　址	邮政编码	发展日期
001	远大商店	1	2	430145698912658	工行	12345678	长沙市远大路235号	411003	05-6-1
002	华阳宾馆	2	1	430165328923857	工行	22345678	株洲市新华路56号	412002	05-7-1

8. 供应商分类及供应商档案：见表 3-8 和表 3-9。

表 3-8　供应商分类

分类编码	分类名称	分类编码	分类名称
1	家电商品供应商	2	通信商品供应商

表 3-9　供应商档案

供应商编号	供应商简称	所属分类	所属地区	税　号	开户银行	银行账号	地　址	邮政编码	发展日期
001	新强科技	2	1	430145678934598	工行	32345678	长沙市芙蓉区人民路2号	411001	05-2-1
002	新兴家电	1	2	450245678945654	工行	42345678	深圳市西丽路32号	472002	05-6-1

9. 部门档案：见表 3-10。

表 3-10　部门档案

部门编码	部门名称	部门属性
1	管理部室	管理部门
101	总经理办公室	综合管理
102	财务部	财务管理
2	供应部门	采购供应
201	供应部	采购供应
202	仓库	仓　储
3	销售部门	市场营销
301	销售部	销售管理
302	门市部	门市直销

10. 职员档案：见表 3-11。

3-11　职员档案

职员编码	职员姓名	所属部门	职员属性
1001	刘宏远	总经理办公室	总经理
1002	刘洪涛	财务部	会计主管
1003	王荔	财务部	出纳
1004	张云山	财务部	会计

续表

职员编码	职员姓名	所属部门	职员属性
2001	李强	供应部	部门经理
2002	钱泰龙	供应部	采购员
3001	秦安安	销售部	部门经理
3002	陈连江	销售部	销售员

11. 项目档案：管理费用中的车辆使用费按车辆进行明细核算，所以在此把车辆设置为项目，见表3-12。

表 3-12 核算项目

项目设置步骤	设置内容
项目大类	车辆
项目分类	货车 客车
项目目录	101 双排座湘 A01231 201 小车湘 A01233 203 面包车湘 A01234
核算科目	660210 车辆使用费 66021001 油料费 66021002 修理费 66021003 路桥费 66021004 规费保险 66021009 其他

12. 指定会计科目：见表3-13。

表 3-13 指定会计科目

科目编码	科目名称	辅助核算	方向	外币或数量	期初余额
1001	库存现金		借		4 500.00
1002	银行存款		借		7 424 625.00
100201	工行基本户		借		6 199 500.00
100202	中行美元户		借		1 225 125.00
	（美元（8.00））		借	102 093.75	
1122	应收账款	客户	借		602 700.00
客户 001	远大商店		借		382 050.00
客户 002	华阳宾馆		借		220 650.00
1221	其他应收款		借		0.00
1405	库存商品		借		2 166 350.00
140501	澳柯玛冰箱	数量	借	150.00	305 000.00
140502	春兰冰箱	数量	借	150.00	230 000.00
140503	TCL 彩电	数量	借	150.00	455 000.00
140504	创维彩电	数量	借	152.00	383 800.00
140505	信诺固定电话	数量	借	150.00	12 500.00

续表

科目编码	科目名称	辅助核算	方向	外币或数量	期初余额
140506	华为小灵通	数量	借	150.00	15 500.00
140507	联想移动电话	数量	借	150.00	305 000.00
140508	索爱移动电话	数量	借	151.00	459 550.00
1601	固定资产		借		15 000 000.00
1602	累计折旧		贷		315 000.00
2001	短期借款		贷		1 000 000.00
2202	应付账款	供应	贷		705 000.00
供应商 002	新兴家电		贷		705 000.00
2221	应交税费		贷		38 997.75
222101	应交增值税		贷		0
22210101	进项税额		贷		0
22210102	已缴税额		贷		0
22210104	销项税额		贷		0
222106	应交所得税		贷		38 997.75
4001	实收资本（或股本）		贷		21 500 000.00
4101	盈余公积		贷		300 000.00
410101	法定盈余公积		贷		150 000.00
410102	任意盈余公积		贷		75 000.00
410103	法定公益金		贷		75 000.00
4103	本年利润		贷		
4104	利润分配		贷		1 339 177.25
410401	提取法定盈余公积		贷		
410402	提取公益金		贷		
410415	未分配利润		贷		1 339 177.25
6001	主营业务收入		贷		
600101	澳柯玛冰箱	数量	贷		
600102	春兰冰箱	数量	贷		
600103	TCL 彩电	数量	贷		
600104	创维彩电	数量	贷		
600105	信诺固定电话	数量	贷		
600106	华为小灵通	数量	贷		
600107	联想移动电话	数量	贷		
600108	索爱移动电话	数量	贷		
6402	主营业务成本		借		
640201	澳柯玛冰箱		借		
640202	春兰冰箱		借		
640203	TCL 彩电		借		
640204	创维彩电		借		
640205	信诺固定电话		借		
640206	华为小灵通		借		
640207	联想移动电话		借		

续表

科目编码	科目名称	辅助核算	方向	外币或数量	期初余额
640208	索爱移动电话		借		
6601	销售费用		借		
6602	管理费用		借		
660201	工资		借		
660202	福利费		借		
660203	差旅费		借		
660204	办公费		借		
660205	折旧费		借		
660206	业务招待费	部门	借		
660207	工会经费		借		
660208	职工教育经费		借		
660209	社会保障费		借		
660210	车辆使用费	项目	借		
66021001	油料费	项目	借		
66021002	修理费	项目	借		
66021003	路桥费	项目	借		
66021004	规费保险	项目	借		
66021009	其他车辆费用	项目	借		
660299	其他管理费用		借		

四、实验指导

1. 账套选项参数设置

总账系统菜单→"设置"→"选项"。如图 3-1 所示，输入选项卡相应内容。

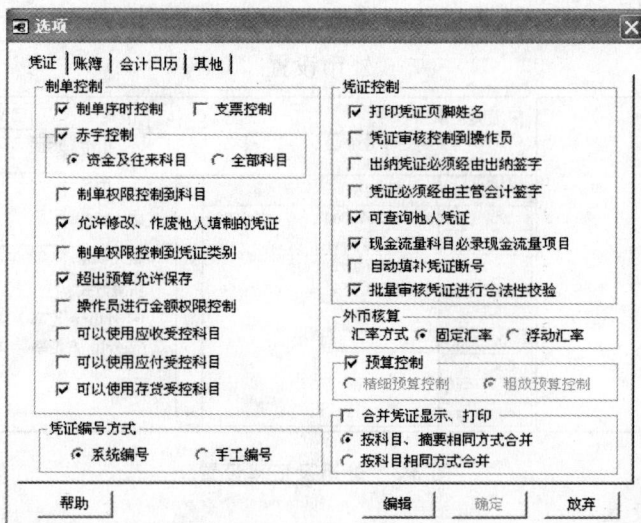

图 3-1　总账选项设置

2. 凭证类别设置

总账系统菜单→"设置"→"凭证类别",如图 3-2 所示,根据资料设置凭证类别及限制条件。

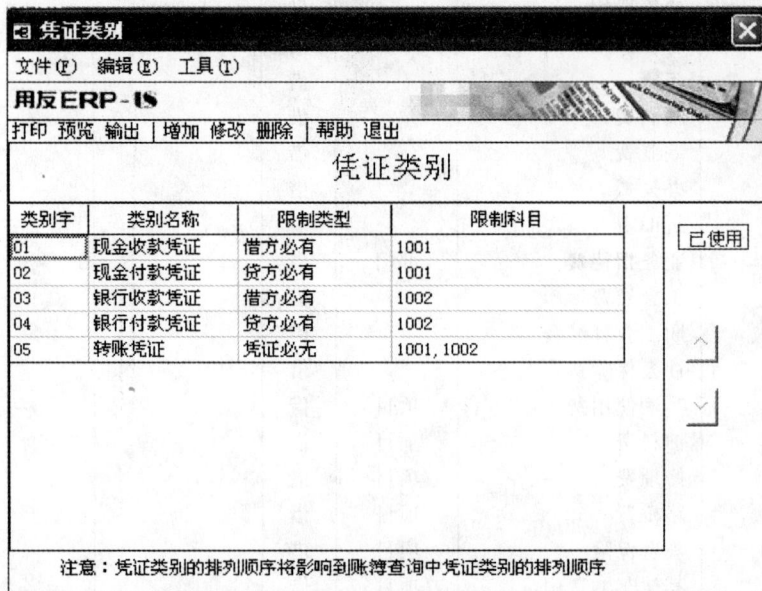

图 3-2　凭证类别设置

3. 外币及汇率设置

总账系统菜单→"设置"→"外币及汇率",如图 3-3 所示,根据资料设置,输入币符、币名及汇率。

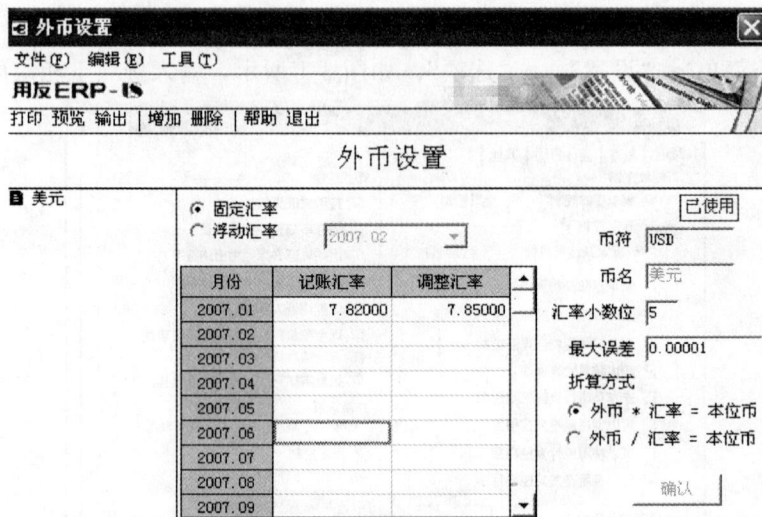

图 3-3　外币及汇率设置

4. 结算方式设置

总账系统菜单→"设置"→"结算方式"如图 3-4 所示,根据资料输入结算方式编号，名称。

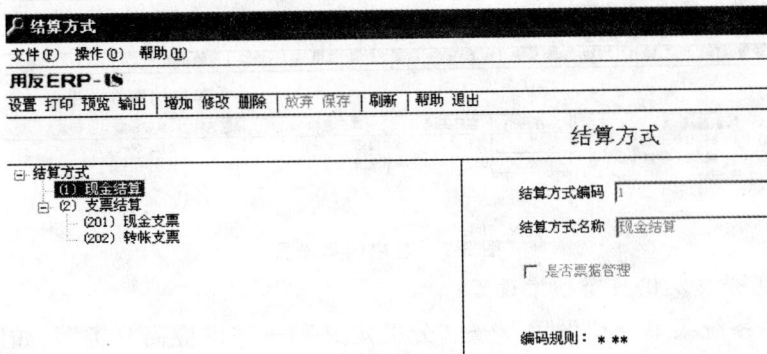

图 3-4 结算方式设置

5. 会计科目设置

总账系统菜单→"设置"→"会计科目"，根据资料选择科目设置辅助项目。

6. 地区分类设置

总账系统菜单→"设置"→"分类定义"→"地区分类"，如图 3-5 所示，输入地区编码及名称。

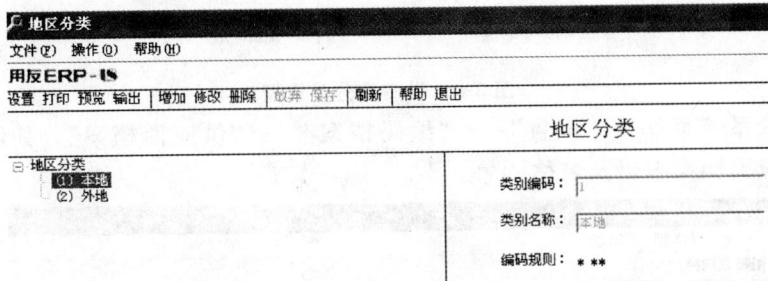

图 3-5 地区分类设置

7. 客户分类及客户档案设置

（1）总账系统菜单→"设置"→"分类定义"→"客户分类"，如图 3-6 所示，输入各个客户类别编码及名称。

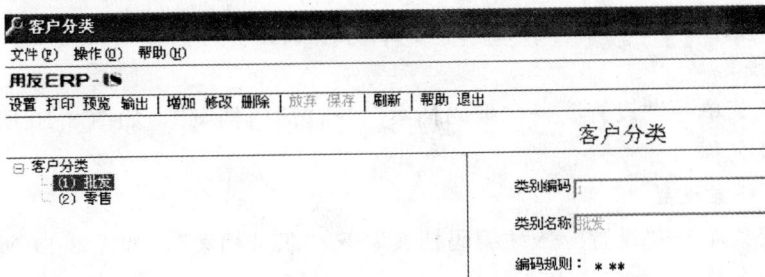

图 3-6 客户分类设置

（2）总账系统菜单→"设置"→"编码档案"→"客户档案"，如图 3-7 所示，输入各个客户档案编码及名称。

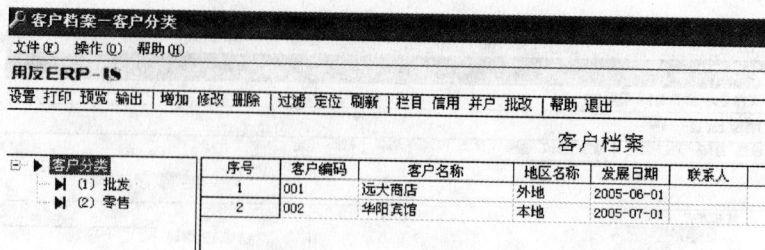

图 3-7 客户档案设置

8. 供应商分类及供应商档案设置

（1）总账系统菜单→"设置"→"分类定义"→"供应商分类"，如图 3-8 所示，输入各个供应商类别编码及名称。

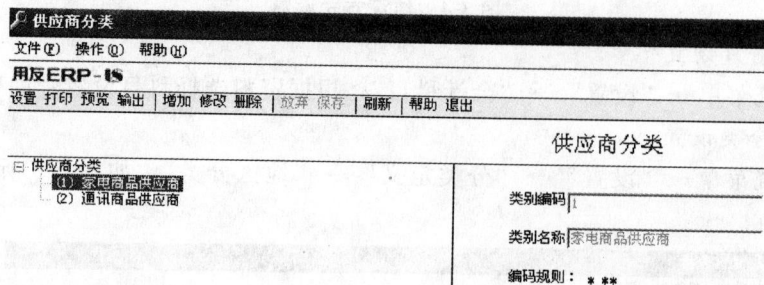

图 3-8 供应商分类设置

（2）总账系统菜单→"设置"→"编码档案"→"供应商档案"，如图 3-9 所示，输入各个供应商档案编码及名称。

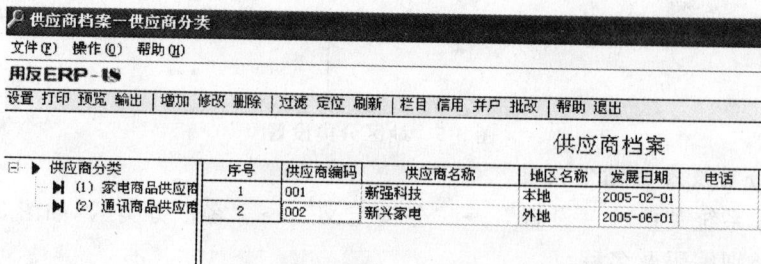

图 3-9 供应商档案设置

9. 部门档案

总账系统菜单→"设置"→"编码档案"→"部门档案"，如图 3-10 所示。输入部门档案编码及名称。

10. 职员档案设置

总账系统菜单→"设置"→"编码档案"→"职员档案"，如图 3-11 所示，输入职员档案编码及名称。

11. 项目档案设置

总账系统菜单→"设置"→"编码档案"→"项目目录"，如图 3-12 所示，输入项目大类名称、项目分类、项目目录及核算科目。

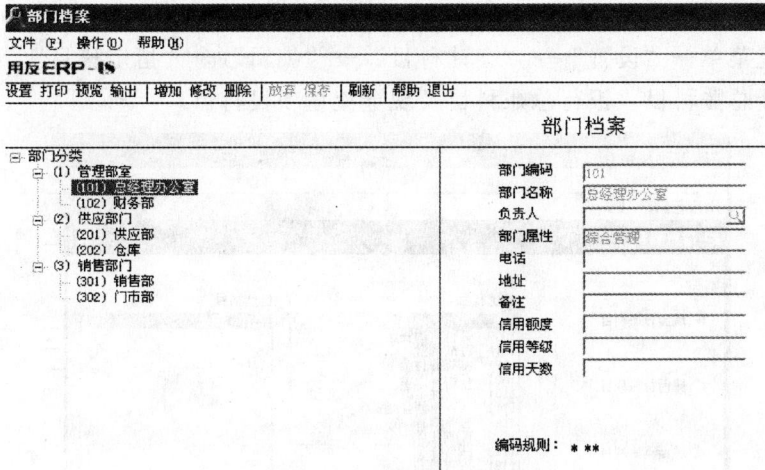

图 3-10　部门档案设置

序号	职员编码	职员名称	部门名称	职员属性
1	1001	刘宏远	总经理办公室	总经理
2	1002	刘洪涛	财务部	会计主管
3	1003	王巍	财务部	出纳
4	1004	张云山	财务部	会计
5	2001	李强	供应部	部门经理
6	2002	钱泰龙	供应部	采购员
7	3001	秦安安	销售部	部门经理
8	3002	陈连江	门市部	销售员

图 3-11　员工档案设置

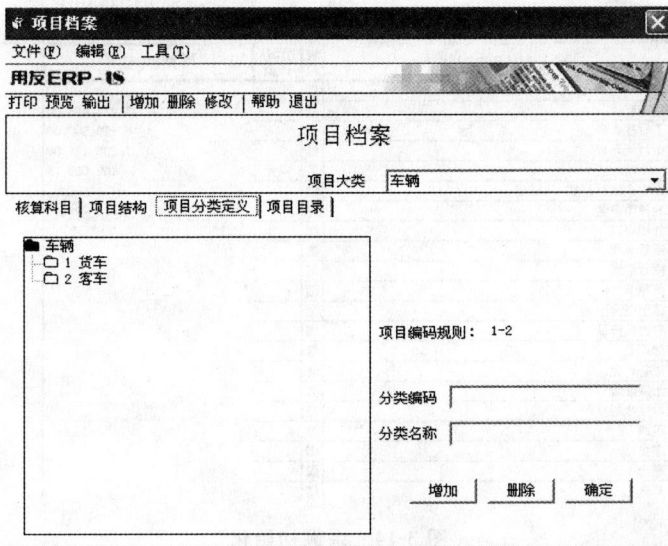

图 3-12　项目设置

12. 指定科目设置

总账系统菜单→"设置"→"会计科目"→"编辑"—"指定科目",如图 3-13 所示。指定现金总账科目,银行总账科目及现金流量项目科目。

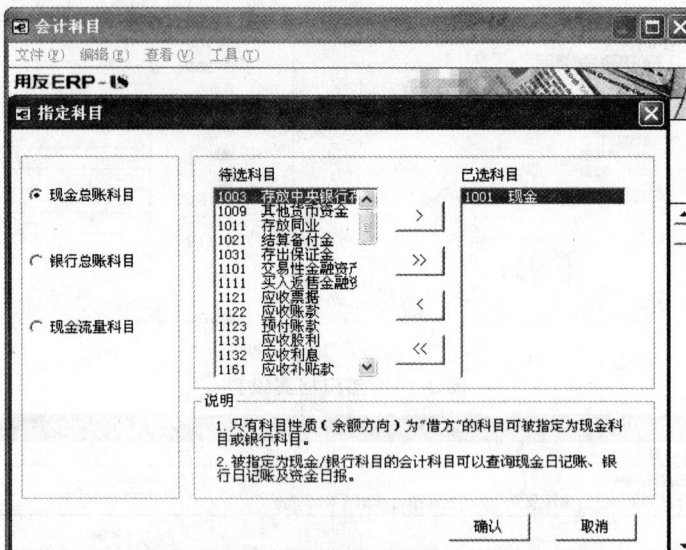

图 3-13　指定科目

13. 账户期初数据录入

总账系统菜单→"设置"→"期初余额",如图 3-14 所示,根据资料录入账套各个会计科目的期初余额。

图 3-14　余额初始化

14. 期初试算平衡

总账系统菜单→"设置"→"期初余额"→"试算"。如图 3-15 所示。

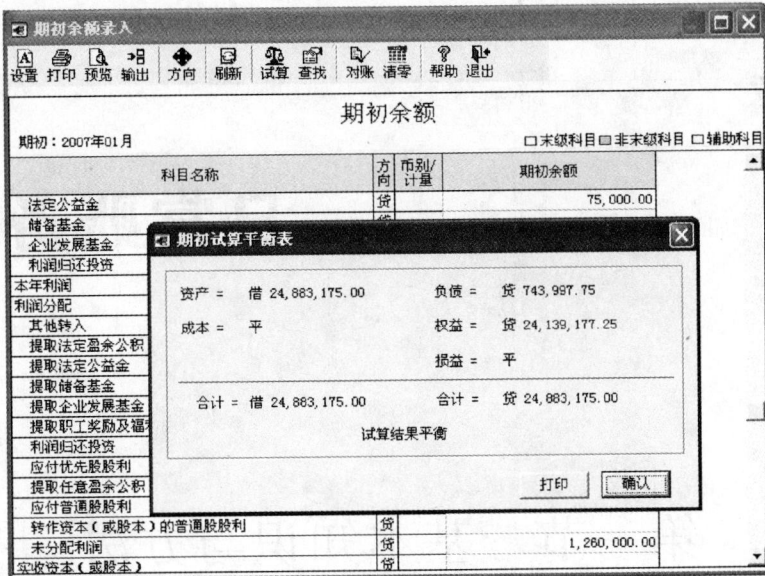

图 3-15 期初余额试算平衡

第 **4** 章

日常账务处理

第一节　基本知识与方法

一、凭证输入与修改

（一）凭证的输入

记账凭证是账务系统处理的起点，也是所有查询数据的最主要的一个来源。单位的日常业务处理首先从填制凭证开始。凭证制单需要输入相关信息，点击"增加"按钮后，依次按下列内容输入凭证：

1. 凭证类别

光标定位在凭证类别上，参照选择准确的凭证类别，凭证类别在初始设置时已经确定了，一旦使用制单后，凭证类别就不得修改。

2. 凭证编号

如果在"选项"中选择"系统编号"则由系统按时间顺序自动编号；否则，请手工编号，允许最大凭证号为32767，一般情况下选择自动编号。

3. 凭证日期

系统自动取当前业务日期为记账凭证填制的日期，也可修改输入，在系统编号时，凭证一旦保存，其凭证类别、凭证编号将不能再修改；在手工编号时，凭证一旦保存，其凭证类别不能再修改，凭证编号可修改。

4. 附单据数

在"附单据数"处输入原始单据张数，如该业务有3张原始凭证，即输入"3"。

5. 自定义项

用户根据需要输入凭证自定义项。凭证自定义项是由用户自定义的凭证补充信息，单击凭证右上角的输入框输入。

6. 凭证摘要

输入凭证分录的摘要，凭证摘要可以参照常用摘要栏的常用摘要选入，也可以手工输入。

7. 凭证会计科目

输入凭证分录的会计科目，会计科目可以参照会计科目表的科目选入，也可以手工输入。

输入科目时注意：

（1）输入的科目一定是末级科目。

（2）若科目为银行科目，且在结算方式设置中确定要进行票据管理，在"选项"中设置"支票控制"，那么这里会要求要输入"结算方式"、"票号"及"发生日期"。

（3）如果科目设置了辅助核算属性，则还要输入相关的辅助核算信息，如部门、个人、项目、客户、供应商、数量、自定义项等。录入的辅助信息将在凭证下方的备注中显示。

8. 凭证金额

录入借方或贷方本币发生额，金额不能为零，但可以是红字，红字金额以负数形式输入。如果方向不符，可按空格键调整金额方向。

9. 现金流量处理

如果凭证科目设计现金流量科目，且指定为现金流量科目，那么在录完现金流量指定科目分录后，系统要求指定这条分录的现金流量项目，可将一条分录指定为多个现金流量项目，但总金额必须与分录的金额保持一致。

（二）凭证的修改

1. 无痕迹修改

（1）凭证输入后，还没有审核或审核未通过的凭证，可以在编制凭证的窗口对错误凭证进行编辑修改，修改后保存。

（2）已经通过审核但尚未记账的凭证，可以通过取消对错误凭证的审核，再在编制凭证的窗口对错误凭证进行编辑修改，修改后保存。

2. 有痕迹修改

凭证已经审核并且已经记账后发现凭证错误，只能编制一张与原错误凭证内容相同但金额为负数的"红字"凭证，或者增加一张"蓝字"凭证补充的方法进行修改。

（三）凭证作废、整理及删除

1. 凭证作废

凭证处理时发现错误凭证，如果不想修改可以将其"作废"处理。作废的凭证左上角显示"作废"字样，表示已将该凭证作废。作废凭证仍保留凭证内容及凭证编号，只在凭证左上角显示"作废"字样。作废凭证不能修改，不能审核。在记账时，不对作废凭证作数据处理，相当于一张空凭证。在账簿查询时，也查不到作废凭证的数据。如果检查时发现正确凭证已有作废标记，则可用鼠标单击菜单"制单"下的"作废/恢复"，取消作废标志，并将当前凭证恢复为有效凭证。

2. 凭证整理

凭证整理是将有些作废凭证彻底删除，并利用留下的空号对未记账凭证重新编号。

若本月有凭证已记账，那么，本月最后一张已记账凭证之前的凭证将不能做凭证整理，只能对其后面的未记账凭证做凭证整理。若想对已记账凭证做凭证整理，请先到"恢复记账前状态"功能中恢复本月月初的记账前状态，再做凭证整理。

若由于手工编制凭证号造成凭证断号，也可通过此功能进行整理，方法是不选"作废凭证"，直接按"确定"按钮即可。对由系统编号时，删除凭证后系统提示您是否整理空号凭证，若选取"是"，则将作废凭证删除并重新排凭证编号。

3. 凭证删除

如果凭证错误确实需要删除，只能在没有记账，没有审核的状况下进行，如果错误凭证已经审核，则需要取消审核后才能进行删除操作。

删除实际上是通过"作废"和"整理"功能完成的。操作分两步：第一步就是对需要删除的凭证打上"作废"标志；第二步就是对作废凭证进行凭证整理，整理时选择"作废凭证"。

（四）凭证冲销

凭证冲销是指凭证已经审核并且已经记账后发现凭证错误，此时可以用"凭证冲销"功能自动产生一张与原错误凭证内容相同但金额为负数的"红字"凭证进行修改。

二、凭证审核

（一）出纳签字

出纳凭证由于涉及企业现金和银行存款的收入与支出，应加强对出纳凭证的管理。出纳人员可通过出纳签字功能对制单员填制的带有现金银行科目的凭证进行检查核对，主要核对出纳凭证的出纳科目的金额是否正确，审查后认为错误或有异议的凭证，应交与填制人员修改后再核对。企业可根据实际需要决定是否要对出纳凭证进行出纳签字管理，若不需要此功能，可在"选项"中取消"出纳凭证必须经由出纳签字"的设置。

出纳签字操作：点击"出纳签字"，在"出纳签字查询条件"界面，输入要查询的凭证条件，系统根据输入的查询条件，显示所有符合条件的凭证列表，输出"凭证一览表"。在凭证一览表中双击某张凭证，则屏幕显示此张凭证。签字方式有两种：成批签字和逐张签字。签字时也可补充结算方式和票号，即如果在录入凭证时没有录入结算方式和票据号，系统提供在出纳签字时还可以补充录入的功能。选择横向菜单中的"票据结算"，列示所有需要进行填充结算方式、票据号、票据日期的分录，包括已填写的分录；填制结算方式和票号时，针对票据的结算方式进行相应支票登记判断。

（二）凭证审核

审核凭证是审核员按照财会制度，对制单员填制的记账凭证进行检查核对。主要审核记账凭证是否与原始凭证相符，会计分录是否正确等。审查认为错误或有异议的凭证，应交与填制人员修改后，再审核。只有具审核权的人才能使用本功能。

审核凭证的操作：选择主菜单"凭证"中"审核凭证"，显示"审核凭证查询条件"界面。输入要查询的凭证条件，显示凭证一览表。审核签字方式有两种：成批审核签字和逐张审核签字。

对已审核签字但是未记账的凭证，可以取消审核签字。即"签字"按钮是一个开关按钮，如当前凭证未审核签字，此时按钮状态为"审核签字"，反之如当前凭证未审核签字，此时按钮状态为"取消审核签字"。

注意审核人和制单人不能是同一个人。

三、记账与反记账

记账凭证经审核签字后，即可用来登记总账和明细账、日记账、部门账、往来账、项目账以及备查账等。系统记账采用向导方式，使记账过程更加明确。

（一）记账

点击"凭证"菜单下的"记账"功能出现记账向导界面，按下列步骤进行记账操作：

记账向导一：列示各期间的未记账凭证清单和其中的空号与已审核凭证编号，选择记账范围。

记账向导二：显示记账报告，是经过合法性检验后的操作注意信息，例如此次要记账的凭证中有些凭证没有审核或未经出纳签字，属于不能记账的凭证，可根据操作注意修改后，再记账。

记账向导三：当以上工作都确认无误后，单击"记账"按钮，系统开始登录有关的总账和明细账，包括正式总账、明细账；数量总账与明细账；外币总账与明细账；项目总账与明细账；部门总账与明细账；个人往来总账与明细账；银行往来账等有关账簿。

在记账过程中，不得中断退出。在第一次记账时，若期初余额试算不平衡，系统将不允许记账。所选范围内的凭证如有不平衡凭证，系统将列出错误凭证，并重选记账范围。

（二）反记账

反记账操作即是恢复记账前状态操作。记账过程一旦断电或其他原因造成中断后，系统将自动调用"恢复记账前状态"恢复数据，然后再重新记账。

"恢复记账前状态"功能在一般情况未在系统菜单中显示，需要时事先应激活该菜单。打开"期末对账"界面，按下"Ctrl＋H"键，"凭证"菜单中显示"恢复记账前状态"功能。点击"凭证"菜单下的"恢复记账前状态"功能，选择需要恢复的记账类别，点击确定，即可完成取消记账后的操作。

第二节　上机实验

一、实验目的

掌握会计凭证的填制、出纳签字、凭证审核、修改凭证、记账的操作。

二、实验内容

1. 填制凭证；
2. 出纳签字；
3. 审核凭证；
4. 凭证修改；
5. 凭证记账。

三、实验资料

2007 年 1 月份有关经济业务如下：

1. 1 月 8 日，销售给远大商店澳柯玛冰箱 35 台，不含税单价 2 400 元；销售春兰冰箱 42 台，不含税单价 1 900 元。税率均为 17％，开出增值税专用发票，货已发出。货款通过工行基本户以转账支票结算，支票号 0012345。

2. 1 月 9 日，销售给远大商店 TCL 彩电 30 台，不含税单价 3 900 元；创维彩电 20 台，不含税单价 3 000 元。税率均为 17％，开出增值税专用发票，货已发出。销售员秦安安协议货款下月收回。

3. 1 月 10 日，从新兴家电购进澳柯玛冰箱 55 台，不含税单价 2 150 元；春兰冰箱 60 台，不含税单价 1 650 元。税率均为 17％，收到增值税专用发票一张。已办理商品验收入库，货款通过基本户以转账支票支付，支票号 1012345。

4. 1 月 11 日，从新兴家电购进 TCL 彩电 50 台，不含税单价 3 200 元；创维彩电 50 台，不含税单价 2 600 元。税率均为 17％，收到增值税专用发票一张。采购员李强已办理商品验收入库，货款尚未支付。

5. 1 月 14 日，向华阳宾馆销售信诺固定电话 60 部，不含税单价 120 元；华为小灵通 20 部，不含税单价 225 元；联想移动电话 60 部，不含税单价 2 450 元；索爱移动电话 40 部，不含税单价 3 420 元。税率均为 17%，开出增值税专用发票。销售员陈连江已办理通过工行基本户收取 50% 货款，转账支票号 9012346。

6.1 月 20 日，收到远大商店交来转账支票一张，转账支票号为 0012350，金额 382 050 元，用以归还以前欠款，已通过工行基本户办理进账。

7.1 月 21 日开出工行转账支票一张，转账支票号为 1012346，金额 705 000 元，用以偿还新兴家电以前的货款。

8.1 月 24 日，由财务部刘宏涛经手，预付购轿车一辆价款 460 000 元，通过工行转账支票支付，转账支票号 1012347。

9.1 月 26 日，通过工行美元户支付广告费 1 200 美元，转账支票号 2012341。

10. 1 月 26 日，刘宏远因出差向财务部门借款 8 000 元，现金支票号 3000001。

11. 1 月 28 日，刘宏远出差归来，报销差旅费 6 000 元（单据 10 张），交回现金 2 000 元。

12.1 月 31 日，根据工资系统统计的本月工资实发工资签发转账支票一张，票号 1012348，委托工行办理代发工资，同时将工资发放清单以软盘形式送交银行（金额 32 775 元，数据来自工资子系统）。

13.1 月 31 日，向税务部门缴纳个人所得税。开具转账支票一张，支票号 1012349，同时将个人所得税扣缴申报表交给税务部门（金额 2 507 元，数据来自工资子系统）。

四、实验指导

（一）填制凭证

启动总账系统，以 03 操作员"张云山"登录，会计年度"2007"，业务日期为 2007 年 1 月，同时保证系统日期大于或等于业务日期。

1. 第一笔业务

1 月 8 日，销售给远大商店澳柯玛冰箱 35 台，不含税单价 2400 元；销售春兰冰箱 42 台，不含税单价 1 900 元。税率均为 17%，开出增值税专用发票，货已发出。货款通过工行基本户以转账支票结算，支票号 0012345。

本笔业务会计分录如下：

借：银行存款——工行基本户　　　　　　　191 646
　贷：主营业务收入——澳柯玛冰箱　　　　　84 000
　　　主营业务收入——春兰冰箱　　　　　　79 800
　　　应交税费——应交增值税——销项税额　27 846

【操作步骤】

（1）单击菜单"凭证"下的"填制凭证"，显示"填制凭证"窗口。

（2）单击"增加"按钮或按 [F5] 键，增加一张新凭证，光标定位在凭证类别上，选择凭证类别"03，银行收款凭证"。此时回车，系统将产生凭证编号。

（3）凭证编号：系统自动编号：0001。

（4）制单日期修改为"2007-01-08"。

（5）"附单据数"输入"3"。回车准备输入第一行分录。

（6）输入第一行分录的摘要，按［F2］或参照按钮输入常用摘要。本例业务的摘要可直接输入"商品销售"。回车输入会计科目。

（7）第一行直接输入末级科目或按［F2］键参照录入科目代码"100201"，回车得到科目全称"银行存款/工行基本户"。由于该科目是银行账科目，故弹出辅助项对话框要求要输入"结算方式"、"票号"及"发生日期"。本例输入结算方式"202"，票号"0012345"，发生日期"2007-01-08"。

（8）录入第一行分录的借方本币发生额 191 646.00 元，由于本行科目是现金流量科目，故弹出现金流量对话框要求要输入本次发生额所涉及的现金流量"项目编码"、"项目名称"和"金额"。本例输入"01－销售商品提供劳务收到现金"191 646.00 元。回车两次，光标移至下一行，准备输入第二行分录。

（9）第二行摘要会由系统自动复制第一行摘要得到，可以进行修改，此处无需修改，直接回车，准备输入会计科目。

（10）第二行科目直接输入末级科目或按［F2］键参照录入科目代码"600101"，回车得到科目全称"主营业务收入/澳柯玛冰箱"。由于该科目是数量核算科目，故弹出辅助项对话框要求要输入"数量"和"单价"。本例输入数量35台、单价2 400元/台。回车自动得到金额 84 000 元，但是系统默认在借方。

（11）按空格键将第二行分录的金额移送到贷方。回车，准备输入第三行分录。

（12）第三行摘要会由系统自动复制上一行摘要得到，可以进行修改，此处无需修改，直接回车，准备输入会计科目。

（13）第三行科目直接输入末级科目或按［F2］键参照录入科目代码"600102"，回车得到科目全称"主营业务收入/春兰冰箱"。由于该科目是数量核算科目，故弹出辅助项对话框要求要输入"数量"和"单价"。本例输入数量42台、单价1 900元/台。回车自动得到金额 79 800 元，但是系统默认在借方。

（14）按空格键将第三行分录的金额移送到贷方。回车，准备输入第四行分录。

（15）第四行摘要会由系统自动复制上一行摘要得到，可以进行修改，此处无需修改，直接回车，准备输入会计科目。

（16）第四行科目直接输入末级科目或按［F2］键参照录入科目代码"22210104"，回车得到科目全称"应交税费/应交增值税/销项税额"。

（17）录入第四行分录的贷方发生额 27 846.00 元。

（18）凭证录入完毕，按"保存"按钮或［F6］保存这张凭证。

填制结果如图 4-1 所示。

2. 第二笔业务

1月9日，销售给远大商店 TCL 彩电30台，不含税单价3900元；创维彩电20台，不含税单价3000元。税率均为17%，开出增值税专用发票，货已发出。销售员秦安安协议货款下月收回。

本笔业务会计分录如下：

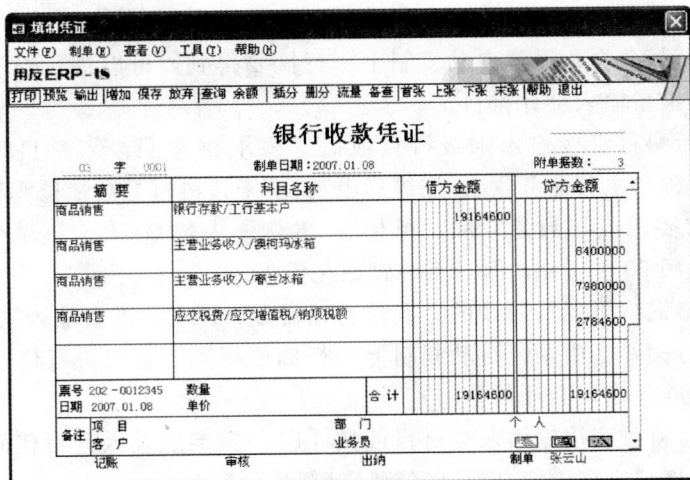

图 4-1 输入第一笔业务的凭证

借：应收账款——远大商店　　207 090
　贷：主营业务收入——TCL 彩电　　117 000
　　　主营业务收入——创维彩电　　60 000
　　　应交税费——应交增值税——销项税额　　30 090

【操作步骤】

(1) 单击菜单"凭证"下的"填制凭证"，显示"填制凭证"窗口。

(2) 单击"增加"按钮或按［F5］键，增加一张新凭证，光标定位在凭证类别上，选择凭证类别"05，转账凭证"。此时回车，系统将产生凭证编号。

(3) 凭证编号：系统自动编号：0001。

(4) 制单日期修改为"2007-01-09"。

(5) "附单据数"输入"2"。回车准备输入第一行分录。

(6) 输入第一行分录的摘要，按［F2］或参照按钮输入常用摘要。本例业务的摘要可直接输入"商品销售"。回车输入会计科目。

(7) 第一行直接输入末级科目或按［F2］键参照录入科目代码"1122"，回车得到科目全称"应收账款"。由于该科目是客户往来科目，故弹出辅助项对话框要求要输入"客户"、"业务员"、"票号"及"发生日期"。本例输入客户"001－远大商店"，业务员"秦安安"、票号忽略、发生日期"2007-01-09"。

(8) 录入第一行分录的借方本币发生额 207 090.00 元。回车两次，光标移至下一行，准备输入第二行分录。

(9) 第二行摘要会由系统自动复制第一行摘要得到，可以进行修改，此处无需修改，直接回车，准备输入会计科目。

(10) 第二行科目直接输入末级科目或按［F2］键参照录入科目代码"600103"，回车得到科目全称"主营业务收入/ TCL 彩电"。由于该科目是数量核算科目，故弹出辅助项对话框要求要输入"数量"和"单价"。本例输入数量 30 台、单价 3 900 元/台。回车自动得到金额 117 000 元，但是系统默认在借方。

（11）按空格键将第二行分录的金额移送到贷方。回车，准备输入第三行分录。

（12）第三行摘要会由系统自动复制上一行摘要得到，可以进行修改，此处无需修改，直接回车，准备输入会计科目。

（13）第三行科目直接输入末级科目或按［F2］键参照录入科目代码"600104"，回车得到科目全称"主营业务收入/创维彩电"。由于该科目是数量核算科目，故弹出辅助项对话框要求要输入"数量"和"单价"。本例输入数量20台、单价3 000元/台。回车自动得到金额60 000元，但是系统默认在借方。

（14）按空格键将第三行分录的金额移送到贷方。回车，准备输入第四行分录。

（15）第四行摘要会由系统自动复制上一行摘要得到，可以进行修改，此处无需修改，直接回车，准备输入会计科目。

（16）第四行科目直接输入末级科目或按［F2］键参照录入科目代码"22210105"，回车得到科目全称"应交税费/应交增值税/销项税额"。

（17）录入第四行分录的贷方发生额30 090.00元。

（18）凭证录入完毕，按"保存"按钮或"F6"保存这张凭证。

填制结果如图4-2所示。

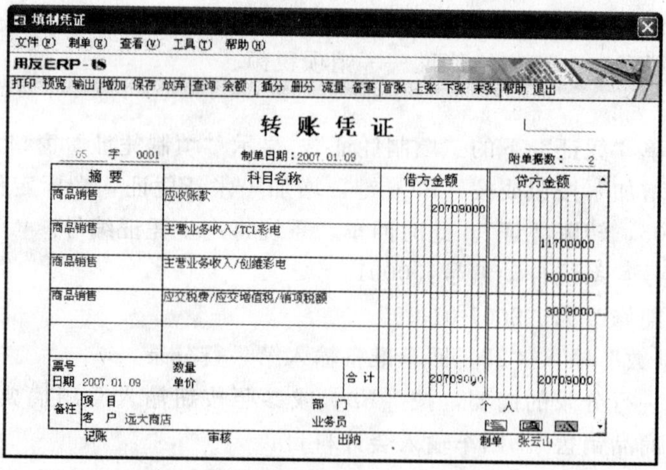

图4-2 输入第二笔业务的凭证

3. 第三笔业务

1月10日，从新兴家电购进澳柯玛冰箱55台，不含税单价2 150元；春兰冰箱60台，不含税单价1 650元。税率均为17%，收到增值税专用发票一张。已办理商品验收入库，货款通过基本户以转账支票支付，支票号1012345。

本笔业务会计分录如下：

借：库存商品——澳柯玛冰箱   118 250
    库存商品——春兰冰箱   99 000
    应交税费——应交增值税——进项税额   36 932.50
  贷：银行存款——工行基本户   254 182.50

【操作步骤】

（1）单击菜单"凭证"下的"填制凭证"，显示"填制凭证"窗口。

（2）单击"增加"按钮或按［F5］键，增加一张新凭证，光标定位在凭证类别上，选择凭证类别"04，银行付款凭证"。此时回车，系统将产生凭证编号。

（3）凭证编号：系统自动编号：0001。

（4）制单日期修改为"2007-01-10"。

（5）"附单据数"输入"3"。回车准备输入第一行分录。

（6）输入第一行分录的摘要，按［F2］或参照按钮输入常用摘要。本例业务的摘要可直接输入"采购商品"。回车，准备输入会计科目。

（7）第一行科目直接输入末级科目或按［F2］键参照录入科目代码"140501"，回车得到科目全称"库存商品/澳柯玛冰箱"。由于该科目是数量核算科目，故弹出辅助项对话框要求要输入"数量"和"单价"。本例输入数量 55 台、单价 2 150 元/台。回车自动得到金额 118 250 元，系统默认在借方。回车两次，光标移至下一行，准备输入第二行分录。

（8）第二行摘要会由系统自动复制第一行摘要得到，可以进行修改，此处无需修改，直接回车，准备输入会计科目。

（9）第二行科目直接输入末级科目或按［F2］键参照录入科目代码"140502"，回车得到科目全称"库存商品/春兰冰箱"。由于该科目是数量核算科目，故弹出辅助项对话框要求要输入"数量"和"单价"。本例输入数量 60 台、单价 1 650 元/台。回车自动得到金额 99 000 元，系统默认在借方。回车两次，光标移至下一行，准备输入第三行分录。

（10）第三行摘要会由系统自动复制上一行摘要得到，可以进行修改，此处无需修改，直接回车，准备输入会计科目。

（11）第三行科目直接输入末级科目或按［F2］键参照录入科目代码"22210101"，回车得到科目全称"应交税费/应交增值税/进项税额"。回车两次，光标移至贷方金额栏，准备输入进项税金额。

（12）直接输入借方进项税金额 36 932.50 元。回车，光标移至下一行，准备输入第四行分录。

（13）第四行摘要会由系统自动复制上一行摘要得到，可以进行修改，此处无需修改，直接回车，准备输入会计科目。

（14）第四行科目直接输入末级科目或按［F2］键参照录入科目代码"100201"，回车得到科目全称"银行存款/工行基本户"。由于该科目是银行账科目，故弹出辅助项对话框要求要输入"结算方式"、"票号"及"发生日期"。本例输入结算方式"202"，票号"1012345"，发生日期"2007-01-10"。

（15）录入第四行分录的贷方发生额 254 182.50 元，由于该科目是现金流量科目，故弹出现金流量对话框要求要输入本次发生额所涉及的现金流量"项目编号"、"项目名称"和"金额"。本例输入"04—购买商品接受劳务支付现金"254 182.50 元。

（16）凭证录入完毕，按"保存"按钮或［F6］保存这张凭证。

填制结果如图 4-3 所示。

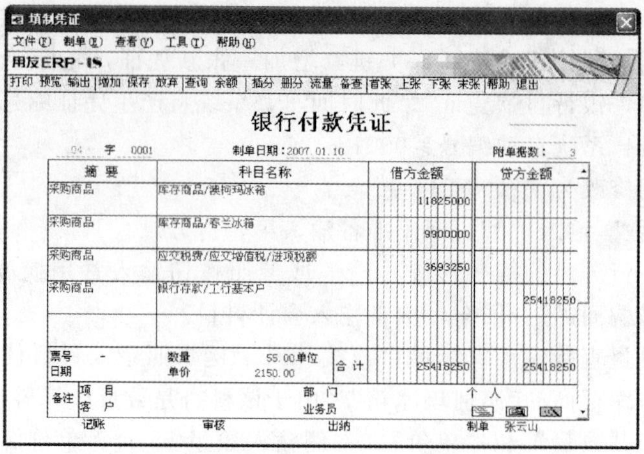

图 4-3　输入第三笔业务的凭证

4. 第四笔业务

1 月 11 日，从新兴家电购进 TCL 彩电 50 台，不含税单价 3 200 元；创维彩电 50 台，不含税单价 2 600 元。税率均为 17％，收到增值税专用发票一张。采购员李强已办理商品验收入库，货款尚未支付。

本笔业务会计分录如下：

借：库存商品——TCL 彩电　　　　　　　　　　　　　　　　　　160 000
　　库存商品——创维彩电　　　　　　　　　　　　　　　　　　130 000
　　应交税费——应交增值税——进项税额　　　　　　　　　　　 49 300
　　贷：应付账款——新兴家电　　　　　　　　　　　　　　　　　　339 300

【操作步骤】

（1）单击菜单"凭证"下的"填制凭证"，显示"填制凭证"窗口。

（2）单击"增加"按钮或按［F5］键，增加一张新凭证，光标定位在凭证类别上，选择凭证类别"05，转账凭证"。此时回车，系统将产生凭证编号。

（3）凭证编号：系统自动编号：0002。

（4）制单日期修改为"2007-01-11"。

（5）"附单据数"输入"2"。回车准备输入第一行分录。

（6）输入第一行分录的摘要，按 F2 或参照按钮输入常用摘要。本例业务的摘要可直接输入"采购商品"。回车，准备输入会计科目。

（7）第一行科目直接输入末级科目或按［F2］键参照录入科目代码"140503"，回车得到科目全称"库存商品/TCL 彩电"。由于该科目是数量核算科目，故弹出辅助项对话框要求要输入"数量"和"单价"。本例输入数量 50 台、单价 3 200 元/台。回车自动得到金额 160 000 元，系统默认在借方。回车两次，光标移至下一行，准备输入第二行分录。

（8）第二行摘要会由系统自动复制第一行摘要得到，可以进行修改，此处无需修改，直接回车，准备输入会计科目。

（9）第二行科目直接输入末级科目或按［F2］键参照录入科目代码"140504"，回车得到科目全称"库存商品/创维彩电"。由于该科目是数量核算科目，故弹出辅助项对话框要求要输入"数量"和"单价"。本例输入数量 50 台、单价 2 600 元/台。回车自动得到金额 130 000 元，系统默认在借方。回车两次，光标移至下一行，准备输入第三行分录。

（10）第三行摘要会由系统自动复制上一行摘要得到，可以进行修改，此处无需修改，直接回车，准备输入会计科目。

（11）第三行科目直接输入末级科目或按［F2］键参照录入科目代码"22210101"，回车得到科目全称"应交税费/应交增值税/进项税额"。回车两次，光标移至贷方金额栏，准备输入进项税金额。

（12）直接输入借方进项税金额 49 300 元。回车，光标移至下一行，准备输入第四行分录。

（13）第四行摘要会由系统自动复制上一行摘要得到，可以进行修改，此处无需修改，直接回车，准备输入会计科目。

（14）第四行科目直接输入末级科目或按［F2］键参照录入科目代码"2202"，回车得到科目全称"应付账款"。由于该科目是供应商往来科目，故系统弹出辅助项对话框要求要输入"供应商"、"业务员"、"票号"及"发生日期"。本例输入供应商"002—新兴家电"，业务员"李强"、票号忽略、发生日期"2007-01-11"。

（15）凭证录入完毕，按"保存"按钮或［F6］保存这张凭证。

填制结果如图 4-4 所示。

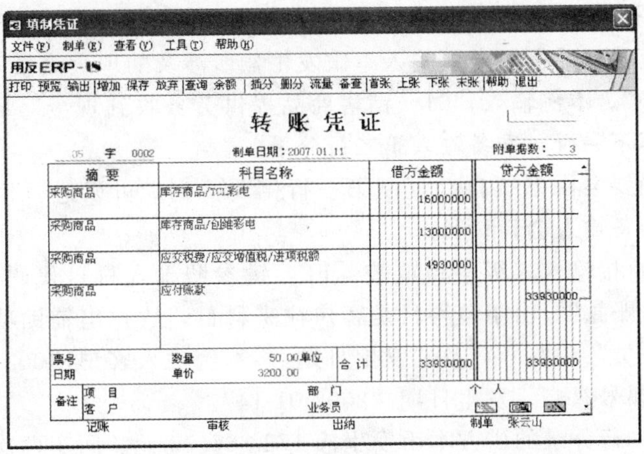

图 4-4 输入第四笔业务的凭证

5. 第五笔业务

1 月 14 日，向华阳宾馆销售信诺固定电话 60 部，不含税单价 120 元；华为小灵通 20 部，不含税单价 225 元；联想移动电话 60 部，不含税单价 2 450 元；索爱移动电话 40 部，不含税单价 3 420 元。税率均为 17%，开出增值税专用发票。销售员陈连江已办理通过工行基本户收取 50% 货款，转账支票号 9012346。

本笔业务会计分录如下：

借：银行存款——工行基本户　　　　　　　　　　　172 867.50

应收账款——华阳宾馆	172 867.50
贷：主营业务收入——信诺固定电话	7 200
主营业务收入——华为小灵通	4 500
主营业务收入——联想移动电话	147 000
主营业务收入——索爱移动电话	136 800
应交税费——应交增值税——销项税额	50 235

【操作步骤】

（1）单击菜单"凭证"下的"填制凭证"，显示"填制凭证"窗口。

（2）单击"增加"按钮或按［F5］键，增加一张新凭证，光标定位在凭证类别上，选择凭证类别"03，银行收款凭证"。此时回车，系统将产生凭证编号。

（3）凭证编号：系统自动编号：0002。

（4）制单日期修改为"2007-01-14"。

（5）"附单据数"输入"3"。回车准备输入第一行分录。

（6）输入第一行分录的摘要，按［F2］或参照按钮输入常用摘要。本例业务的摘要可直接输入"商品销售"。回车输入会计科目。

（7）第一行直接输入末级科目或按［F2］键参照录入科目代码"100201"，回车得到科目全称"银行存款/工行基本户"。由于该科目是银行账科目，故弹出辅助项对话框要求要输入"结算方式"、"票号"及"发生日期"。本例输入结算方式"202"，票号"9012345"，发生日期"2007-01-08"。

（8）录入第一行分录的借方本币发生额 172 867.50 元。由于该科目是现金流量科目，故弹出现金流量对话框要求要输入本次发生额所涉及的现金流量"项目编码"、"项目名称"和"金额"。本例输入"01－销售商品提供劳务收到现金"172 867.50 元。回车两次，光标移至下一行，准备输入第二行分录。

（9）第二行摘要会由系统自动复制第一行摘要得到，可以进行修改，此处无需修改，直接回车，准备输入会计科目。

（10）第二行直接输入末级科目或按［F2］键参照录入科目代码"1122"，回车得到科目全称"应收账款"。由于该科目是客户往来科目，故弹出辅助项对话框要求要输入"客户"、"业务员"、"票号"及"发生日期"。本例输入客户"002－华阳宾馆"，业务员"陈连江"、票号忽略、发生日期"2007-01-14"。

（11）录入第二行分录的借方本币发生额 172 867.50 元。回车两次，光标移至下一行，准备输入第三行分录。

（12）第三行摘要会由系统自动复制第一行摘要得到，可以进行修改，此处无需修改，直接回车，准备输入会计科目。

（13）第三行科目直接输入末级科目或按［F2］键参照录入科目代码"600105"，回车得到科目全称"主营业务收入/信诺固定电话"。由于该科目是数量核算科目，故弹出辅助项对话框要求要输入"数量"和"单价"。本例输入数量 60 台、单价 120 元/台。回车自动得到金额 7 200 元，但是系统默认在借方。

（14）按空格键将第三行分录的金额移送到贷方。回车，准备输入第四行分录。

（15）第四行摘要会由系统自动复制上一行摘要得到，可以进行修改，此处无需修改，直接回车，准备输入会计科目。

（16）第四行科目直接输入末级科目或按［F2］键参照录入科目代码"600106"，回车得到科目全称"主营业务收入/华为小灵通"。由于该科目是数量核算科目，故弹出辅助项对话框要求要输入"数量"和"单价"。本例输入数量 20 台、单价 225 元/台。回车自动得到金额 4 500.00 元，但是系统默认在借方。

（17）按空格键将第四行分录的金额移送到贷方。回车，准备输入第五行分录。

（18）第五行摘要会由系统自动复制上一行摘要得到，可以进行修改，此处无需修改，直接回车，准备输入会计科目。

（19）第五行科目直接输入末级科目或按［F2］键参照录入科目代码"600107"，回车得到科目全称"主营业务收入/联想移动电话"。由于该科目是数量核算科目，故弹出辅助项对话框要求要输入"数量"和"单价"。本例输入数量 60 台、单价 2 450 元/台。回车自动得到金额 147 000.00 元，但是系统默认在借方。

（20）按空格键将第五行分录的金额移送到贷方。回车，准备输入第六行分录。

（21）第六行摘要会由系统自动复制上一行摘要得到，可以进行修改，此处无需修改，直接回车，准备输入会计科目。

（22）第六行科目直接输入末级科目或按［F2］键参照录入科目代码"600108"，回车得到科目全称"主营业务收入/索爱移动电话"。由于该科目是数量核算科目，故弹出辅助项对话框要求要输入"数量"和"单价"。本例输入数量 40 台、单价 3 420 元/台。回车自动得到金额 136 800.00 元，但是系统默认在借方。

（23）按空格键将第六行分录的金额移送到贷方。回车，准备输入第七行分录。

（24）第七行摘要会由系统自动复制上一行摘要得到，可以进行修改，此处无需修改，直接回车，准备输入会计科目。

（25）第七行科目直接输入末级科目或按［F2］键参照录入科目代码"22210105"，回车得到科目全称"应交税费/应交增值税/销项税额"。

（26）录入第四行分录的贷方发生额 50 235.00 元。

（27）凭证录入完毕，按"保存"按钮或［F6］保存这张凭证。

填制结果如图 4-5 所示。

6. 第六笔业务

1 月 20 日，收到远大商店交来转账支票一张，转账支票号为 0012350，金额 382 050 元，用以归还以前欠款，已通过工行基本户办理进账。

本笔业务会计分录如下：

借：银行存款——工行基本户　　　　　382 050
　　贷：应收账款——远大商店　　　　　　382 050

【操作步骤】

（1）单击菜单"凭证"下的"填制凭证"，显示"填制凭证"窗口。

（2）单击"增加"按钮或按［F5］键，增加一张新凭证，光标定位在凭证类别上，选择凭证类别"03，银行收款凭证"。此时回车，系统将产生凭证编号。

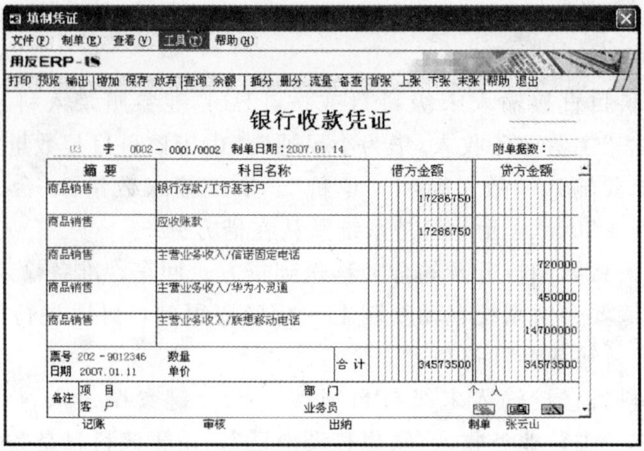

图 4-5 输入第五笔业务的凭证

（3）凭证编号：系统自动编号：0003。

（4）制单日期修改为"2007-01-20"。

（5）"附单据数"输入"1"。回车准备输入第一行分录。

（6）输入第一行分录的摘要，按［F2］或参照按钮输入常用摘要。本例业务的摘要可直接输入"收到欠款"。回车准备输入会计科目。

（7）第一行直接输入末级科目或按［F2］键参照录入科目代码"100201"，回车得到科目全称"银行存款/工行基本户"。由于该科目是银行账科目，故弹出辅助项对话框要求要输入"结算方式"、"票号"及"发生日期"。本例输入结算方式"202"，票号"0012350"，发生日期"2007-01-20"。

（8）录入第一行分录的借方本币发生额 382 050 元。由于该科目是现金流量科目，故弹出现金流量对话框要求要输入本次发生额所涉及的现金流量"项目编码"、"项目名称"和"金额"。本例输入"01—销售商品提供劳务收到现金"382 050 元。回车两次，光标移至下一行，准备输入第二行分录。

（9）第二行摘要会由系统自动复制第一行摘要得到，可以进行修改，此处无需修改，直接回车，准备输入会计科目。

（10）第二行直接输入末级科目或按［F2］键参照录入科目代码"1122"，回车得到科目全称"应收账款"。由于该科目是客户往来科目，故弹出辅助项对话框要求要输入"客户"、"业务员"、"票号"及"发生日期"。本例输入客户"001—远大商店"，业务员"秦安安"、票号忽略、发生日期"2007-01-20"。

（11）录入第二行分录的借方本币发生额 382 050 元。

（12）凭证录入完毕，按"保存"按钮或［F6］保存这张凭证。

填制结果如图 4-6 所示。

7. 第七笔业务

1 月 21 日开出工行转账支票一张，转账支票号为 1012346，金额 705 000 元，用以偿还新兴家电以前的货款。

本笔业务会计分录如下：

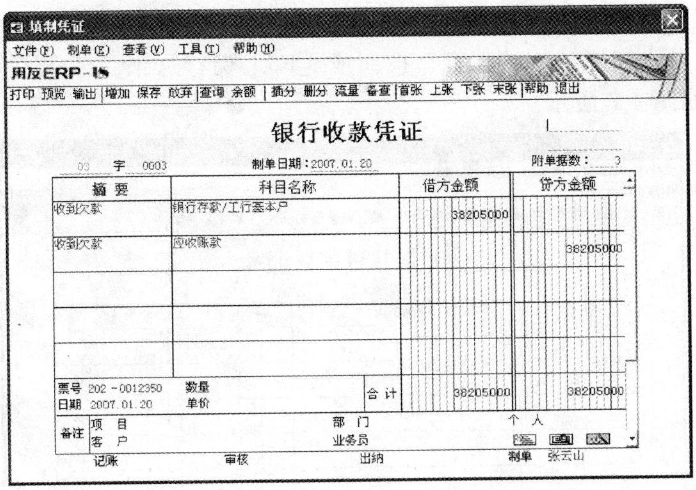

图 4-6　输入第六笔业务的凭证

借：应付账款——新兴家电　　　　　　　　　　　705000
　　贷：银行存款——工行基本户　　　　　　　　　705000

【操作步骤】

（1）单击菜单"凭证"下的"填制凭证"，显示"填制凭证"窗口。

（2）单击"增加"按钮或按［F5］键，增加一张新凭证，光标定位在凭证类别上，选择凭证类别"04，银行付款凭证"。此时回车，系统将产生凭证编号。

（3）凭证编号：系统自动编号：0002。

（4）制单日期修改为"2007-01-21"。

（5）"附单据数"输入"1"。回车准备输入第一行分录。

（6）输入第一行分录的摘要，按［F2］或参照按钮输入常用摘要。本例业务的摘要可直接输入"支付货款"。回车准备输入会计科目。

（7）第一行直接输入末级科目或按［F2］键参照录入科目代码"2202"，回车得到科目全称"应付账款"。由于该科目是供应商往来科目，故弹出辅助项对话框要求要输入"供应商"、"业务员"、"票号"及"发生日期"。本例输入供应商"002－新兴家电"，业务员和票号忽略、发生日期"2007-01-21"。

（8）录入第一行分录的借方本币发生额 705 000 元。回车两次，光标移至下一行，准备输入第二行分录。

（9）第二行摘要会由系统自动复制第一行摘要得到，可以进行修改，此处无需修改，直接回车，准备输入会计科目。

（10）第二行直接输入末级科目或按［F2］键参照录入科目代码"100201"，回车得到科目全称"银行存款/工行基本户"。由于该科目是银行账科目，故弹出辅助项对话框要求要输入"结算方式"、"票号"及"发生日期"。本例输入结算方式"202"，票号"1012346"，发生日期"2007-01-21"。

（11）录入第二行分录的借方本币发生额 705 000 元。由于该科目是现金流量科目，故弹出现金流量对话框要求要输入本次发生额所涉及的现金流量"项目编码"、"项目名称"和"金额"。本例输入"04－购买商品接受劳务支付现金"705 000元。

（12）凭证录入完毕，按"保存"按钮或［F6］保存这张凭证。

填制结果如图4-7所示。

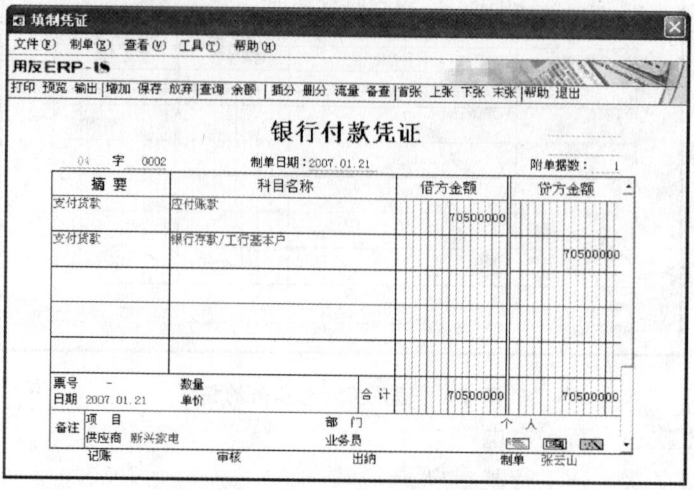

图4-7　输入第七笔业务的凭证

8. 第八笔业务

1月24日，由财务部刘宏涛经手，预付购轿车一辆价款460 000元，通过工行转账支票支付，转账支票号1012347。

本笔业务会计分录如下：

借：其他应收款——刘宏涛　　　　　　　　　460 000

　　贷：银行存款——工行基本户　　　　　　　　460 000

【操作步骤】

（1）单击菜单"凭证"下的"填制凭证"，显示"填制凭证"窗口。

（2）单击"增加"按钮或按［F5］键，增加一张新凭证，光标定位在凭证类别上，选择凭证类别"04，银行付款凭证"。此时回车，系统将产生凭证编号。

（3）凭证编号：系统自动编号：0003。

（4）制单日期修改为"2007-01-24"。

（5）"附单据数"输入"1"。回车准备输入第一行分录。

（6）输入第一行分录的摘要，按［F2］或参照按钮输入常用摘要。本例业务的摘要可直接输入"预付购车款"。回车准备输入会计科目。

（7）第一行直接输入末级科目或按［F2］键参照录入科目代码"1221"，回车得到科目全称"其他应收款"。由于该科目是个人往来科目，故弹出辅助项对话框要求要输入个人往来信息。本例输入"财务部"、"刘宏涛"。

（8）录入第一行分录的借方本币发生额460 000元。回车两次，光标移至下一行，准备输入第二行分录。

（9）第二行摘要会由系统自动复制第一行摘要得到，可以进行修改，此处无需修改，直接回车，准备输入会计科目。

（10）第二行直接输入末级科目或按［F2］键参照录入科目代码"100201"，回车得到科目全称"银行存款/工行基本户"。由于该科目是银行账科目，故弹出辅助项对话框要求要输入"结算方式"、"票号"及"发生日期"。本例输入结算方式"202"，票号"1012347"，发生日期"2007-01-24"。

（11）录入第二行分录的借方本币发生额 460 000 元。由于该科目是现金流量科目，故弹出现金流量对话框要求要输入本次发生额所涉及的现金流量"项目编码"、"项目名称"和"金额"。本例输入"12－购买固定资产、无形资产及其他资产支付现金"460 000元。

（12）凭证录入完毕，按"保存"按钮或［F6］保存这张凭证。

填制结果如图 4-8 所示。

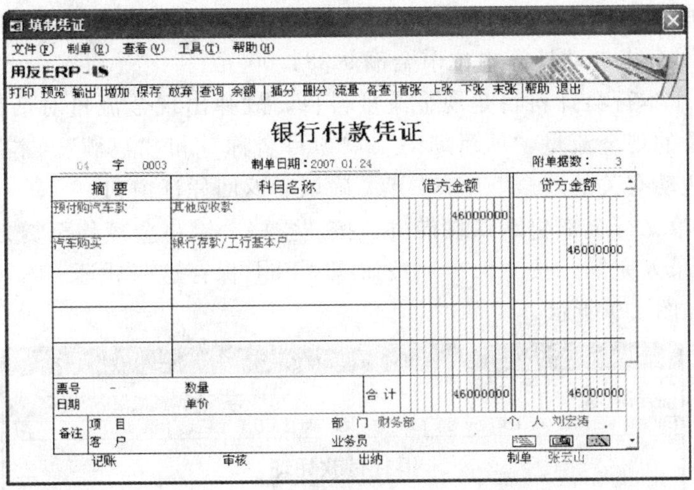

图 4-8　输入第八笔业务的凭证

9. 第九笔业务

1 月 26 日，通过工行美元户支付广告费 1 200 美元，转账支票号 2012341。

本笔业务会计分录如下：

借：销售费用——广告费　　　　　　　　　　9 384

　　贷：银行存款——中行美元户　　　　　　　　9 384（＄1 200×7.82）

【操作步骤】

（1）单击菜单"凭证"下的"填制凭证"，显示"填制凭证"窗口。

（2）单击"增加"按钮或按［F5］键，增加一张新凭证，光标定位在凭证类别上，选择凭证类别"04，银行付款凭证"。此时回车，系统将产生凭证编号。

（3）凭证编号：系统自动编号：0004。

（4）制单日期修改为"2007-01-26"。

（5）"附单据数"输入"1"。回车准备输入第一行分录。

（6）输入第一行分录的摘要，按［F2］或参照按钮输入常用摘要。本例业务的摘要可直接输入"支付广告费"。回车准备输入会计科目。

（7）第一行直接输入末级科目或按［F2］键参照录入科目代码"6601"，回车得到科目全称"销售费用"。

（8）录入第一行分录的借方本币发生额 9 384.00 元。回车两次，光标移至下一行，准备输入第二行分录。

（9）第二行摘要会由系统自动复制第一行摘要得到，可以进行修改，此处无需修改，直接回车，准备输入会计科目。

（10）第二行直接输入末级科目或按［F2］键参照录入科目代码"100202"，回车得到科目全称"银行存款/中行美元户"。由于该科目是银行账科目，故弹出辅助项对话框要求要输入"结算方式"、"票号"及"发生日期"。本例输入结算方式"202"，票号"2012341"，发生日期"2007-01-26"。

（11）录入第二行分录的金额：由于本行会计科目是外币核算科目，凭证输入界面发生变化，增加了外币信息输入框，本例输入外币金额 1 200 美元，记账汇率默认为月初汇率 7.82，回车将自动计算本位币金额 9 384.00 元。

（12）又由于本行会计科目是现金流量科目，故弹出现金流量对话框要求要输入本次发生额所涉及的现金流量"项目编码"、"项目名称"和"金额"。本例输入"07－支付其他与经营活动有关的现金"9 384 元。确认后返回凭证窗口。

（13）此时第二行金额仍默认在借方，按"空格"键将金额移至贷方。

（14）凭证录入完毕，按"保存"按钮或［F6］保存这张凭证。

填制结果如图 4-9 所示。

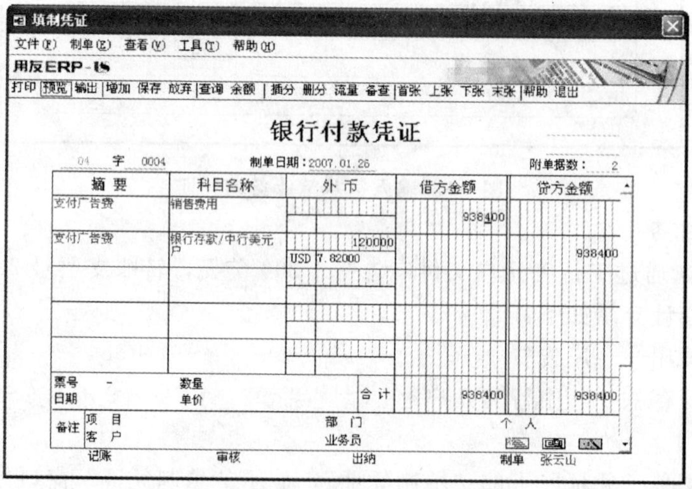

图 4-9　输入第九笔业务的凭证

10. 第十笔业务

1 月 26 日，刘宏远因出差向财务部门借款 8 000 元，现金支票号 3000001。

本笔业务会计分录如下：

借：其他应收款——刘宏远　　　　　　　　　　　　　　　8000

　　贷：银行存款——工行基本户　　　　　　　　　　　　8000

【操作步骤】

（1）单击菜单"凭证"下的"填制凭证"，显示"填制凭证"窗口。

（2）单击"增加"按钮或按［F5］键，增加一张新凭证，光标定位在凭证类别上，选择凭证类别"04，银行付款凭证"。此时回车，系统将产生凭证编号。

（3）凭证编号：系统自动编号：0005。

（4）制单日期修改为"2007-01-26"。

（5）"附单据数"输入"1"。回车准备输入第一行分录。

（6）输入第一行分录的摘要，按［F2］或参照按钮输入常用摘要。本例业务的摘要可直接输入"借支差旅费"。回车准备输入会计科目。

（7）第一行直接输入末级科目或按［F2］键参照录入科目代码"1221"，回车得到科目全称"其他应收款"。由于该科目是个人往来科目，故弹出辅助项对话框要求要输入个人往来信息。本例输入"总经理办公室"、"刘宏远"。

（8）录入第一行分录的借方本币发生额 8 000 元。回车两次，光标移至下一行，准备输入第二行分录。

（9）第二行摘要会由系统自动复制第一行摘要得到，可以进行修改，此处无需修改，直接回车，准备输入会计科目。

（10）第二行直接输入末级科目或按［F2］键参照录入科目代码"100201"，回车得到科目全称"银行存款/工行基本户"。由于该科目是银行账科目，故弹出辅助项对话框要求要输入"结算方式"、"票号"及"发生日期"。本例输入结算方式"201"，票号"3000001"，发生日期"2007-01-26"。

（11）录入第二行分录的借方本币发生额 8 000 元。由于该科目是现金流量科目，故弹出现金流量对话框要求要输入本次发生额所涉及的现金流量"项目编码"、"项目名称"和"金额"。本例输入"07-支付其他与经营活动有关的现金"8 000 元。

（12）凭证录入完毕，按"保存"按钮或［F6］保存这张凭证。

填制结果如图 4-10 所示。

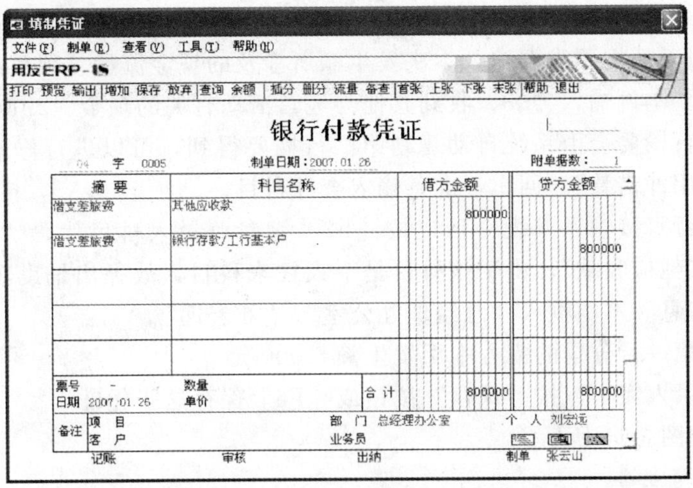

图 4-10　输入第十笔业务的凭证

11. 第十一笔业务

1月28日，刘宏远出差归来，报销差旅费 6 000 元（单据 10 张），交回现金 2 000 元。

本笔业务会计分录如下：

借：管理费用——差旅费   6 000.00

    库存现金   2 000.00

  贷：其他应收款——刘宏远   8 000.00

【操作步骤】

（1）单击菜单"凭证"下的"填制凭证"，显示"填制凭证"窗口。

（2）单击"增加"按钮或按〔F5〕键，增加一张新凭证，光标定位在凭证类别上，选择凭证类别"01，现金收款凭证"。此时回车，系统将产生凭证编号。

（3）凭证编号：系统自动编号：0001。

（4）制单日期修改为"2007-01-28"。

（5）"附单据数"输入"10"。回车准备输入第一行分录。

（6）输入第一行分录的摘要，按〔F2〕或参照按钮输入常用摘要。本例业务的摘要可直接输入"刘经理报销差旅费"。回车准备输入会计科目。

（7）第一行直接输入末级科目或按〔F2〕键参照录入科目代码"660203"，回车得到科目全称"管理费用/差旅费"。

（8）录入第一行分录的借方本币发生额 6 000 元。回车两次，光标移至下一行，准备输入第二行分录。

（9）第二行摘要会由系统自动复制第一行摘要得到，可以进行修改，此处修改为"收回刘经理出差备用金余款"，直接回车，准备输入会计科目。

（10）第二行直接输入末级科目或按〔F2〕键参照录入科目代码"1001"，回车得到科目全称"现金"。

（11）录入第二行分录的借方本币发生额 2 000 元。由于该科目是现金流量科目，故弹出现金流量对话框要求要输入本次发生额所涉及的现金流量"项目编码"、"项目名称"和"金额"。本例输入"03－收到其他与经营活动有关的现金" 2 000 元。

（12）第三行摘要会由系统自动复制第二行摘要得到，可以进行修改，此处修改为"刘经理报销费用冲借款"。回车，准备输入会计科目。

（13）第三行直接输入末级科目或按〔F2〕键参照录入科目代码"1221"，回车得到科目全称"其他应收款"。由于该科目是个人往来科目，故弹出辅助项对话框要求要输入个人往来信息。本例输入"总经理办公室"、"刘宏远"。

（14）录入第一行分录的借方本币发生额 8 000 元。

（15）凭证录入完毕，按"保存"按钮或〔F6〕保存这张凭证。

填制结果如图 4-11 所示。

12. 第十二笔业务

1月31日，根据工资系统统计的本月工资实发工资签发转账支票一张，票号1012348，委托工行办理代发工资，同时将工资发放清单以软盘形式送交银行（金额

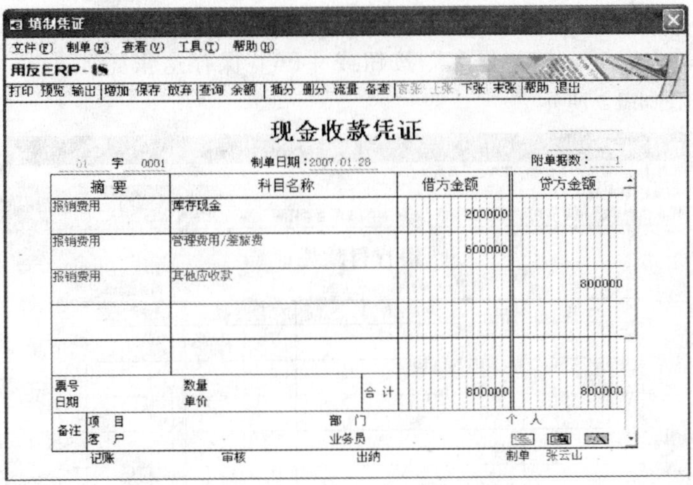

图 4-11　输入第十一笔业务的凭证

32 775 元，数据来自工资子系统）。

本笔业务会计分录如下：

借：应付职工薪酬　　　　　　　　　　　　　　　　32 775
　贷：银行存款——工行基本户　　　　　　　　　　　32 775

【操作步骤】

（1）单击菜单"凭证"下的"填制凭证"，显示"填制凭证"窗口。

（2）单击"增加"按钮或按［F5］键，增加一张新凭证，光标定位在凭证类别上，选择凭证类别"04，银行付款凭证"。此时回车，系统将产生凭证编号。

（3）凭证编号：系统自动编号：0006。

（4）制单日期修改为"2007-01-31"。

（5）"附单据数"输入"1"。回车准备输入第一行分录。

（6）输入第一行分录的摘要，按［F2］或参照按钮输入常用摘要。本例业务的摘要可直接输入"工资发放"。回车准备输入会计科目。

（7）第一行直接输入末级科目或按［F2］键参照录入科目代码"2211"，回车得到科目全称"应付职工薪酬"。

（8）录入第一行分录的借方本币发生额 32 775 元。回车两次，光标移至下一行，准备输入第二行分录。

（9）第二行摘要会由系统自动复制第一行摘要得到，可以进行修改，此处无需修改，直接回车，准备输入会计科目。

（10）第二行直接输入末级科目或按［F2］键参照录入科目代码"100201"，回车得到科目全称"银行存款/工行基本户"。由于该科目是银行账科目，故弹出辅助项对话框要求要输入"结算方式"、"票号"及"发生日期"。本例输入结算方式"202"，票号"1012348"，发生日期"2007-01-31"。

（11）录入第二行分录的借方本币发生额 32 775 元。由于该科目是现金流量科目，故弹出现金流量对话框要求要输入本次发生额所涉及的现金流量"项目编码"、"项目名称"和"金额"。本例输入"05－支付给职工及位职工支付的现金"32 775元。

（12）凭证录入完毕，按"保存"按钮或［F6］保存这张凭证。

填制结果如图4-12所示。

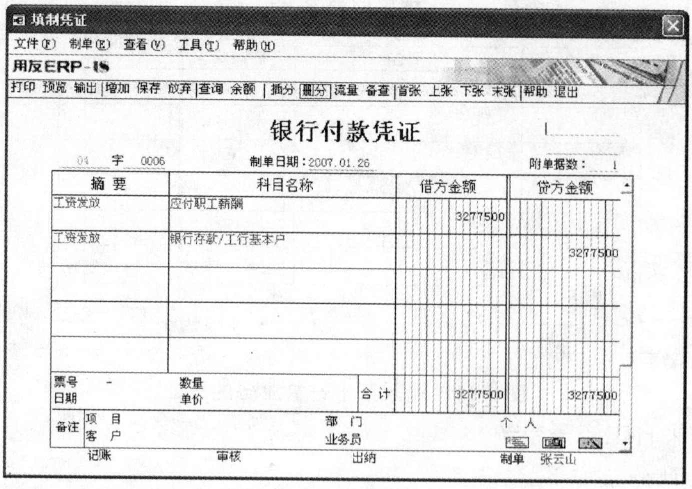

图4-12　输入第十二笔业务的凭证

13. 第十三笔业务

1月31日，向税务部门缴纳个人所得税。开具转账支票一张，支票号1012349，同时将个人所得税扣缴申报表交给税务部门（金额2 507元，数据来自工资子系统）。

本笔业务会计分录如下：

借：应交税费——应交个人所得税　　　　　　　2 507

　　贷：银行存款——工行基本户　　　　　　　　　2 507

【操作步骤】

（1）单击菜单"凭证"下的"填制凭证"，显示"填制凭证"窗口。

（2）单击"增加"按钮或按［F5］键，增加一张新凭证，光标定位在凭证类别上，选择凭证类别"04，银行付款凭证"。此时回车，系统将产生凭证编号。

（3）凭证编号：系统自动编号：0007。

（4）制单日期修改为"2007-01-31"。

（5）"附单据数"输入"1"。回车准备输入第一行分录。

（6）输入第一行分录的摘要，按［F2］或参照按钮输入常用摘要。本例业务的摘要可直接输入"缴纳税款"。回车准备输入会计科目。

（7）第一行直接输入末级科目或按［F2］键参照录入科目代码"222112"，回车得到科目全称"应付税费/应交个人所得税"。

（8）录入第一行分录的借方本币发生额2 507元。回车两次，光标移至下一行，准备输入第二行分录。

（9）第二行摘要会由系统自动复制第一行摘要得到，可以进行修改，此处无需修改，直接回车，准备输入会计科目。

（10）第二行直接输入末级科目或按［F2］键参照录入科目代码"100201"，回车得到科目全称"银行存款/工行基本户"。由于该科目是银行账科目，故弹出辅助项对话框要求要输入"结算方式"、"票号"及"发生日期"。本例输入结算方式"202"，票号"1012349"，发生日期"2007-01-31"。

（11）录入第二行分录的借方本币发生额 2 507 元。由于该科目是现金流量科目，故弹出现金流量对话框要求要输入本次发生额所涉及的现金流量"项目编码"、"项目名称"和"金额"。本例输入"05－支付给职工及位职工支付的现金"2 507 元。

（12）凭证录入完毕，按"保存"按钮或［F6］保存这张凭证。

填制结果如图 4-13 所示。

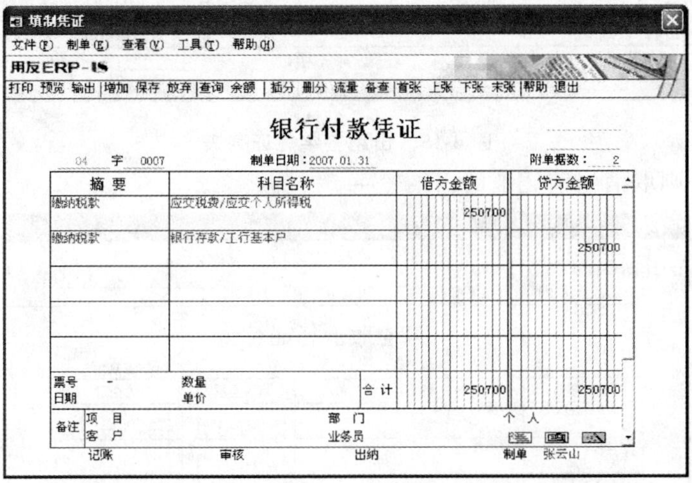

图 4-13　输入第十三笔业务的凭证

（二）出纳签字

（1）重注册或重新打开总账系统，以 02 号操作员"王荔"（出纳员）登录，会计年度"2007"，业务日期为 2007 年 1 月。

（2）点击系统菜单"凭证"→"出纳签字"，弹出条件窗口，见图 4-14。

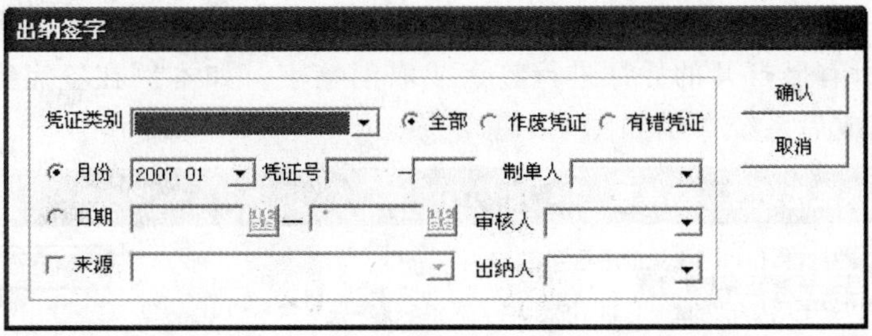

图 4-14　出纳签字条件

（3）无需进行特别指定，点击"确认"按钮即打开出纳签字凭证列表（图 4-15），显示符合条件的所有出纳凭证（现金、银行凭证）目录。点击该窗口"确定"按钮即打开凭证审核窗口（图 4-16），分页显示等待出纳审核的凭证。

（3）点击工具栏"签字"，则当前凭证完成出纳签字，在凭证下方显示出纳员姓名；

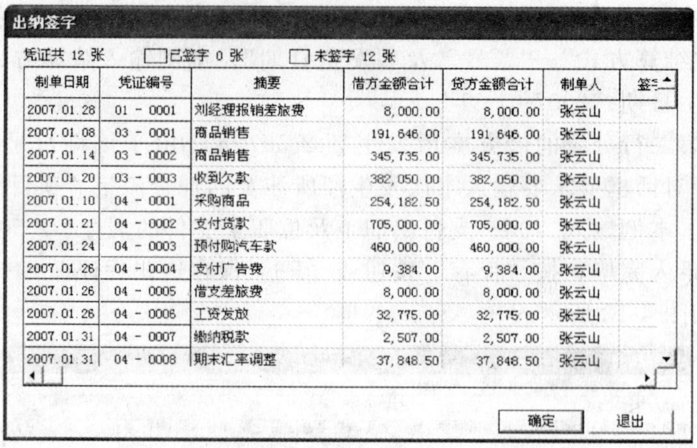

制单日期	凭证编号	摘要	借方金额合计	贷方金额合计	制单人	签字
2007.01.28	01 - 0001	刘经理报销差旅费	8,000.00	8,000.00	张云山	
2007.01.08	03 - 0001	商品销售	191,646.00	191,646.00	张云山	
2007.01.14	03 - 0002	商品销售	345,735.00	345,735.00	张云山	
2007.01.20	03 - 0003	收到欠款	382,050.00	382,050.00	张云山	
2007.01.10	04 - 0001	采购商品	254,182.50	254,182.50	张云山	
2007.01.21	04 - 0002	支付货款	705,000.00	705,000.00	张云山	
2007.01.24	04 - 0003	预付购汽车款	460,000.00	460,000.00	张云山	
2007.01.26	04 - 0004	支付广告费	9,384.00	9,384.00	张云山	
2007.01.26	04 - 0005	借支差旅费	8,000.00	8,000.00	张云山	
2007.01.26	04 - 0006	工资发放	32,775.00	32,775.00	张云山	
2007.01.31	04 - 0007	缴纳税款	2,507.00	2,507.00	张云山	
2007.01.31	04 - 0008	期末汇率调整	37,848.50	37,848.50	张云山	

图 4-15 出纳签字凭证列表

如点击“取消”则取消当前凭证的出纳签字。

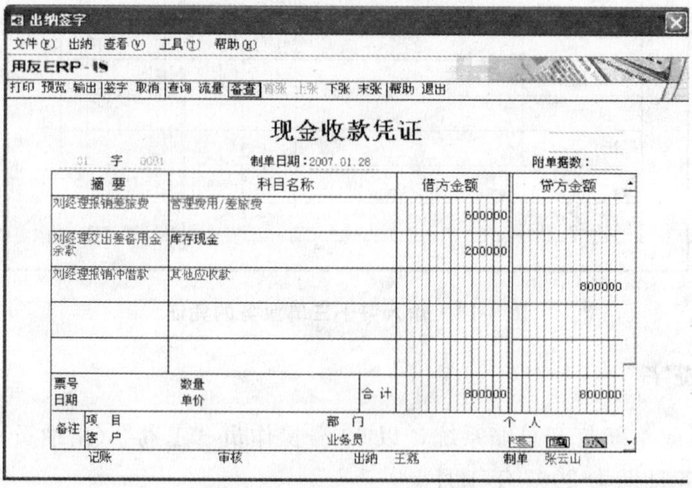

图 4-16 出纳签字凭证窗口

（4）成批签字或成批取消签字：点击“出纳”菜单下的“成批签字”或“成批取消”，可完成对所有已打开的凭证进行签字或取消签字。如本例在签完第一张凭证后进行成批签字，完成后系统提示如图 4-17。

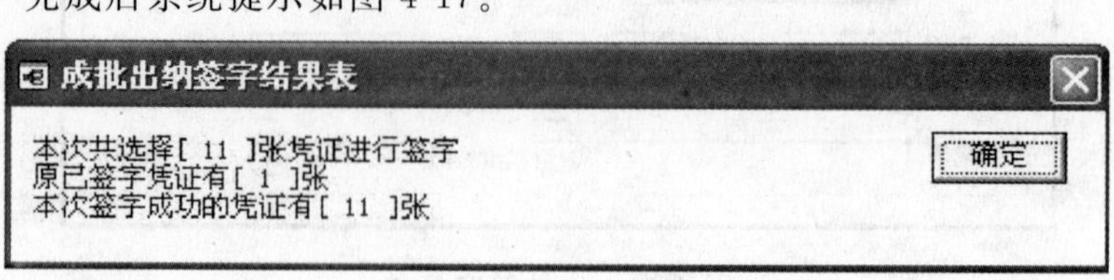

图 4-17 成批签字提示

（二）凭证审核

凭证审核，即会计对凭证进行稽核，若凭证正确无误则进行签字，其处理过程与出纳签字基本相似，不同之处主要是：

（1）签字性质不同：出纳签字意味着办理资金收付业务，会计稽核意味着对本笔业务会计处理的进一步认可。

（2）处理范围不同：出纳签字仅限于现金银行凭证，而会计稽核针对所有未记账凭证。

（3）操作员限制不同：任何有出纳权限的操作员均可进行出纳签字，而会计稽核的操作员不仅要有审核权限，而且不能与制单人员是同一个人。

（三）记账

点击系统菜单"凭证"→"记账"，弹出记账向导窗口，见图 4-18。

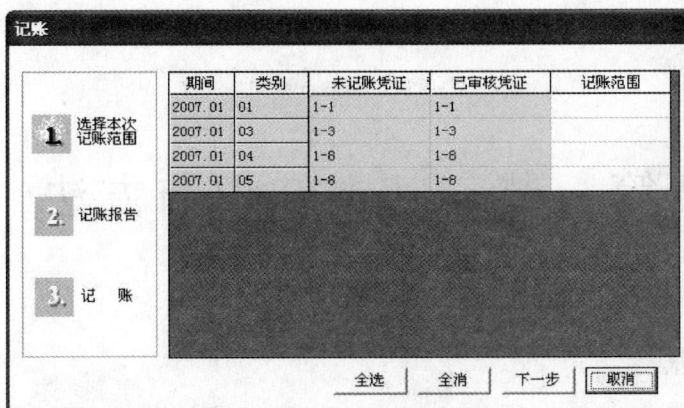

图 4-18　记账向导

第一步：选择记账范围：本例显示 2007 年 1 月未记账凭证 4 类共 20 张，其中已审核凭证 20 张，说明已全部审核。点击"全选"或直接输入记账范围，所有已审核凭证被选入记账范围。

第二步：选好记账范围后，点击"下一步"显示记账报告。

第三步：点击"下一步"进入待记账状态，此时点击"记账"，则系统开始汇总、过账，并将所选凭证标记已记账标志，最后完成记账。中间虽有试算平衡表提示，但记账过程中不可返回或取消记账，因此记账应慎重并确保不意外中断。

第 5 章

期末账务处理

第一节　基本知识与方法

一、银行对账

（一）银行对账初始设置

银行对账初始化，即为了保证银行对账的正确性，在使用"银行对账"功能进行对账之前，必须在开始对账的月初先将日记账、银行对账单未达账项录入系统中。

系统将根据调整前余额及期初未达项自动计算出银行对账单与单位日记账的调整后余额。在执行对账功能之前，应将"银行期初"中的"调整后余额"调平（即单位日记账的调整后余额＝银行对账单的调整后余额），否则，在对账后编制《银行存款余额调节表》时，会造成银行存款与单位银行账的账面余额不平。

（二）输入银行对账单

每期银行对账前，要输入每一银行账科目的银行对账单，以和企业日记账记录进行核对。单击"出纳"菜单下"银行对账"中的"银行对账单"，指定账户（银行科目）、月份范围，确定后，显示指定范围内的银行对账单列表。按"增加"按钮，在对账单列表最后一行增加一空行，可增加一笔银行对账单，手工录入或参照日历输入银行对账单日期，选择结算方式。注意，在此输入的结算方式同制单时所使用的结算方式可相同也可不同。录入票号和借、贷方金额，系统自动计算余额，并按对账单日期顺序显示。在此输入的票号应同制单时输入的票号位长相同。

（三）银行对账

银行对账采用自动对账与手工对账相结合的方式。自动对账是计算机根据对账依据自动进行核对、勾销，对于已核对上的银行业务，系统将自动在银行存款日记账和银行对账单双方写上两清标志，并视为已达账项，对于在两清栏未写上两清符号的记录，系统则视其为未达账项。手工对账是对自动对账的补充，使用完自动对账后，可能还有一些特殊的已达账没有对出来，而被视为未达账项。为了保证对账更彻底正确，可用手工对账来进行调整。

（四）其他

银行对账菜单下还有余额调节表查询打印、日记账勾对情况的查询，以及核销银行账。核销银行账是用于将核对正确并确认无误的已达账删除。一般来说，在银行对账正确后，如果想将已达账删除并只保留未达账时，可使用本功能。按"ALT＋U"可以进行反核销。

二、期末转账

（一）期末转账的概念

期末转账，是通过事先设置自动转账方法，利用可提取的机内数据，在相对固定的账务对应关系的前提下，定期进行的转账处理。

每个单位在期末都要做一些固定的转账事项，诸如结转收入、成本和费用，提取城建税等等。这些事项有着以下特点：

（1）对应关系固定：即应借应贷会计科目相对固定；

（2）凭证的金额、数量等数据仅仅来自于转账前系统已经保存的数据记录，且可通过系统提供的取数函数提取这些数据；

（3）定期发生的周期性会计事项。

（二）定义自动转账凭证

1. 自定义转账

自定义转账功能是最完善的自动转账定义功能，可用于各种可自动转账的业务，如"费用分配"的结转、"税金计算"的结转、"提取各项费用"。

2. 对应结转

"对应结转"用于对应的上级科目之间有着相同明细科目或辅助核算的情况下，在这些相同明细科目或辅助核算项目之间的结转事项。如将"预收账款"之下的所有客户往来余额转入"应收账款"相应的客户往来明细账中。

3. 销售成本结转

销售成本结转，是将月末商品（或产成品）销售数量乘以库存商品（或产成品）的平均单价计算各类商品销售成本并进行结转。要求库存商品、商品销售收入和商品销售成本这三个科目具有相同结构的明细科目，库存商品科目和商品销售收入科目下的所有明细科目还必须都有数量核算。

指定"库存商品"科目：即凭证的贷方科目，转出本月销售成本。计算结转金额所用的平均单位成本来自本科目的金额和数量之商；

指定"销售收入"科目：计算凭证的结转金额时，取该科目贷方数量乘以平均单位成本得到销售成本。

指定"销售成本：科目：即凭证的借方科目，转入本月销售成本。

当库存商品科目的期末数量余额小于商品销售收入科目的贷方数量发生额，若不希望结转后造成库存商品科目余额为负数，可选择按库存商品科目的期末数量余额结转。

4. 售价（计划价）销售成本结转

本功能提供按售价结转销售成本或调整月末成本，适于按售价核算库存商品成本的零售企业。

5. 汇兑损益

用于期末自动计算外币账户的汇总损益，并在转账生成中自动生成汇总损益转账凭证，汇兑损益只处理以下外币账户：外汇存款户，外币现金，外币结算的各项债权、债务，不包括所有者权益类账户、成本类账户和损益类账户。

【操作步骤】

（1）用鼠标单击系统主菜单"期末"下的"转账定义"，再选择其下级菜单中的"汇兑损益结转设置"，屏幕显示汇兑损益设置窗口。

（2）在"汇兑损益入账科目"处输入该账套中汇兑损益科目的科目编码。

（3）将光标移到要计算汇兑损益的外币科目上按空格键选择需要计算汇兑损益的科目，或用鼠标双击要计算汇兑损益的科目，选择完毕后，单击"确定"即可。

6. 期间损益

用于在一个会计期间终了将损益类科目的余额结转到本年利润科目中，从而及时反映企业利润的盈亏情况。主要是对管理费用、销售费用、财务费用、主营业务收入、营业外收支等科目的结转。

【操作步骤】

（1）用鼠标单击系统主菜单"期末"下的"转账定义"，再选择其下级菜单中的"期间损益结转设置"，屏幕显示期间损益设置窗。

（2）表格上方的本年利润科目是本年利润的入账科目。如果本年利润科目又分为多个下级科目，则可在下面表格中录入，并与相应的损益科目对应。

（3）在下面的对应结转表中录入明细级的本年利润科目。

损益科目结转表中将列出所有的损益科目。如果希望某损益科目参与期间损益的结转，则应在该科目所在行的本年利润科目栏填写相应的本年利润科目。若不填本年利润科目，则将不转此损益科目的余额。

（三）生成自动转账凭证

在定义完转账凭证后，每月月末只需执行本功能即可快速生成转账凭证，在此生成的转账凭证将自动追加到未记账凭证中。

【操作步骤】

（1）单击系统主菜单"期末"下的"转账生成"。

（2）选择要进行的转账工作（如：自定义转账、损益结转等）、要进行结转的月份和要结转的凭证。

（3）选择完毕后，按"确定"按钮，屏幕显示将要生成的转账凭证。

（4）若凭证类别、制单日期和附单据数与实际情况略有出入，可直接在当前凭证上进行修改。

（5）当确定系统显示的凭证是希望生成的转账凭证时，按"保存"按钮将当前凭证追加到未记账凭证中，并在当前凭证界面显示"已生成"字样。

【注意事项】

（1）由于转账是按照已记账凭证的数据进行计算的，所以在进行月末转账工作之前，需先将所有未记账凭证记账，否则，生成的转账凭证数据可能有误。

（2）生成汇兑损益凭证时，事先应在"外币及汇率设置"中确定并输入期末汇率。在生成凭证时还需选择需要结转的外币核算科目，在"是否结转"处双击鼠标打上"√"，表示该科目将执行结转。也可按"全选"、"全消"按钮，全部选择、全部取消选择要结转的凭证。另外，也可通过币种下拉框选择相应的币种进行结转，为空表示对所有币种进行结转。选择完毕后，按"确定"后屏幕显示汇兑损益试算表。查看汇兑损益试算表后，按"确定"即按计算结果生成转账凭证。

（3）生成期间损益凭证时，也需选择需要结转的科目，在"是否结转"处双击鼠标打上"√"，表示该科目将执行结转。也可按"全选"、"全消"按钮，全部选择、全部取消选择要结转的凭证，也可以分类结转收入类和费用类科目。选择完毕后，按"确定"即按计算结果生成转账凭证。

三、对账与结账

（一）对账

一般说来，只要记账凭证录入正确，计算机自动记账后各种账簿都应是正确、平衡的，但由于非法操作或计算机病毒或其他原因有时可能会造成某些数据被破坏，因而引起账账不符。为了保证账证相符、账账相符，单位财务应经常使用对账功能进行对账，至少一个月一次，一般可在月末结账前进行。选择要对账的会计期间和对账内容，选择需要与总账核对的辅助账，单击"对账"按钮。

若对账结果为账账相符，则对账月份的对账结果处显示"正确"；若对账结果为账账不符，则对账月份的对账结果处显示"错误"，按"错误"可查看引起账账不符的原因。

另外还可以按"试算"按钮，可以对各科目类别余额进行试算平衡，显示试算平衡表。

（二）结账

账务处理系统提供了"结账"功能。单位月末进行结账时条件如下：上月未结账，则本月不能记账，但可以填制、复核凭证。如本月还有未记账凭证时，则本月不能结账。已结账月份不能再填制凭证。结账只能由有结账权的人进行。若总账与明细账对账不符，则不能结账。若其他相关系统本月未结账则总账不能结账。结账只能每月进行一次。

单位月末结账操作分为四个步骤：选择结账月份；核对账簿；生成月度工作报告；完成结账。若符合结账要求，系统将进行结账，否则不予结账。

四、账簿查询和打印

（一）科目总账查询

科目总账查询不但可以查询各总账科目的年初余额、各月发生额合计和月末余额，而且还可查询所有二至六级明细科目的年初余额、各月发生额合计和月末余额。查询总账时，标题显示为所查科目的一级科目名称，如应收账款总账。联查总账对应的明细账时，明细账显示为应收账款明细账。

（二）科目明细账查询

科目明细账用于平时查询各账户的明细发生情况，及按任意条件组合查询明细账。在查询过程中可以包含未记账凭证。

科目明细账查询能提供三种明细账的查询格式：普通明细账、按科目排序明细账、月份综合明细账。普通明细账是按科目查询，按发生日期排序的明细账；按科目排序明细账是按非末级科目查询，按其有发生的末级科目排序的明细账；月份综合明细账是按非末级科目查询，包含非末级科目总账数据及末级科目明细数据的综合明细账，使对各级科目的数据关系一目了然。

（三）日记账查询

日记账功能主要用于查询除现金日记账、银行日记账以外的其他日记账，现金日记账、银行日记账在出纳管理中查询。如果某日的凭证已填制完毕但未登记入账，可以通过选择"包含未记账凭证"进行查询。

（四）现金和银行账查询

企业如果想查询现金日记账，现金科目必须在"会计科目"功能下的"指定科目"中预先指定。在输入完"查询条件设置'后确定，即会显示所需要的现金日记账。

银行日记账查询功能用于查询银行日记账，查询银行日记账前提条件是银行科目必须在"会计科目"功能下的"指定科目"中预先指定。在输入完"查询条件设置"后确定，即会显示所需要的银行日记账。

（五）序时账查询

序时账查询功能用于按时间顺序排列每笔业务的明细数据。在系统主菜单中选择系统主菜单上的"账表"下的科目账的"序时账"，进入后，屏幕显示序时账查询条件窗。也可将查询条件保存为"我的账簿"，或直接调用"我的账簿"即可。条件输入完毕后，按"确定"按钮，屏幕显示序时账查询结果，可以联查凭证和科目账。

（六）客户往来账的查询

客户往来辅助账包括客户往来余额表、客户往来明细账、客户往来账两清、客户催款单、客户往来账龄分析。

（七）供应商往来账的查询

供应商往来辅助账包括供应商往来余额表、供应商往来明细账、供应商往来两清、供应商往来催款单、供应商往来账龄分析。

（八）个人往来账的查询

个人往来账包括科目余额表、个人往来明细账、个人往来清理、个人往来催款、个人往来账龄分析。

（九）部门账的查询

部门账包括部门总账、部门明细账、部门收支分析。

（十）项目账的查询

项目账簿包括项目总账、项目明细账、项目统计表。

第二节　上机实验

一、银行对账实验

（一）实验目的

账务处理系统在期末需要对银行存款进行银行对账操作，通过核对银行对账单与银行账，完成银行存款余额调节表的编制，并核销已达账项。

（二）实验内容

1. 期初未达账项录入；

2. 银行对账单录入；

3. 银行对账处理；

4. 银行存款余额调节表编制；

5. 查询日记账或对账单勾对操作；

6. 核销银行账。

（三）实验资料

1. 银行对账期初余额

宏远公司银行对账的启用日期同账务子系统，为 2007 年 1 月 1 日；工行基本户企业日记账调整前余额为 6 199 500 元；银行对账单调整前余额为 6 199 500 元；无未达账项。

2. 银行对账单

2007 年 1 月份工行基本户对账单，见表 5-1：

表 5-1　银行对账单

日　　期	结算方式	票　　号	借方金额	贷方金额
2007-1-08	转账支票	0012345	191 646.00	
2007-1-12	转账支票	1012345		207 090.00
2007-1-15	转账支票	9012346	172 867.50	
2007-1-20	转账支票	0012224	382 050.00	
2007-1-26	转账支票	1012346		705 000.00
2007-1-29	转账支票	1012347		460 000.00

（四）实验指导

1. 录入期初未达账项

用鼠标单击系统主菜单中"银行对账"下的"银行对账期初"。输入银行科目后按"确定"按钮，屏幕显示银行期初录入窗。在启用日期处录入该银行账户的启用日期。录入单位日记账及银行对账单的调整前余额。录入银行对账单及单位日记账期初未达项，系统将根据调整前余额及期初未达项自动计算出银行对账单与单位日记账的调整后余额。若录入正确，则单位日记账与银行对账单的调整后余额应平衡。如图 5-1 所示。

2. 录入银行对账单

单击"银行对账单"。按"增加"按钮可增加一笔银行对账单，按"删除"按钮可删除一笔银行对账单。如图 5-2 所示。

3. 银行对账处理

单击"银行对账"菜单，选择要对账的银行科目（账户），选择要对账的月份范围，

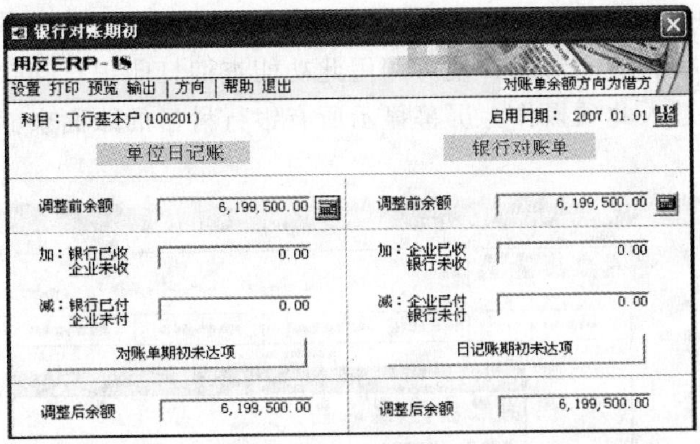

图 5-1 银行对账初始化（期初调节表）

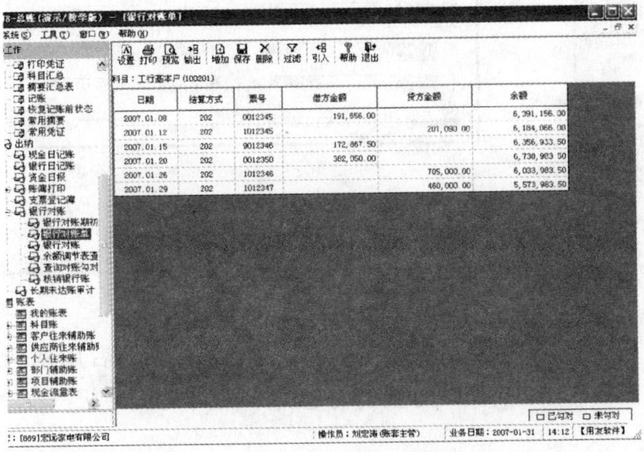

图 5-2 录入银行对账单

终止月份大于等于起始月份。若选择"显示已达账"选项则显示已两清勾对的单位日记账和银行对账单。点击"确认"按钮，屏幕显示对账界面，单击"对账"按钮，进行自动银行对账，并显示动态进度条，表示对账进行的程度及状态。如果已进行过自动对账，可直接进行手工调整。如图 5-3 所示。

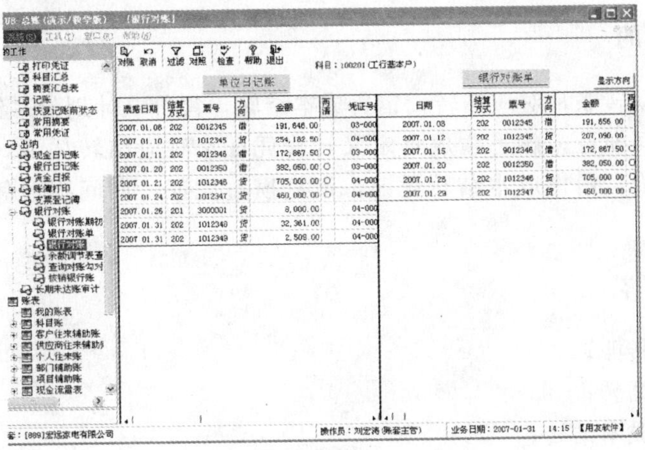

图 5-3 银行对账

4. 输出银行存款余额调节表

在对银行账进行两清勾对后，便可调用此功能查询打印银行存款余额调节表，以检查对账是否正确。进入此项操作，屏幕显示所有银行科目的账面余额及调整余额。如图5-4所示。

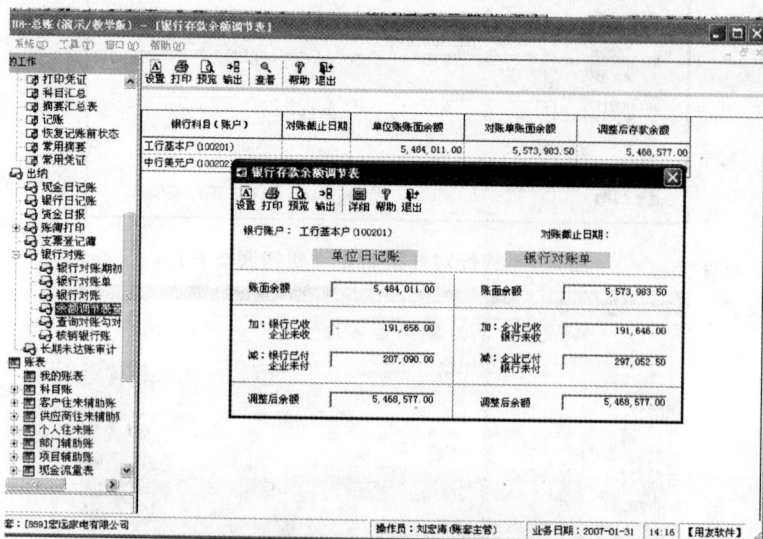

图 5-4　银行存款余额调节表

如要查看某科目的调节表，则将光标移到该科目上，然后用鼠标单击"查看"按钮或双击该行，则可查看该银行账户的银行存款余额调节表。

5. 核销银行账

进入系统主菜单"银行对账"下的"核销银行账"功能，选择要核销的银行科目，按"确定"按钮即可。

二、期末转账实验

（一）实验目的

掌握定义自动转账，对应结转，销售成本结转，售价（计划价）销售成本结转，汇兑损益，定义期间损益；熟悉生成自定义转账凭证，对应结转凭证，销售成本结转凭证，售价（计划价）销售成本结转凭证，汇兑损益凭证，期间损益凭证；掌握对账和结账。

（二）实验内容

1. 定义自动转账；
2. 定义对应结转；
3. 定义销售成本结转；
4. 定义汇兑损益；

5. 定义期间损益；

6. 生成自定义转账凭证；

7. 生成对应结转凭证；

8. 生成销售成本结转凭证；

9. 生成汇兑损益凭证；

10. 生成期间损益凭证；

13. 对账；

14. 结账。

(三) 实验资料

2007 年 1 月，期末应处理的经济业务：

1. 1 月 31 日，按月利率 5‰ 计提本月短期借款利息。

2. 1 月 31 日，计算本月汇兑损益并计入财务费用，月末汇率为 7.85。

3. 1 月 31 日，按全月加权平均法结转本月销售成本。

4. 1 月 31 日，结转本月各项收入至本年利润。

5. 1 月 31 日，结转本月各项费用支出至本年利润。

6. 1 月 31 日，若本月有净利润，则按其 33％ 计提应预交的所得税。

7. 1 月 31 日，将所得税结转至本年利润。

(四) 实验指导

启动总账系统，以 03 操作员"张云山"登录，会计年度"2007"，业务日期为 2007 年 1 月，同时保证系统日期大于或等于业务日期。

1. 设置自定义转账——定义计提利息的转账凭证

每月末根据"短期借款"月末余额的 0.5％ 计提利息费用，转账分录为：

借：财务费用　　　　　　　　　金额公式：JG（）

　贷：预提费用　　　　　　　　金额公式：QM（2001，月）＊0.005

【操作步骤】

(1) 点击"系统菜单"→"期末"→"转账定义"→"自定义转账"，打开自定义转账设置窗口。

(2) 点击工具栏"增加"按钮，弹出转账凭证目录信息对话框，输入转账序号"0001"、转账说明"计提利息"，选择凭证类型"转账凭证"，点击"确定"按钮，返回转账分录设置窗口。

(3) 第一行摘要系统已经默认为"转账说明"的内容，输入科目编码"6603"、方向"借"、金额公式"JG（）"。

(4) 第二行摘要系统已经默认为"转账说明"的内容，输入科目编码"2231"、方向"贷"、金额公式"QM（2001，月）＊0.005"。

(5) 保存本张自动转账凭证的设置，结果见图 5-5。

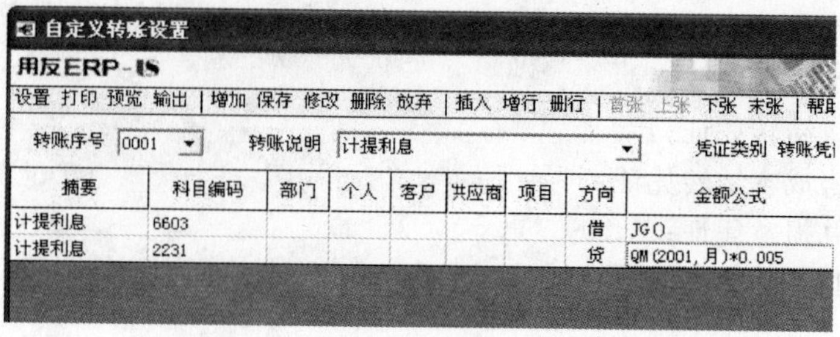

图 5-5　计提利息转账凭证的设置

2. 设置自定义转账——定义计算预交所得税

每月末根据"本年利润"科目本月发生净额的 33％ 预提所得税,转账分录为:

借:所得税　　　　　　　　　　金额公式:JE（4103,月）＊0.33

　　贷:应交税费——应交所得税　　　金额公式:JG（）

【操作步骤】

(1) 点击"系统菜单"→"期末"→"转账定义"→"自定义转账",打开自定义转账设置窗口。

(2) 点击工具栏"增加"按钮,弹出转账凭证目录信息对话框,输入转账序号"0002"、转账说明"计算预交所得税",选择凭证类型"转账凭证",点击"确定"按钮,返回转账分录设置窗口。

(3) 第一行摘要系统已经默认为"转账说明"的内容,输入科目编码"6801"、方向"借"、金额公式"JE（4103,月）＊0.33"。

(4) 第二行摘要系统已经默认为"转账说明"的内容,输入科目编码"222106"、方向"贷"、金额公式"JG（）"。

(5) 保存本张自动转账凭证的设置,结果见图 5-6。

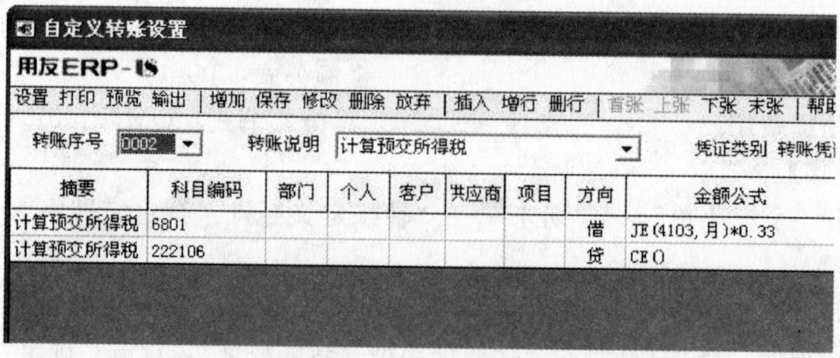

图 5-6　计算预交所得税转账凭证的设置

3. 设置销售成本结转

每月末根据"主营业务收入"科目贷方发生数量和"库存商品"科目中的平均单位成本计算本月应结转的已销产品成本。具体计算方法是:已销产品成本 ＝"商品销售收入"科目贷方数量×"库存商品"结存余额/"库存商品"结存数量。

转账分录为:

借:商品销售成本

贷：库存商品

【操作步骤】

（1）点击"系统菜单"→"期末"→"转账定义"→"销售成本结转"，打开销售成本结转设置窗口。

（2）选择凭证类型"转账凭证"。

（3）选择库存商品科目"1405——库存商品"，它既是本凭证的贷方科目，又是发出商品单位成本计算的数据源。

（4）选择商品销售收入科目"6001——主营业务收入"，它的贷方数量即是本期销售数量，用以计算发出商品成本。

（5）选择商品销售成本科目"6401——主营业务成本"，它是本凭证的借方科目。

（6）点击"确定"按钮保存本张自动转账凭证的设置，结果见图5-7。

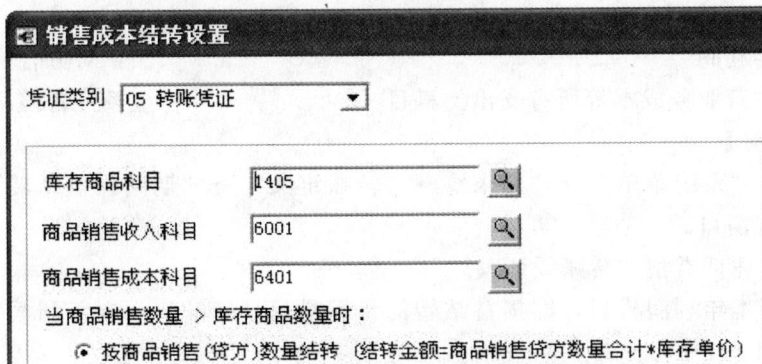

图 5-7 结转销售成本转账凭证的设置

4. 设置汇兑损益结转

每月末根据外币核算科目的账面本位币余额和应按期末汇率计算的本位币余额之差额作为期末汇率调整损益。

【操作步骤】

（1）点击"系统菜单"→"期末"→"转账定义"→"汇兑损益结转"，打开汇兑损益结转设置窗口。

（2）选择凭证类型"转账凭证"。

（3）选择汇兑损益入账科目"6603——财务费用"，本期汇兑损益将转入该科目。

（4）表内选择需要计算期末汇兑损益的外币科目，进行外币核算的资产负债科目均应选入，外币资本科目一般不选。

（5）点击"确定"按钮保存本张自动转账凭证的设置，结果见图5-8。

5. 设置期间损益结转

每月末所有本年期间损益科目余额结转到"本年利润"科目。

（1）收入结转分录：

借：主营业务收入等所有收入类科目   金额：各该科目贷方余额

　　贷：本年利润   金额：对方合计

（2）成本费用结转分录：

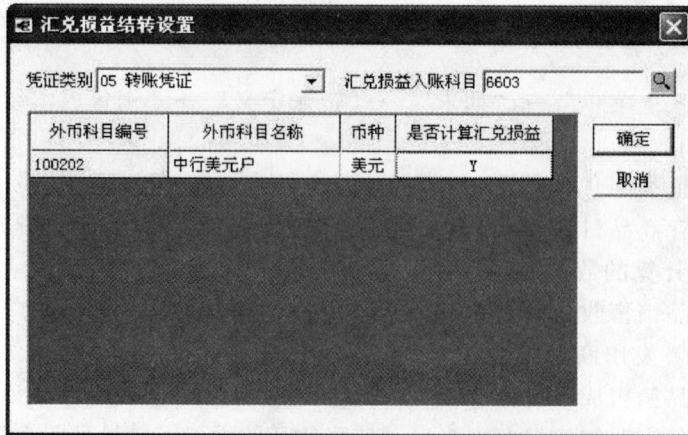

图 5-8　结转汇兑损益转账凭证的设置

借：本年利润　　　　　　　　　　　　　　金额：对方合计

　贷：主营业务成本等所有支出类科目　　　金额：各该科目借方余额

【操作步骤】

（1）点击"系统菜单"→"期末"→"转账定义"→"期间损益结转"，打开汇兑损益结转设置窗口。

（2）选择凭证类型"转账凭证"。

（3）选择本年利润科目，即损益结转的目标科目"4103——本年利润"，本期损益将转入该科目。

（4）表内显示所有期末损益科目，系统默认每一行的"本年利润额科目编码"为"4103"，但是"6901——以前年度损益"一行的"本年利润额科目编码"为空，因为其发生额并不转入"4103 本年利润"，也无需进行自动结转。

（5）点击"确定"按钮保存本张自动转账凭证的设置，结果见图 5-9。

图 5-9　结转期间损益转账凭证的设置

6．生成转账凭证

期末转账的先决条件：

（1）其他系统已经完成凭证转账（如工资费用分摊、固定资产折旧、购销发票入账和存货成本结转等），并已做好月结处理。

（2）所有已输入凭证均已审核记账。

【操作步骤】

（1）点击"系统菜单"→"期末"→"转账生成"，打开生成窗口，选择结转月份"2007.01"（图 5-10）。

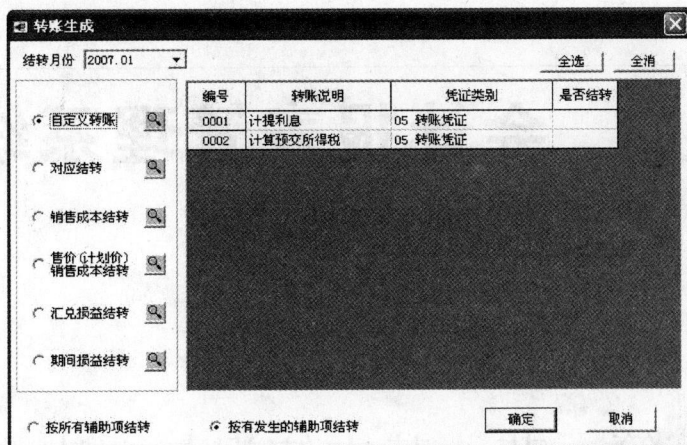

图 5-10　生成转账凭证

（2）选择"自定义转账"，表内显示两行已经定义的转账设置，双击某行即选择此行准备生成相应转账凭证，可同时选择多行；点击"确定"按钮即可生成凭证，并弹出"凭证填制"窗口供进一步修改和确认。

（3）选择"销售成本结转"或"汇兑损益结转"，按默认操作即可生成相应凭证。

（4）将所有未记账凭证审核、记账，然后打开"转账生成"窗口，选择"期间损益结转"，在"类型"选择框内分别选择"收入"和"支出"，点击"确定"则先后分别生成收入结转凭证和成本费用结转凭证。

（5）将最后这两张转账凭证审核、记账。

第 6 章

会计报表管理系统实验

第一节 基本知识与方法

一、会计报表系统概述

(一)会计报表系统的主要功能

会计报表的主要模块有文件管理、报表格式管理、报表数据处理、图表管理及报表输出。

1. 文件管理

对报表文件的创建、读取、保存和备份进行管理。用友 UFO 对报表文件提供了典型的磁盘文件管理功能,其他一些会计报表软件(如金蝶软件和新中大软件)还提供了报表文件目录窗口及相关功能,形成一个直观的会计报表日常工作平台。

2. 格式管理

对报表的行数和列数、行高和列宽、网格线、单元属性、单元风格、组合单元进行设置,并定义报表公式。

3. 报表数据处理

数据录入与采集、报表数据计算、数据处理分析、报表汇总等。

4. 图表管理

根据报表数据定义、生成并输出图表。

5. 报表输出

对已编制的报表显示、打印或转换输出。

(二) 会计报表系统的基本概念

1. 报表文件

用友 UFO 的会计报表存在于独立的磁盘文件中，它们都有一个默认的后缀名为 ".REP"，如 "资产负债表.REP"。报表文件是会计报表在计算机文件系统中独立存取的最小单元，所有报表信息都是随着其所属的报表文件进行保存和读取的。用友 UFO 的报表文件可以由使用者存放在任何可用的存储位置。

2. 表页

表页是由若干行和若干列组成的一个二维表。它是报表文件的基本组成部分，每个报表文件可以包含若干张表页，这些表页具有相同的格式和计算公式，但它们的数据则可因设置不同的关键字的值而不同。例如：创建 "资产负债表" 的报表文件，为它增加 12 张表页，它们具有相同的资产负债表格式和指标计算公式，但每个表页以月份作为关键字，使得每张表页采集不同月份的数据进行计算，从而得到全年每个月的资产负债表。一个表文件最多可有 99999 张表页。

3. 单元及单元属性

报表中由行和列确定的方格称为单元，用来填制各种数据，是组成报表的最小单元。单元名由所在行、列标识。行号用数字表示，列标由字母 A-U 表示。如 C10 表示第 3 列第 10 行相交的那个单元。在表达式中，完整的单元表识是 "报表名" －＞＜单元名称＞@表页号，如 "资产负债表" －＞C10@1 表示资产负债表第一张表页的 c 列第 10 行所在的单元。

单元属性主要指：单元类型、对齐方式、字体、颜色等。

单元类型有数值单元、字符单元、表样单元。

(1) 数值单元：该单元是报表的数据，在数据状态下输入。数值单元必须是数字，可以直接输入，也可由单元公式生成。建立一个新表时，所有单元类型默认为数值型。

(2) 字符单元：该单元也是报表的数据，在数据状态下输入。输入字符单元的内容可以是汉字、字母、数字及各种键盘可输入的符号组成的一串字符，一个单元中最多可输入 63 个字符或 31 个汉字，字符单元的内容可以直接输入也可以同单元公式生成。

(3) 表样单元：该单元是报表的格式，是要格式状态下输入的所有文字、符号或数字。表样单元对所有表页都有效。表样单元在格式状态下输入和修改，而在数据状态下不允许修改。一个单元中最多可输入 63 个字符或 31 个汉字。

4. 组合单元

组合单元由相邻的两个或更多的单元组成，这些单元必须是同一种单元类型，组合单元的名称可以用区域名称或区域中的某一个单元的名称来表示。

5. 区域

区域由一张表页上的一组单元组成的矩形块。最大的区域是一个表页的所有单元，最小的区域可只包含一个单元。表述一个区域时，在开始单元与结束单元之间用冒号连接。如 C4：H8。

6. 关键字

关键字是游离于单元之外的特殊数据单元，它可以唯一标识一个表页，用于在大量表页中快速选择表页。每个报表可以定义多个关键字。关键字一般包括：

(1) 单位名称：字符型（最大 30 个字符），为报表编制单位名称。

(2) 单位编号：字符型（最长 10 个字符），为报表单位编号。

(3) 年：数字型，反映该报表表页的年度。

(4) 季：数字型，反映报表表页的季度。

(5) 月：数字型，反映该报表表页的月份。

(6) 日：反映该报表表页的日期。

7. 格式状态和数据状态

UFO 系统将报表分为两种状态来处理：格式状态和数据状态。报表格式设计工作和报表数据处理工作是在不同的状态下进行的。实现状态切换的是"格式/数据"按钮，点击这个按钮可以在格式状态和数据状态之间切换。

格式状态：在格式状态下设计报表的格式，如表尺寸、行高列宽、单元属性、单元风格、组合单元、关键字、定义可变区等。报表的单元公式、审核公式、舍位平衡公式也在格式状态下定义。在格式状态下所做的操作对本报表所有的表页都发生作用。在格式状态下不能进行数据的录入、计算等操作。在格式状态下时，所看到的是报表的格式，报表的数据全部隐藏。

数据状态：在数据状态下管理报表的数据，如输入数据，增加或删除表页，审核，舍位平衡，做图形，汇总、合并报表等。在数据状态下不能修改报表的格式。在数据状态下时，看到的是报表的全部内容，包括格式和数据。

二、编制会计报表的基本方法

（一）编制一张报表的流程

1. 创建报表文件

点击"文件"菜单中的"新建"命令或点击新建图标后，建立一个空的报表，并进入格式状态。这时可以在这张报表上开始设计报表格式，在保存文件时用自己的文件名给这张报表命名。

2. 设计报表的格式

报表的格式在格式状态下设计，格式对报表的每一张表页都有效。在 UFO 系统菜单栏的"格式"菜单中提供了所有格式定义功能，包括以下操作：

(1) 设置表尺寸：即设定报表的行数和列数。一张表页最多允许 255 列、9999 行。

(2) 定义行高和列宽。

(3) 画表格线。

(4) 设置单元属性：把固定内容的单元如"项目"、"行次"、"期初数"、"期末数"等定为表样单元；把需要输入数字的单元定为数值单元；把需要输入字符的单元定为字符单元。

（5）设置单元风格：设置单元的字型、字体、字号、颜色、图案、折行显示等。

（6）定义组合单元：即把几个单元作为一个使用。

（7）设置可变区：即确定可变区在表页上的位置和大小。

（8）设置关键字：确定关键字在表页上的位置，如单位名称、年、月等。

设计好报表的格式之后，可以输入表样单元的内容，如报表名称、表投标题栏、项目标题、行次等在各表页之间相同的内容均应设为表样单元。如果需要一个标准的财务报表如资产负债表等，可以利用 UFO 提供的财务报表模板，或采用套用格式，再进行一些必要的修改，生成一个符合用户要求格式的财务报表。

3. 定义各类公式

UFO 有三类公式：计算公式（单元公式）、审核公式、舍位平衡公式。公式的定义在格式状态下进行。

（1）计算公式：定义了报表数据之间的运算关系，在报表数值单元中键入"＝"就可直接定义计算公式，也可以点击［数据］菜单的［编辑公式］菜单项定义。

（2）审核公式：用于审核报表内或报表之间的勾稽关系是否正确，审核公式需要点击［数据］菜单的［审核公式］菜单项定义。

（3）舍位平衡公式：用于报表数据进行进位或小数取整时调整数据，避免破坏原数据平衡，舍位平衡公式需要点击［数据］菜单的［舍位平衡公式］菜单项定义。

4. 报表数据处理

报表格式和报表中的各类公式定义好之后，就可以录入数据并进行处理了。报表数据处理在数据状态下进行，包括以下操作：

（1）根据需要追加或插入表页。

（2）初始化账套和会计年度：设定报表取数来自哪一会计账套（核算单位）和会计年度，即指定报表数据源。

（3）如果报表中定义了关键字，则录入每张表页上关键字的值。例如录入关键字"月份"的值，给第一页录入"1月"，给第二页录入"2月"，给第三页录入"3月"等等。

（4）在数值单元或字符单元中录入某一表页特有的数据。

（5）如果报表中有可变区，可变区初始只有一行或一列，需要追加可变行或可变列，并在可变行或可变列中录入数据。

（6）随着数据的录入，当前表页的单元公式将自动运算并显示结果。如果报表有审核公式和舍位平衡公式，则执行审核和舍位。也可根据需要进行报表汇总和合并报表。

5. 报表图形处理

选取报表数据后可以制作各种图形，如直方图、圆饼图、折线图、面积图、立体图。

6. 打印或输出报表

可控制打印方向，横向或纵向打印，可控制行列打印顺序，设置页眉和页脚，设置财务报表的页首和页尾，可缩放打印，还可利用打印预览观看打印效果。

（二）报表公式及函数应用

1. 提取报表系统数据的公式

（1）表页内部的计算公式：表页内部的计算公式，是指数据存放位置和数据来源位置，都没有超出本表本页范围的计算公式。如：D3 ＝ B3 ＋ C3。

（2）表页与表页间的计算公式

有些报表指标是根据本表其他表页有关单元的数值计算的。这就需要用到表页与表页间的计算公式。用以下格式可以方便的取得本表他页的数据：

〈目标区域〉＝〈数据源区域〉@〈页号〉

如 B2＝C5@1 表示公式令各页 B2 单元均取当前表第一页 C5 单元的值

（3）报表与报表之间的计算公式

有时需要在进行报表与报表间进行取数，根据他表的指标数据计算当前报表的指标值。其格式如下：

〈目标区域〉＝"〈数据源表名〉"－〉〈数据源区域〉@〈页号〉

如令当前表页 D5 的值等于表"利润表"第 4 页 D5 的值：

D5＝"利润表"－〉D5@4

2. 取数函数及提取其他系统数据的公式

（1）取数函数。报表中的许多数据不是来自报表系统，而是来自总账系统的凭证、账簿和其他业务系统的数据。这需要通过取数函数来提取那些数据。报表函数架起了报表系统和账务处理、工资、固定资产、进销存等系统之间数据传递的桥梁。利用函数设计报表指标的计算公式，计算并生成每期的会计报表。

（2）取数函数的种类。在用友 U8 管理软件中，UFO 提供了可以从各个产品模块中提取数据的函数共 170 个，其中账务函数 23 个如下（前导字符为 s 的是数量函数，为 w 的是外币函数，其余为标准金额函数）：

期初额函数：QC、sQC、wQC

期末额函数：QM、sQM、wQM

发生额函数：FS、sFS、wFS

累计发生额函数：LFS、sLFS、wLFS

条件发生额函数：TFS、sTFS、wTFS

对方科目发生额函数：DFS、sDFS、wDFS

净额函数：JE、sJE、wJE

汇率函数：HL

现金流量函数：XJLL

（3）账务函数的格式。以期末余额函数为例，UFO 8.5 账务函数的格式形如：

QM（〈科目编码〉，〈会计期间〉，[〈方向〉]，[〈账套号〉]，[〈会计年度〉]，[〈编码1〉]，[〈编码2〉]，[截止日期]，"y/n"）

函数名称、格式、参数等约定请参见具体版本的产品手册或帮助文件。值得一提的是，有些软件的函数参数允许带通配符，以简化函数的书写。用友 UFO 虽不支持通配符，但某些参数带有按前导字符汇总计算的功能，如将科目代码"1001"、"1002"和"1009"视为一类科目汇总计算，可以将科目代码指定为"100"。

（三）报表审核

1. 审核公式的格式

在没有筛选条件和关联条件的情况下，审核公式的格式是：

［〈算术表达式〉〈关系表达式〉〈算术表达式〉，］＊〈算术表达式〉〈关系表达式〉〈算术表达式〉MESSAGE "〈提示信息〉"

如在资产负债表中（第 39 行），"资产总计"的年初数和期末数与"负债及所有者权益总计"的年初数和期末数的平衡关系检验可用下列审核公式：

B39＝F39 MESSAGE "年初数不平衡！"

C39＝G39 MESSAGE "期末数不平衡！"

2. 定义和验证报表审核关系

在报表格式设计状态下，用鼠标选取菜单"数据"→"编辑公式"→"审核公式"命令，调出"定义审核关系"对话框。在"编辑框"中输入审核公式。

在数据处理状态中，当报表数据录入完毕后，应对报表进行审核，以检查报表各项数据勾稽关系的准确性。方法是：进入数据处理状态。选取菜单"数据"→"审核"命令。系统按照审核公式逐条审核表内的关系，当报表数据不符合勾稽关系时，屏幕上出现提示信息。

（四）舍位平衡

报表数据在进行进位时，如以"元"为单位的报表在上报时可能会转换为以"千元"或"万元"为单位的报表，原来满足的数据平衡关系可能被破坏，因此需要进行调整，使之符合指定的平衡公式。如：原始报表数据平衡关系为：$50.23＋5.24＝55.47$。

若舍掉一位数，即除以 10 后数据平衡关系成为：$5.02＋0.52＝5.55$。

原来的平衡关系被破坏，应调整为：$5.02＋0.53＝5.55$。

报表经舍位之后，重新调整平衡关系的公式称为舍位平衡公式。其中，进行进位的操作叫做舍位，舍位后调整平衡关系的操作叫做平衡调整公式。

1. 舍位平衡公式的格式

以下是舍位平衡公式的标准格式：

REPORT "〈舍位表文件名〉" RANGE〈区域〉［，〈区域〉］＊ WEI〈位数〉［FORMULA〈平衡公式〉［，〈平衡公式〉］＊［FOR〈页面筛选条件〉］］

注意：平衡公式中涉及到的数据应完全包含在参数〈区域〉所确定的范围之内，否则平衡公式无意义。

2. 定义和操作舍位平衡

在报表格式设计状态下，用鼠标点击菜单"数据"→"编辑公式"→"舍位公式…"，调出"舍位平衡公式"对话框，在各编辑框中输入如下各项：舍位表名、舍位范围、舍位位数、平衡公式。舍位平衡公式编辑完毕，检查无误后选择"完成"，系统将保存此次舍位平衡公式的设置。

当报表编辑完毕，需要对报表进行舍位平衡操作时，先进入数据处理状态。用鼠标点击菜单"数据"→"舍位平衡"命令。系统按照所定义的舍位关系对指定区域的数据进行舍位，并按照平衡公式对舍位后的数据进行平衡调整，将舍位平衡后的数据存入指定的新表或他表中，此为舍位表。打开舍位平衡公式指定的舍位表，可以看到调整后的报表。

第二节　上机实验

一、编制资产负债表

（一）实验目的

掌握资产负债表的格式与公式设计，编制资产负债表。

（二）实验内容

1. 创建资产负债表文件；
2. 报表格式设计；
3. 单元公式设计及取数函数的应用；
4. 关键字应用和表页管理；
5. 报表计算、审核和输出。

（三）实验资料

宏远家电经营有限公司 2007 年 1 月 31 日结账时的所有账套资料。

（四）实验步骤

1. 创建资产负债表文件
新建一个报表文件，命名为"资产负债表"，保存在常用的工作文件夹。
2. 设计资产负债表的格式

为快速设计资产负债表格式，可以调用报表模板来产生表的一般格式，即选择一个与所需格式最接近的资产负债表模板，覆盖新创建的空白报表，得到一张由用友公司事先定义、具有资产负债表一般格式的报表。在此基础上按照目前会计制度的要求对其进一步设置。得到如下格式的 2006 版《企业会计准则第 30 号——财务报表列报》所规范的资产负债表格式，见表 6-1。

表 6-1 资产负债表

会企 01 表

编制单位：宏远家电经营有限公司　年　月　日

单位：元

资　产	年初数	期末数	负债及所有者权益	年初数	期末数
流动资产：			流动负债：		
货币资金			短期借款		
交易性金融资产			交易性金融负债		
应收票据			应付票据		
应收账款			应付账款		
预付账款			预收账款		
应收股利			应付职工薪酬		
应收利息			应付税费		
其他应收款			应付利息		
存货			应付股利		
其中：消耗性生物资产			其他应付款		
待摊费用			预提费用		
一年内到期的非流动资产			预计负债		
其他流动资产			一年内到期的非流动负债		
流动资产合计			其他流动负债		
非流动资产：			流动负债合计		
可供出售金融资产			非流动负债：		
持有至到期投资			长期借款		
长期应收款			应付债券		
长期股权投资			长期应付款		
投资性房地产			专项应付款		
固定资产			递延所得税负债		
在建工程			其他非流动负债		
工程物资			非流动负债合计		
固定资产清理			负债合计		
生产性生物资产			所有者权益：		
油气资产			实收资本（或股本）		
无形资产			资本公积		
开发支出			减：库存股		
商誉			盈余公积		
长期待摊费用			未分配利润		
递延所得税资产			所有者权益合计		
其他非流动资产					
非流动资产合计					
资产总计			负债及所有者权益合计		

3. 设置资产负债表指标项目的计算公式

资产负债表指标主要根据账户余额计算编制。其中大部分指标根据唯一的一个总账账户的余额填列，如"固定资产"项目，直接根据"固定资产（1601）"账户的余额进行填列，其年初数和期末数可分别用下列公式计算：

年初数：QC（"1601"，全年）

期末数：QM（"1601"，月）

其他一些特殊指标需要根据具体情况设置计算公式：

(1)"货币资金"：应根据"库存现金（1001）"、"银行存款（1002）"、"其他货币资金（1009）"的余额之和填列：

年初数：QC（"1001"，全年）＋QC（"1002"，全年）＋QC（"1009"，全年）

期末数：QM（"1001"，月）＋QM（"1002"，月）＋QM（"1009"，月）

(2)"存货"项目与"货币资金"项目情况类似，不过属于存货类的会计科目更多，除存货资产类科目以外，包括成本类的"生产成本"和"制造费用"等科目的余额。

(3)"应收账款"、"预收账款"、"应付账款"、"预付账款"项目：根据会计制度要求，这些项目必须根据往来明细科目"应收账款（1122）"、"预收账款（2205）"、"应付账款（2202）"、"预付账款（1123）"余额的方向分别汇总填列，"应收账款"项目同时还要扣除"坏账准备（1231）"的贷方余额。

"应收账款"年初数：QC（"1122"，全年，"借"）＋QC（"2205"，全年，"借"）－QC（"1231"，全年）

"应收账款"期末数：QM（"1122"，月，"借"）＋QM（"2205"，月，"借"）－QM（"1231"，月）

"预收账款"年初数：QC（"1122"，全年，"贷"）＋QC（"2205"，全年，"贷"）

"预收账款"期末数：QM（"1122"，月，"贷"）＋QM（"2205"，月，"贷"）

"应付账款"年初数：QC（"2202"，全年，"贷"）＋QC（"1123"，全年，"贷"）

"应付账款"期末数：QM（"2202"，月，"贷"）＋QM（"1123"，月，"贷"）

"预付账款"年初数：QC（"2202"，全年，"借"）＋QC（"1123"，全年，"借"）

"预付账款"期末数：QM（"2202"，月，"借"）＋QM（"1123"，月，"借"）

(4)"未分配利润"项目的期末数：根据"利润分配——未分配利润（410419）"、"本年利润（4103）"和各损益科目余额计算填列。公式如下：

QM（"4103"，月）＋QM（"4104"，月）＋QM（"6001"，月）＋QM（"6051"，月）

＋QM（"6111"，月）＋QM（"6301"，月）－QM（"6401"，月）－QM（"6402"，月）

－QM（"6405"，月）－QM（"6601"，月）－QM（"6602"，月）－QM（"6711"，月）

－QM（"6801"，月）

4. 设置关键字并计算报表

(1) 设置或取消关键字：在格式状态下，设置"年"、"月"、"日期"三个关键字，由于"编制单位"及其内容已经在表样格式中设置，则此处无需设置"单位名称"关键字。如套用格式中存在此关键字，则应取消。

(2) 关键字水平位置的调整："年"、"月"、"日期"三个关键字的显示位置通过"关键字偏移"进行调整，使它们美观地显示在合理位置。

（3）关键字录入及报表重算：切换到数据状态，录入关键字：2007 年 1 月 31 日。确定后系统提示"是否重算当前表页"，点击"是"，即按照给定关键字的年月计算各单元的结果。

（4）计算报表：在数据状态下，除上述关键字变化后提示计算以外，用户也可以随时用"数据"菜单下的"整表重算"或"表页重算"计算报表和当前表页。

5. 审核资产负债表

（1）设置审核公式，校验"资产负债表"的平衡关系。在格式状态，点击"格式"菜单下的"公式设置"→"审核公式"，输入审核公式：

B39＝F39 MESSAGE "资产总额与负债及所有者权益总额的年初数不平衡！"

C39＝G39 MESSAGE "资产总额与负债及所有者权益总额的期末数不平衡！"

（2）报表审核：在数据状态下，点击"数据"菜单的"审核"，状态栏出现审核结果信息。

二、编制利润表

（一）实验目的

掌握利润表的格式与公式设计，编制利润表。

（二）实验内容

1. 创建利润表文件；
2. 报表格式设计；
3. 单元公式设计及取数函数的应用；
4. 关键字应用和表页管理；
5. 报表计算和输出。

（三）实验资料

宏远家电经营有限公司 2007 年 1 月 31 日结账时的所有账套资料。

（四）实验步骤

1. 创建利润表文件

新建一个报表文件，命名为"利润表"，保存在常用的工作文件夹。

2. 设计利润表的格式

为快速设计利润表格式，可以调用报表模板来产生表的一般格式，即选择一个与所需格式最接近的利润表或损益表模板，覆盖新创建的空白报表。按下表格式及 2006 版《企业会计准则第 30 号——财务报表列报》的要求设计利润表格式，见表 6-2。

表 6-2 利润表

会企 02 表

编制单位：

单位：元

项　目	本月数	本年累计数
一、营业收入		
减：营业成本		
营业税金及附加		
销售费用		
管理费用		
财务费用		
资产减值损失		
加：公允价值变动净收益		
投资净收益		
二、营业利润		
加：营业外收入		
减：营业外支出		
其中：非流动资产处置净损失		
三、利润总额		
减：所得税		
四、净利润		
五、每股收益		
（一）基本每股收益		
（二）稀释每股收益		

3. 设置利润表指标项目各单元的计算公式

(1)"营业收入"本月数，根据两个科目"主营业务收入（6001）"和"其他业务收入（6051）"的记录计算填列：

JE（"6001"，月）＋DFS（"6001"，"4103"，月，借）＋

JE（"6051"，月）＋DFS（"6051"，"4103"，月，借）

(2)"营业成本"本月数，根据两个科目"主营业务成本（6401）"和"其他业务成本（6402）"的记录计算填列：

JE（"6401"，月）＋DFS（"6401"，"4103"，月，贷）＋

JE（"6402"，月）＋DFS（"6402"，"4103"，月，贷）

(3)"营业税金及附加"本月数，根据"营业税金及附加（6405）"记录计算填列：

JE（"6405"，月）＋DFS（"6405"，"4103"，月，贷）

(4)"销售费用"本月数，根据"销售费用（6601）"科目记录计算填列：

JE（"6601"，月）＋DFS（"6601"，"4103"，月，贷）

(5)"管理费用"本月数，根据"管理费用（6602）"科目记录计算填列：

JE（"6602"，月）＋DFS（"6602"，"4103"，月，贷）

(6)"财务费用"本月数，根据"财务费用（6603）"科目记录计算填列：

JE（"6603"，月）＋DFS（"6603"，"4103"，月，贷）－DFS（"6603"，"4103"，月，借）

(7)"投资净收益"本月数，根据"投资收益（6111）"科目记录计算填列：

JE（"6111"，月）＋DFS（"6111","4103"，月，借）－DFS（"6111","4103"，月，贷）

(8)"营业外收入"本月数，根据"营业外收入（6301）"科目记录计算填列：

JE（"6301"，月）＋DFS（"6301","4103"，月，借）

(9)"营业外支出"本月数，根据"营业外支出（6711）"科目记录计算填列：

JE（"6711"，月）＋DFS（"6711","4103"，月，贷）

(10)"所得税"本月数，根据"所得税（6801）"科目记录计算填列：

JE（"6801"，月）＋DFS（"6801","4103"，月，贷）

各项目本年累计数的计算：采取对本年内前续各月表页的本月数累加的方法计算本年累计数。即在"利润表"表文件之中为每个月设置一张表页，各月依次计算并保存，某月的"本年累计数"一栏根据上月表页的"本年累计数"加上本月表页的"本月数"计算填列，如下例：

"营业收入"本年累计数：B5＋SELECT（C5，月@＝月＋1）

"营业成本"本年累计数：B6＋SELECT（C6，月@＝月＋1）

上述"B5"即本表页的主营业务收入本月数所在单元，"SELECT（C5，月@＝月＋1）"即上月表页主营业务收入本年累计数所在单元；"B6"即本表页的主营业务成本本月数所在单元，"SELECT（C6，月@＝月＋1）"即上月表页主营业务成本本年累计数所在单元。

其他各项目以此类推。

向表内单元取数的各单元计算公式："营业利润"、"利润总额"、"净利润"等项目，根据表内有关单元求代数和即可。

4. 设置关键字并计算报表

(1)设置或取消关键字：在格式状态下，设置"年"、"月"三个关键字，由于"编制单位"及其内容已经在表样格式中设置，则此处无需设置"单位名称"关键字。如套用格式中存在此关键字，则应取消。

(2)关键字水平位置的调整："年"、"月"两个关键字的显示位置通过"关键字偏移"进行调整，使它们美观地显示在合理位置。

(3)关键字录入及报表重算：切换到数据状态，录入关键字：2007年1月。确定后系统提示"是否重算当前表页"，点击"是"，即按照给定关键字的年月计算各单元的结果。

(4)计算报表：在数据状态下，除上述关键字变化后提示计算以外，用户也可以随时用"数据"菜单下的"整表重算"或"表页重算"计算报表和当前表页。

第 7 章

工资管理系统

第一节　基本知识与方法

一、工资管理系统初始设置

(一) 工资管理系统的启用

在首次使用工资系统之前，必须先启用工资系统。操作方法是：以系统管理员或账套主管身份注册企业门户，点击"基础信息/基本信息/系统启用"，勾选工资系统，系统提示设置启用日期，最后点击"确定"，则工资系统已经启用。

(二) 建立工资账套、设置工资系统参数

在首次运行工资管理系统之时，系统会提示建立工资账套，自动进入工资建账向导状态。该向导会提示用户完成四个方面账套参数设置的工作，包括参数设置、扣税设置、扣零设置和人员编码长度的设置。

1. 参数设置

(1) 选择本账套处理的工资类别个数。工资类别有"单个"和"多个"两个选项，如果本单位对所有人员工资实行统一管理，而且所有人员的工资项目、计算公式相同时，选择"单个"工资类别；当本单位每月多次发放工资或者不同的职工，其工资项目、计算公式不同，但需对工资实行统一核算时，应选择"多个"工资类别。

(2) 选择本账套工资的核算币种。系统提供币别参照可供选择，若选择账套本位币以外的其他币别，则还须在工资类别参数中设置汇率。

2. 扣税设置

核算单位应为职工代扣代缴个人所得税，若勾选"是否从工资中代扣个人所得税"，是指需要在工资计算中自动进行扣税处理。

3. 扣零设置

扣零设置是指系统在计算工资时将依据扣零类型进行扣零计算，每次发放工资时将零头扣下，积累取整。一旦选择了"扣零处理"，系统会自动在固定工资项中增加"本月扣零"和"上月扣零"两个项目。

4. 人员编码

人员编码是指单位人员编码的长度。以数字作为人员编码，可根据需要自由定义人员编码长度，但总长不得超过 10 个字符。

(三) 建立工资类别

工资类别是指一套工资账中，根据不同情况而设置的工资数据管理类别。如某企业中将正式职工和临时职工分设为两个工资类别，两个类别同时对应一套账务。如果企业中所有人员的工资统一管理，而人员的工资项目、工资计算公式全部相同，则可选择建立单个工资类别的处理模式；如果企业按周或一月多次发放工资，或者是有多种不同类别的人员，工资发放项目不尽相同，计算公式亦不相同，但需要进行统一工资核算管理，则应选择建立多个工资类别的处理模式。

(四) 部门目录设置

所有人员都应有所属部门，因此设置部门档案是按部门核算人员工资的基础。部门信息是企业的共享数据，可以进入"企业门户"的"基本信息"下的"基础档案"里设置，也可以在各个子系统中设置。

(五) 人员类别设置

人员类别是指按某种特定的分类方式将企业职工分成若干类型。合理设置人员类别，便于按人员类别进行工资的汇总计算，为企业提供不同人员类别的工资信息。人员类别的设置还与工资费用的分配、分摊有关，工资费用按不同人员类别进行汇总和分配。如将车间人员划分为生产工人和车间管理人员，对于生产工人的工资需要记入"生产成本"科目，而车间管理人员的工资记入"制造费用"科目。

(六) 定义工资项目

工资数据最终是通过各个工资项目来体现。工资项目设置即定义工资项目的名称、类型、宽度，可根据需要自由设置工资项目。

工资项目分两大类，一类是系统提供的固定的工资项目，这是任何工资账中都必须具有的。主要包括"应发合计""扣款合计""实发合计"；若在建立工资账套时设置了"扣零处理"，则系统在工资项目中自动增加"本月扣零"和"上月扣零"两个项目；若选择了"扣税处理"，则系统在工资项目中自动增加"代扣税"项目；若在建立工资账套时勾选了"是否核算计件工资",则系统在工资项目中自动增加"计件工资"项目,这些固定的项目不能删除或重命名。

另一类是变动的工资项目,可根据实际情况定义或参照系统内置的项目进行增加,如"基本工资""加班工资""奖金"等。

对于多类别工资管理而言,必须是在关闭所有工资类别后,才能新增工资项目。在此设置的工资项目是针对所有工资类别将要使用到的全部工资项目;对于单工资类别的工资账套而言,就是此工资账套所使用的全部工资项目。

(七) 代发银行设置

代发银行名称设置是指所有工资类别所涉及的代发工资银行名称。当企业发放工资采用银行代发形式时,需要确定银行名称及账号长度。可根据需要设置多个代发工资银行。例如:同一工资类别中的人员由于在不同的工作地点,需在不同的银行代发工资,或者不同的工资类别由不同的银行代发工资。

(八) 人员档案设置

人员档案的设置用于登记工资发放人员的姓名、职工编号、所在部门、人员类别等信息,此外,员工的增减变动也必须先在本功能中处理。

(九) 设置计算公式

为了提高数据输入速度,确保工资计算的自动化和准确性,设置计算公式的目的在于杜绝手工计算过程中可能存在的错误。打开"工资项目设置"窗口,点击"公式设置"页签,定义各工资项目的计算公式以及工资项目之间的运算关系。定义计算公式可通过选择工资项目、运算符、关系符以及函数等组合完成,也可以直接在公式编辑框中手动输入。

二、工资管理系统日常业务

经过以上一系列初始化工作之后,便可进入日常业务处理阶段。这阶段的主要工作包括人员的增减,部分工资附加信息的变更,职工工资款项数据录入,工资分钱清单,扣缴个人所得税,生成银行代发工资数据,工资表以及工资统计分析报表的查询和打印等等。

(一) 工资数据输入和工资变动处理

工资数据按其稳定性可以分为基本不变工资数据和每月都变化的变动工资数据。基本不变工资数据是指在较长时间内相对稳定不变的数据,如"基本工资"等;变动工资数据是指每个月都不同的工资数据,如奖金、加班工资等。对于基本不变的工资数据,只要第一次使用工资系统时输入就可以了,一般来说可在较长一段时间内保持不变;对于每月不同的变动工资数据,则需要每月进行调整。

（二）工资分钱清单

目前大部分单位的工资都通过银行代发，不再发放现金。但在个别地区或由于种种原因仍然有部分单位采用传统的现金发放模式，在这样的情况下，在工资发放日，若财务人员想要准确统计发放工资所需的各种面值的货币数量，就需要用到"工资分钱清单"功能，包括部门分钱清单和人员分钱清单以及工资发放取款单。部门分钱清单列示发放某一个部门的工资所需要的各种面值的纸币数量；人员分钱清单列示发放每个员工的工资所需的各类面值的纸币数量；工资发放取款单列示发放本单位工资所需要的各类发放本单位工资所需的纸币数量。

（三）个人所得税计算与申报

税法规定，凡支付个人应纳税所得的单位或个人都是个人所得税的扣缴义务人。因此，单位在向职工支付工资薪酬时，应由办税人员依法计算并代扣代缴个人所得税。系统具备个人所得税的计算功能，只要适当地设置了个人所得税的相关参数，所有的扣税计算工作都由计算机自动完成。

（四）银行代发

银行代发即由银行代为发放企业职工个人工资。目前许多单位发放工资时都采用工资卡方式。这种做法既减轻了财务部门发放工资工作的繁重，有效地避免了财务部门到银行提取大笔款项所承担的风险，又提高了对员工个人工资的保密程度。

采用由银行代发工资的单位，每期工资核算之后需将每个职工的发放数据按照银行要求的文件格式提交给开户银行，即"生成银行代发工资数据"。

（五）工资统计、查询

为了便于工资发放、统计及对部门、人员类别的工资数据进行分析、比较，本系统提供了各种工资表和工资分析表。

1. 工资表

工资表主要用于本月工资发放和统计。本系统主要提供了如下工资表：工资发放签名表、工资发放条、工资卡、部门工资汇总表、人员类别汇总表、条件汇总表、条件明细表、条件统计表等。

其中，工资发放签名表：即工资发放清单或工资发放签名表，一个职工一行，用于领取工资的职工签字确认；工资发放条：为发放工资时交职工的工资项目清单；部门工资汇总表：按单位（或各部门）工资进行汇总所形成的清单；人员类别工资汇总表：按人员类别进行工资汇总所形成的清单；工资卡：即工资台账，按每人一张设立卡片，工资卡片反映了每个员工各月的各项工资情况。

2. 工资分析表

工资分析表是以工资数据为基础，对部门、人员类别的工资数据进行分析和比较，产生和各种分析表，供决策人员使用。本系统主要提供了如下工资分析表：工资项目分析表、工资增长分析、员工工资汇总表、按月分类统计表、部门分类统计表、按项目分类统计表、员工工资项目统计表、分部门各月工资构成分析表、部门工资项目构成分析表等。

3. 凭证查询

在工资管理系统生成的记账凭证，经过保存之后即可传输到总账系统，一般来说不能修改，只能在工资系统中，通过"凭证查询"功能来删除或者冲销。

（五）工资分摊

工资分摊是指对当月发生的工资费用进行工资总额的计算、分配及各种经费的计提，并自动生成转账凭证，传递到总账系统进行统一的账务处理。工资费用是企事业单位的重要支出，合理分配工资费用是正确计算相关资产成本和当期损益的前提条件，是各单位财务人员期末账项调整的重要内容。

月末，财会部门根据工资费用分配表，将工资费用根据职工提供服务的受益对象，计入相关资产成本或当期损益。在本工资管理系统中，可以灵活设置各项费用计提基数并计提应付福利费、工会经费、职工教育经费、住房公积金等费用，对它们进行分配，并编制会计分录。

（六）月末处理

月末处理主要包括月末结转本月数据和年末结转本年数据。

1. 月末结转

月末结转是将当月数据经过处理后结转至下月。每月工资数据处理完毕后均需进行月末结转。由于在工资项目中，有的项目是变动的，即每月的数据均不相同，在每月末处理完本月工资后结转至下月前，均需将其数据清为 0，而后输入下月的数据，此类项目即为清零项目。

2. 反结账

在工资管理系统结账后，如果发现本月工资处理有错误或还有一些业务及其他事项需要在已结账月进行账务处理，此时需要使用反结账功能，取消已结账标记。

3. 年末结账

年末结转即将本年的工资数据结转到下年，是将经过处理后的工资数据结转至下年。新年度账应在进行数据结转前建立，与通常的月末结转不同，当业务日期为 12 月的时候调用"月末结转"功能时，此项功能将不可用，此时需要进行结转上年数据的操作，方法是以账套主管的身份注册到"系统管理"中，通过选择"年度账"下的"结转上年数据"进行上年数据结转。

第二节 上机实验

一、实验目的

通过实验，了解工资管理系统的核算流程，掌握工资管理系统的启用、工资账套的建立、工资管理系统的初始化、日常业务处理、工资分摊及期末业务的处理。

二、实验内容

1. 工资管理系统的启用、工资账套的建立；
2. 工资管理系统初始化设置；
3. 工资管理系统日常业务处理；
4. 工资分摊和月末处理。

三、实验资料

（一）系统参数

工资类别个数：单个；

不核算计件工资；

核算币种为人民币（RMB）；

代扣个人所得税；

不进行扣零处理；

人员编码长度：4 位；

启用日期：2007 年 1 月。

（二）基础信息

1. 银行信息

工行韶山路支行营业部，账号长度：定长 11 位。

2. 部门设置

第三章"部门档案设置"共享数据。

3. 人员类别

人员类别：分为管理人员和经营人员。

4. 人员档案

人员档案设置见表 7-1，注意：各职工均为中方人员，计税，不核算计件工资。

表 7-1 人员档案

人员编号	人员姓名	部门	人员类别	工资存折账号
1001	刘宏远	总经理办公室	管理人员	20070100001
1002	刘洪涛	财务部	管理人员	20070100002
1003	王荔	财务部	管理人员	20070100003
1004	张云山	财务部	管理人员	20070100004
2001	李强	供应部	经营人员	20070100005
2002	钱泰龙	供应部	经营人员	20070100006
3001	秦安安	销售部	经营人员	20070100007
3002	陈连江	销售部	经营人员	20070100008

5. 工资项目

工资项目设置见表 7-2。

表 7-2 工资项目

项目名称	类型	长度	小数位数	增减项
基本工资	数字	8	2	增项
奖励工资	数字	8	2	增项
交通补贴	数字	8	2	增项
应发合计	数字	10	2	增项
住房公积金	数字	8	2	减项
计税基数	数字	8	2	其他
代扣税	数字	8	2	减项
扣款小计	数字	10	2	减项
实发工资	数字	10	2	增项

6. 工资项目及其公式

交通补贴公式：iff（人员类别＝"管理人员"，800，500）

住房公积金公式：（基本工资＋奖励工资＋交通补贴）×0.08

计税基数公式：基本工资＋奖励工资＋交通补贴－住房公积金

7. 个人所得税

所得税项目：工资

对应工资项目：计税基数

免征额：2 000 元

（三）1 月份职工工资数据

1 月初职工工资数据见表 7-3。本月将王荔的基本工资上调 150 元，将所有员工奖励工资上调 20％。

表 7-3　2007 年 1 月初职工工资数据

姓　名	基本工资	奖励工资
刘宏远	6 000	2 400
刘洪涛	3 200	1 000
王　荔	2 000	600
张云山	2 400	600
李　强	3 000	1 200
钱泰龙	2 400	800
秦安安	3 000	1 200
陈连江	2 400	800

（四）工资及相关费用分摊

分摊计提月份：2007 年 1 月。

核算部门：所有部门。

计算公式：应付工资总额＝应发合计

应付福利费＝应发合计×14％

工会经费＝应发合计×2％

职工教育经费＝应发合计×1.5％

住房公积＝公积金×100％

分摊分录如表 7-4 所示。

表 7-4　工资及相关费用分录

部门		工资总额		应付福利费		工会及职工教育经费		住房公积金	
		借方科目	贷方科目	借方科目	贷方科目	借方科目	贷方科目	借方科目	贷方科目
总经办	管理人员	660201	221101	660201	221102	660201	224111	660201	224108
财务部	管理人员	660201	221101	660201	221102	660201	224111	660201	224108
供应部	经营人员	6601	221101	6601	221102	6601	224111	6601	224108
销售部	经营人员	6601	221101	6601	221102	6601	224111	6601	224108

四、实验指导

引入本书第四章实验完成后的账套数据，以"张云山"的身份，日期为 2007 年 1 月 1 日注册进入企业门户。

（一）建立工资账套

在首次运行工资管理系统之时，系统会提示建立工资账套，自动进入工资建账向导状态。该向导会提示用户完成四个方面账套参数设置的工作，包括参数设置、扣税设置、扣零设置和人员编码长度的设置。如图 7-1 所示。

1. 在图 7-1 中，单击"单个"工资类别，选择"人民币"，不计算计件工资，然后点击"下一步"。

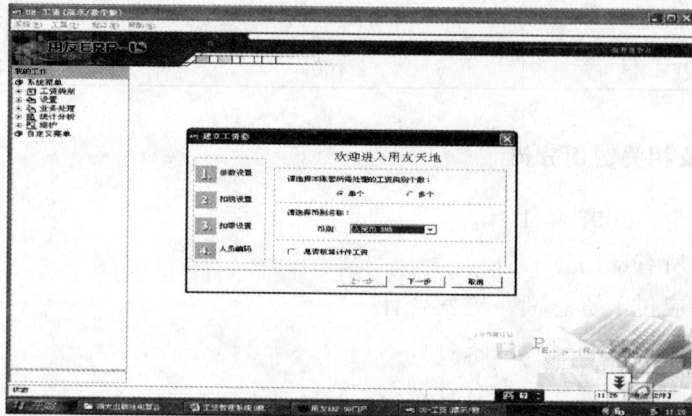

图 7-1　参数设置

2. 在"是否从工资中代扣个人所得税"前的方框内打"√"，点击"下一步"，进入扣零设置窗口。

3. 将"扣零设置"前面的方框置空，单击"下一步"，确定人员编码长度。

4. 选择人员编码长度为 4 位，然后点击"完成"按钮，系统提示"未建立工资类别"，点击"确定"，进入"工资管理"窗口。

（二）基础信息设置

1. 银行信息设置

（1）在菜单区选择"设置/银行名称设置"，进入银行名称设置界面。如图 7-2 所示。

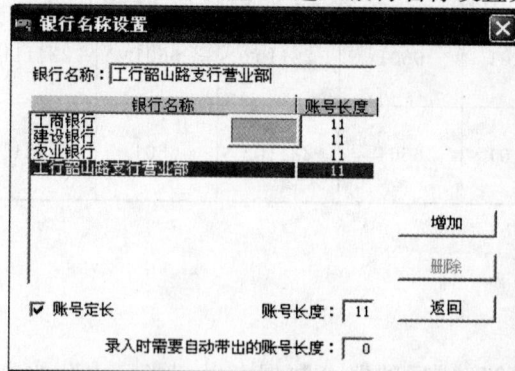

图 7-2　银行名称设置

（2）点击"增加"按钮，在银行名称处输入"工行韶山路支行营业部"，银行账号长度为 11 位，按回车键即可保存。

2. 部门设置

可共享第三章中"部门设置"的相关内容。

3. 人员类别设置

（1）在菜单区选择"设置/人员类别设置"，进入人员类别设置窗口，如图 7-3 所示。

（2）首次进入此窗口，只能看到"无类别"，将其修改为"管理人员"，然后点击"增加"按钮，再在编辑区输入"经营人员"，这样，两个人员类别就建好了，完成设置后点击"返回"按钮返回系统主界面。

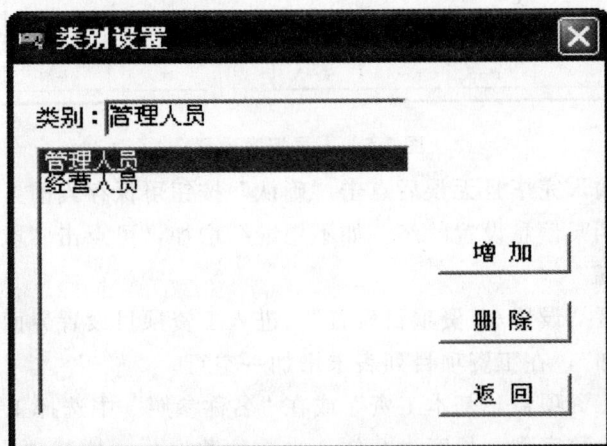

图 7-3　设置人员类别

4. 建立人员档案

（1）在菜单区选择"设置/人员档案"，进入到"人员档案设置"窗口，如图 7-4 所示。

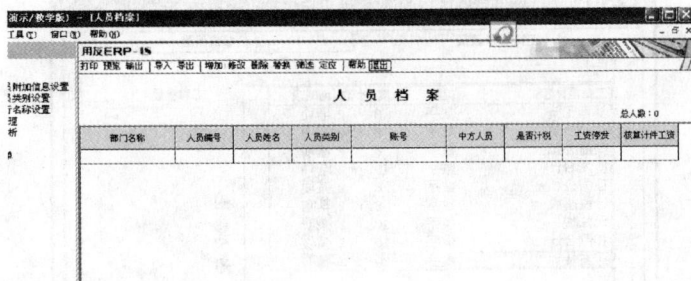

图 7-4　人员档案

（2）点击工具栏中的"增加"按钮即可进入人员档案输入界面，如图 7-5 所示。输入人员编号"1001"，输入或参照输入人员姓名"刘宏远"，选择部门名称"总经理办公室"，人员类别"管理人员"，在"计税"和"中方人员"的方框前打"√"，选择银行名称"工行韶山路支行营业部"，输入银行账号"2070100001"。

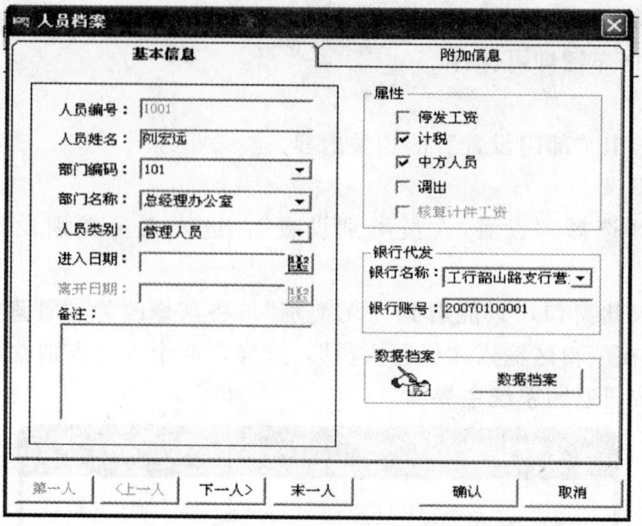

图 7-5　人员档案设置

（3）所有项目输入完毕且无误后点击"确认"按钮可保存当前人员的档案信息，并进入下一个员工的档案信息设置状态。如不想继续增加，可点击"取消"按钮。

5. 工资项目设置

（1）点击菜单区"设置/工资项目设置"，进入工资项目设置界面。

（2）单击"增加"，在工资项目列表末增加一空行。

（3）直接输入工资项目"基本工资"或在"名称参照"中选择工资项目名称，并设置工资项目的类型为数字型，长度为 8 位、小数位数 2 位，增减项为"增项"，然后点击"增加"按钮，进入下一个工资项目的设置状态。全部输入完毕后，点击"确认"按钮保存并退出工资项目设置，返回系统主界面。

（4）单击界面上的向上、向下移动箭头，按照实验资料中所给出的顺序调整工资项目的排列顺序，如图 7-6 所示。

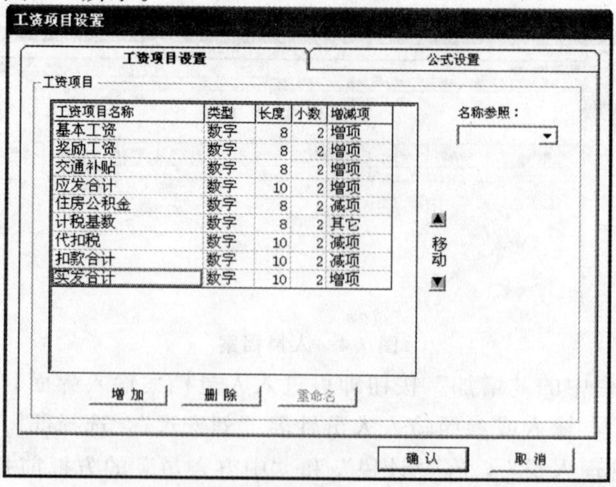

图 7-6　按顺序排列的工资项目

6. 工资项目计算公式设置

点击菜单区"设置/工资项目设置",进入工资项目设置界面,点击"公式设置"页签。在屏幕左上方工资项目窗口点击"增加"按钮,从工资项目下拉框中选择"交通补贴",在交通补贴公式定义窗口输入公式"iff(人员类别="管理人员",800,500)",或点击"函数公式向导输入"按钮由系统引导输入公式,如图 7-7 所示,输入完毕后点击"公式确认"按钮。若计算公式正确,点击后系统不出现提示信息,或公式表达有误,则系统提示相应出错信息。

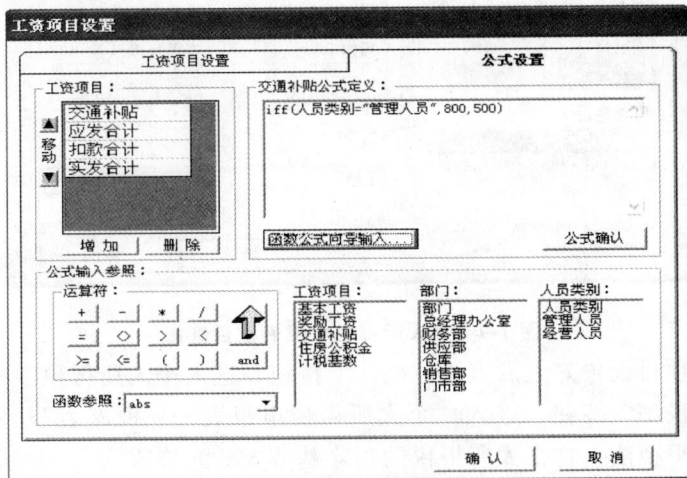

图 7-7　公式输入

(3)按照上述步骤,可依次定义其他公式,全部公式定义完后,点击"确认"按钮,返回系统主界面。

(三)日常业务处理

1. 2007 年 1 月职工数据录入

单击"业务处理"菜单下的"工资变动",如图 7-8 所示,输入每个人的工资数据,定义了计算公式的工资项目如"交通补贴""住房公积金""计税基数""应发合计"等则不必输入,单击界面上的"计算"按钮,系统就会根据定义好的公式自动计算。

图 7-8　工资变动

2. 个人所得税计算

(1)单击"业务处理"菜单下的"扣缴所得税"菜单,系统会弹出"栏目选择"窗口，让用户设置申报表项目，如图7-9所示。窗口内有"栏目"，"所得项目"及"对应工资项目"等三个设置框，其中在"栏目"框内，标准栏目是必选栏目，而可选栏目中的三个项目则是申报表的可选栏目；所得项目是工资；在"对应工资项目"框内，选择"计税基数"项。

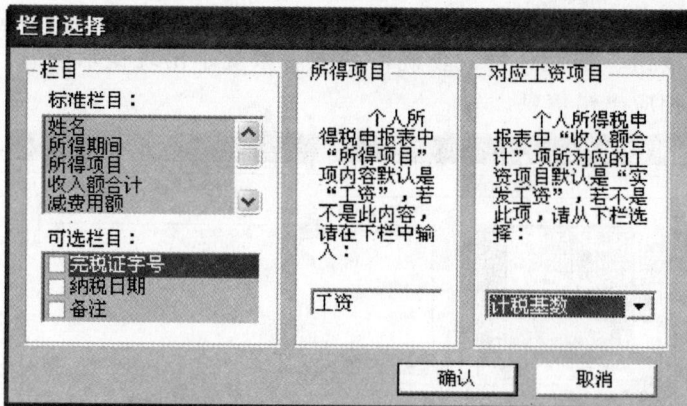

图7-9 个人所得税申报表栏目选择

（2）申报表项目设置好之后点击"确认"按钮，进入个人所得税申报表窗口。

（3）点击"税率"按钮，进入"个人所得税申报表——税率表"，如图7-10所示，按修改后的个所得税法，将个人所得税的扣除基数800元修改为2 000元。

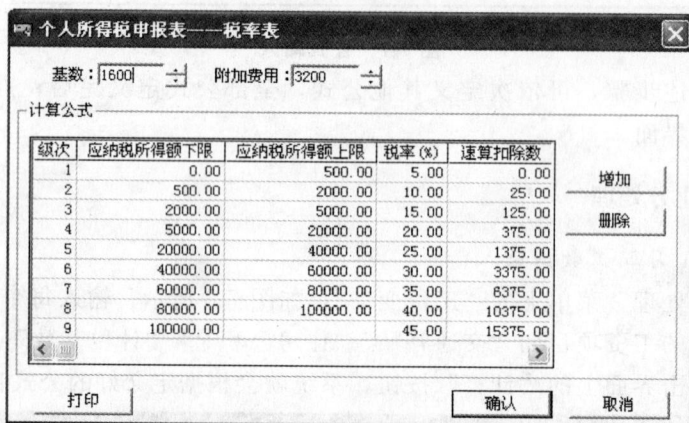

图7-10 个人所得税税率表

（3）点击"确认"按钮，系统询问："调整税率表后，个人所得税需重新计算。是否重新计算个人所得税?"，选择"是"，系统显示重新计算后的个人所得税扣缴申报表，如图7-11所示。

（四）期末业务处理

1. 应付工资总额的分摊

（1）点击菜单区"业务处理/工资分摊"，进入工资分摊窗口，如图7-12所示。

（2）点击屏幕左下方的"工资分摊设置"按钮，进入"分摊类型设置"对话框，如

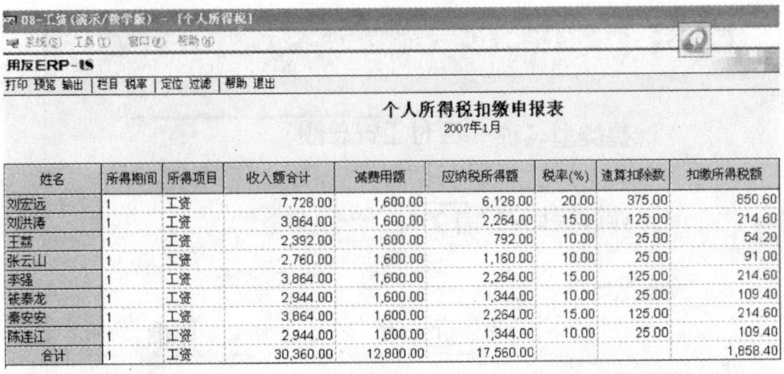

个人所得税扣缴申报表

2007年1月

姓名	所得期间	所得项目	收入额合计	减费用额	应纳税所得额	税率(%)	速算扣除数	扣缴所得税额
刘宏远	1	工资	7,728.00	1,600.00	6,128.00	20.00	375.00	850.60
刘洪涛	1	工资	3,864.00	1,600.00	2,264.00	15.00	125.00	214.60
王磊	1	工资	2,392.00	1,600.00	792.00	10.00	25.00	54.20
张云山	1	工资	2,760.00	1,600.00	1,160.00	10.00	25.00	91.00
李强	1	工资	3,864.00	1,600.00	2,264.00	15.00	125.00	214.60
钱泰龙	1	工资	2,944.00	1,600.00	1,344.00	10.00	25.00	109.40
秦安安	1	工资	3,864.00	1,600.00	2,264.00	15.00	125.00	214.60
陈连江	1	工资	2,944.00	1,600.00	1,344.00	10.00	25.00	109.40
合计	1	工资	30,360.00	12,800.00	17,560.00			1,858.40

图 7-11　重新计算后的个人所得税扣缴申报表

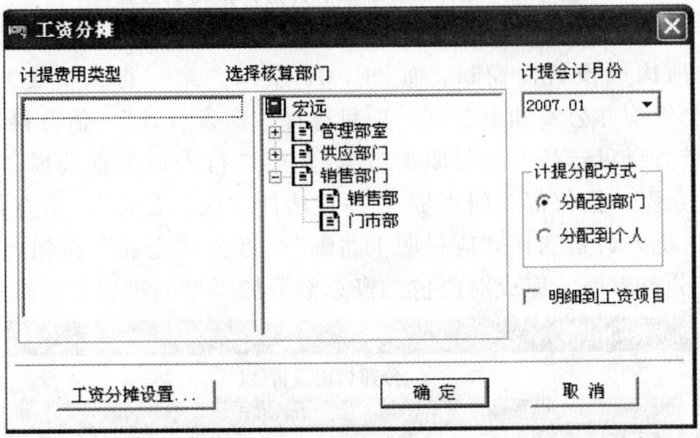

图 7-12　工资分摊

图 7-13 所示。可新增、修改、查看、删除类型名称和分摊比率。

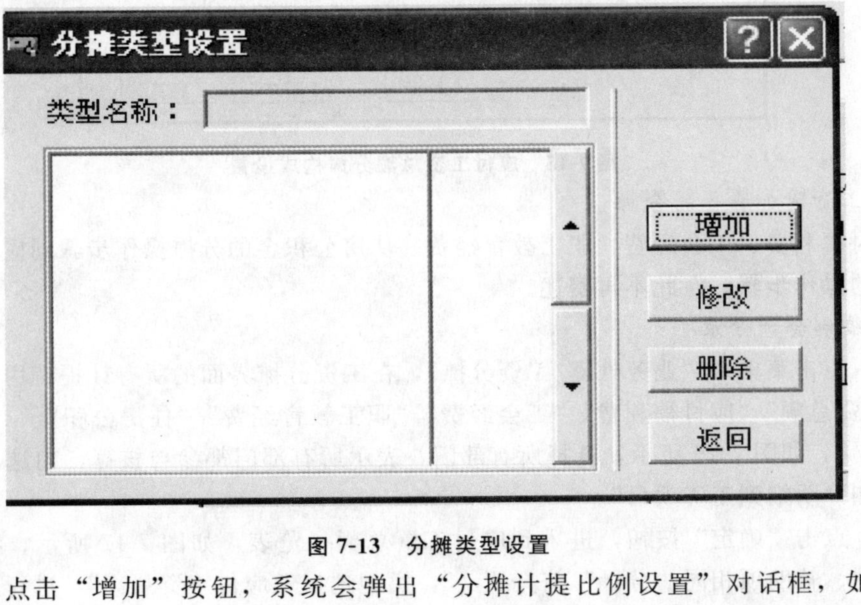

图 7-13　分摊类型设置

(3) 点击“增加”按钮，系统会弹出“分摊计提比例设置”对话框，如图 7-14 所示。

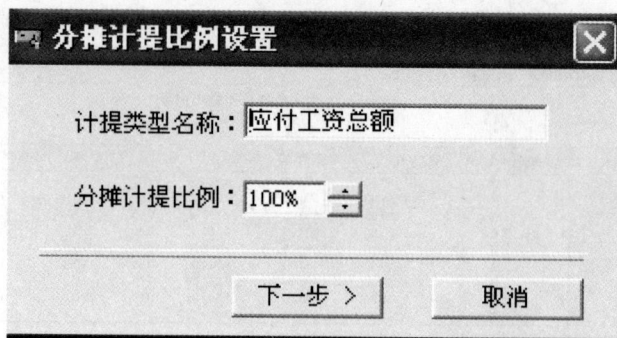

图7-14 应付工资总额的分摊计提比例设置

（4）输入计提类型名称：应付工资总额，分摊计提比例：100％。点击"下一步"按钮，进入"分摊构成设置"窗口，如图7-15所示。第一行人员类别选择"管理人员"，部门选择总经理办公室和财务部，项目选择"应发合计"，借方科目选择"管理费用——工资"，贷方科目选择"应付职工薪酬"；第二行人员类别选择"经营人员"，部门选择供应部、仓库、销售部、门市部，项目选择"应发合计"，借方科目选择"销售费用——工资"，贷方科目选择"应付职工薪酬"；点击"完成"按钮，再单击"返回"按钮，返回工资分摊界面，完成对应付工资总额分摊类型的设置。

图7-15 应付工资总额分摊构成设置

2. 工资附加费等的分摊

应付福利费、工会经费、职工教育经费、住房公积金的分摊操作步骤同应付工资总额分摊的操作步骤，在此不再赘述。

3. 编制会计分录

（1）点击菜单区"业务处理/工资分摊"，在工资分摊界面的所有计提费用类型包括"应付工资总额""应付福利费""工会经费""职工教育经费""住房公积金"前的方框内打"√"，如图7-16所示，选择所有部门，表示所有部门都参与核算，勾选"分配到部门"和"明细到工资项目"。

（2）点击"确定"按钮，进入到应付工资总额一览表，如图7-17所示，在"合并科目相同、辅助项相同的分录"前打"√"，类型选择"应付工资总额"，进行应付工资总额的分摊制单。

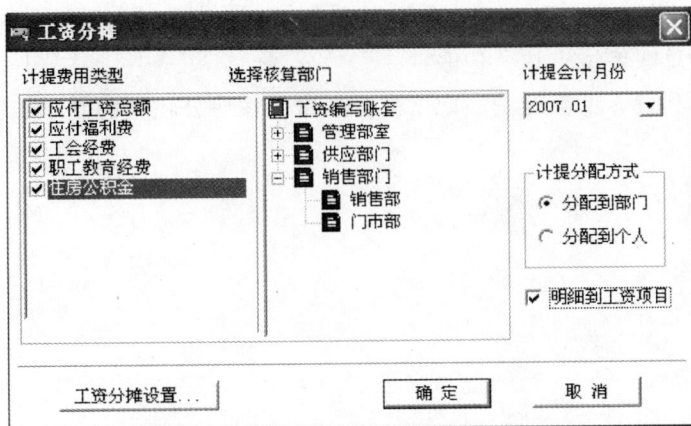

图 7-16　选择计提费用类型和核算部门

图 7-17　应付工资总额一览表

（3）点击"制单"按钮，进行分摊应付工资总额的记账凭证编制界面，如图 7-18 所示。

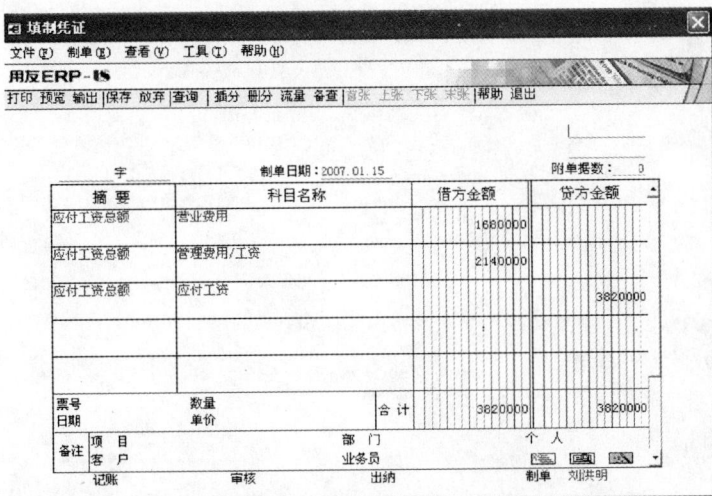

图 7-18　应付工资总额的分摊制单

（4）选择凭证类型"转账凭证"，制单日期 2007 年 1 月 31 日，单击"保存"按钮或按 F6 键系统在凭证左上方显示"已生成"红色戳记。经保存后的记账凭证已传输到了总账系统，在总账系统审核、记账。

（5）应付福利费、工会经费、职工教育经费、住房公积金的制单步骤同应付工资总额制单。

第 8 章

固定资产的管理系统

第一节　基本知识与方法

一、固定资产系统初始设置

固定资产系统初始设置包括：启用固定资产系统、固定资产系统参数设置、固定资产系统基础信息设置、固定资产系统初始数据录入等。

（一）启用固定资产系统

第一次使用固定资产系统时，系统会自动打开"固定资产初始化向导"窗口，进入系统初始化阶段。初次启动固定资产系统时必须设置业务控制参数，其他参数可以在系统"选项"中进行补充。通过这些参数的设置，便建立了固定资产账套。

（二）固定资产系统参数设置

固定资产系统业务控制参数包括：约定与说明、启用月份、折旧信息、编码方式及账务接口等。

1. 约定及说明

其内容是固定资产账套的基本信息和资产管理的基本原则，需要使用者认真检查、确认。

2. 启用月份

如果需要向账务处理系统传递凭证，则固定资产系统的启用月份不得在账务处理系统的启用月份之前。在启用月份确定后，在该月前的所有固定资产都将作为期初数据进行处理。

3. 折旧方法

系统提供了五种折旧方法：不提折旧、平均年限法、工作量法、年数总和法、双倍余额递减法，单位根据自身需要确定计提折旧的主要方法。折旧汇总分配周期是指企业在实际计提折旧时的时间间隔。企业可根据所处行业和自身情况确定将折旧归集成本和费用的周期。

4. 编码方式

首先设置资产类别的编码方式：系统推荐采用国家规定的 4 级 6 位（2112）方式，也可根据需要自己分类。接着设置固定资产编码方式：固定资产编码是资产的管理者对固定资产所编的编号，可以在输入卡片时手工输入，也可以选用自动编码的形式自动生成。自动编码中序号的长度可自由设定为 1～5 位。

5. 账务接口

账务接口设置即固定资产管理系统和账务处理系统对账的设置。对账的含义是将固定资产的原值总额和累计折旧总额与账务系统的固定资产一级科目余额和累计折旧一级科目余额进行核对，看数值是否相等。如果不想与账务系统对账，可不选择对账。

如果选择"与账务系统进行对账"，需要确定固定资产系统和账务系统中哪一会计科目对账。一般情况下固定资产对账科目应选择账务系统中"固定资产"一级科目，累计折旧对账科目应选择账务系统中"累计折旧"一级科目。

如果选中"在对账不平情况下允许固定资产月末结账"，表示当固定资产系统与账务系统的固定资产金额、累计折旧金额不相等时允许月末结账。

（三）固定资产系统基础信息设置

固定资产系统基础信息设置的内容包括：部门档案、资产类别、部门对应折旧科目、增加方式、使用状况等项目。

1. 部门档案设置

部门档案在账务处理系统已经设置，此处可以共享。如果还没有设置，可以在固定资产系统选择"部门档案"设置部门。

2. 资产类别设置

在定义固定资产类别时，可以设置固定资产的类别编码、类别名称、使用年限、净残值率、计提属性、折旧方法、卡片样式等，定义了这些共性之后，在输入某项固定资产卡片时，系统自动将这些公共的项目复制到该项固定资产卡片中。

3. 部门对应折旧科目设置

资产计提折旧后必须把折旧归入成本或费用。当按部门归集折旧费用时，一般情况下，某一部门内的固定资产的折旧费用将归集到一个固定的科目，所以部门对应折旧科目设置就是给部门选择一个折旧科目。

4. 增减方式设置

增减方式包括增加方式和减少方式两类。其中增加方式主要有：直接购入、投资者投入、接受捐赠、盘盈、在建工程转入、融资租入等；减少的方式主要有：出售、盘亏、投资转出、捐赠转出、报废、毁损、融资租出等。企业还可以根据实际情况设置其他增减方式。通过设置增加方式，使企业在发生固定资产增减业务时，系统根据不同的增减方式，自动生成记账凭证，根据不同的增减方式，设置对应的入账科目。

5. 使用状况设置

主要的使用状况有使用中、未使用、不需用等。其中使用中固定资产又分为在用、季节性停用、经营性出租、大修理停用等。在设置时，根据不同类别的固定资产的不同使用状况决定是否要计提折旧。

6. 折旧方法设置

折旧方法设置是系统自动计算折旧的基础，系统提供常用的六种折旧方法。如需使用其他折旧方法，可使用本功能定义折旧方法的名称、月折旧率或月折旧额。

（四）固定资产系统初始数据录入

固定资产系统的初始数据通过原始卡片录入。原始卡片是指固定资产系统开始使用时企业已有的记录固定资产情况的卡片。在使用固定资产系统进行核算前，必须将原始卡片资料录入系统。

在输入原始卡片时，系统会提供资产类别参照。因为一个资产类别对应一种卡片样式，选择所属的资产类别后，才可进入相应的卡片输入。

在原始卡片输入操作中，资产编号和类别编号一般由系统根据前面的设置自动生成，固定资产名称需要人工输入，部门名称、增加方式和使用状况是参照输入，使用年限、净残值率、折旧方法及币种都是系统默认值，可以修改。此外，还要设置相关折旧信息。在输入完卡片的主要内容后，可输入其他附加资料，从而完善固定资产的日常管理。

二、固定资产系统日常业务处理

固定资产的日常业务处理包括固定资产增加核算、固定资产减少核算、固定资产变动核算、固定资产折旧处理、固定资产凭证处理和固定资产账表输出等。

（一）固定资产增加核算

系统提供的固定资产增加形式有：直接购入、投资者投入、接受捐赠、盘盈固定资产、在建工程转入、融资租入等。实际发生固定资产增加业务时，应根据不同的业务内容增加不同的固定资产卡片信息。

（二）固定资产减少核算

固定资产在使用过程中，由于出售、报废、毁损、盘亏等原因退出企业，称为固定资产减少。系统提供的固定资产减少方法有两种：如减少的资产较少或者没有共同点，则可通过输入资产编号或卡片号，将资产选到资产减少表中；如果减少的资产较多且具有共性时，则可以通过输入查询条件，将符合该条件的所有资产选出来进行批量减少。

（三）固定资产变动核算

固定资产变动是指固定资产卡片中部分项目的变动，如固定资产原值的增减、使用部门转移、使用状况变动、使用年限调整、折旧方法的调整等。在固定资产子系统中，固定资产卡片上的调整项目均可通过各种变动单输入，并进行数据处理。

固定资产变动核算包括：原值增减、部门转移、使用状况变动、使用年限调整、折旧方法调整等。

（四）固定资产折旧处理

固定资产系统中通过"计提本月折旧"向导自动计提折旧。企业每期计提折旧时，系统根据录入的资料自动计算每期折旧，并自动生成折旧分配表，生成计提折旧的记账凭证，将本期的折旧费用自动登账。

（五）固定资产凭证处理

固定资产系统和总账系统之间存在着数据的自动传递，该传递是通过制作记账凭证传送到账务处理系统中来实现。固定资产系统需要生成并传递的凭证情况包括：资产增加、资产减少、原值变动、累计折旧调整、折旧分配等。固定资产系统制作记账凭证可以选择"立即制单"或"批量制单"。

在固定资产系统中制作的传递到总账系统的凭证，如要修改和删除，只能在本系统中完成，账务处理系统无权删除和修改本系统生成的凭证。

（六）固定资产账表输出

固定资产系统提供表管理功能，可以及时掌握资产的统计、汇总和其他各方面的信息。固定资产系统提供了四类账表：分析报表、统计表、账簿和折旧表。

三、固定资产系统月末处理

固定资产系统在生成凭证后，自动将本系统的会计凭证传递到账务处理系统，在账务处理系统进行出纳签字、凭证审核、凭证记账工作。系统生成的凭证在总账系统记账后，固定资产系统才可以进行月末对账、结账工作。

（一）对账

固定资产系统对账是指固定资产系统中固定资产的价值和账务系统中固定资产科目的数值核对，固定资产系统中累计折旧的余额和账务系统中累计折旧科目的余额核对。只有在系统初始设置时选择了与总账对账，对账功能才可以进行。

通过执行固定资产系统的月末对账功能，系统在月末结账时自动对账一次，给出对账结果，并根据初始化和选项中的判断确定不平的情况下是否可以结账。

（二）月末结账

月末结转就是完成本月全部业务处理后，结束本月操作，将数据结转至下月。

月末结账完成后，系统会提示可操作日期已转入下一期间的日期，只有以下一期的日期登录，才可对账套进行编辑。本期不结账，将不能处理下期的数据。

第二节　上机实验

一、实验目的

1. 掌握固定资产初始化的基本操作；
2. 掌握固定资产日常业务处理的基本操作；
3. 掌握固定资产期末业务处理的基本操作。

二、实验内容

1. 建立固定资产账套，设置业务控制参数；
2. 固定资产系统基础设置；
3. 固定资产卡片项目定义，卡片样式定义和原始卡片的录入；
4. 固定资产增加，固定资产减少和固定资产变动处理；
5. 固定资产凭证处理和账表输出；
6. 固定资产月末对账和月末结账。

三、实验资料

（一）系统参数：见表 8-1

表 8-1　系统参数设置

系统参数	参数设置
启用月份	2007-01
折旧信息	计提折旧 折旧方法：平均年限法（一） 折旧汇总分配周期：1 个月 当"月初已计提折旧月数＝可使用月份－1"时，将剩余折旧全部提足

续表

系统参数	参数设置
编码方式	资产类别编码方式：22 固定资产编码方式：按"类别编码＋部门编码＋序号"自动编码 卡片序号长度：3
财务接口	与财务系统进行对账 对账科目：固定资产对账科目：1601 固定资产 　　　　　累计折旧对账科目：1602 累计折旧
补充参数	业务发生后立即制单 月末结账前一定要完成制单登账业务 固定资产默认入账科目：1601 累计折旧默认入账科目：1602

（二）基础信息

1. 资产类别：见表 8-2。

表 8-2　固定参数设置

编码	类别名称	净残值率	单　位	计提属性
01	房屋及建筑物	5％		正常计提
0101	房屋	5％	间	正常计提
0102	建筑物	5％	幢	正常计提
02	交通运输设备	5％		正常计提
0201	经营用设备	5％	辆	正常计提
0202	非经营用设备	5％	辆	正常计提

2. 部门对应折旧科目：见表 8-3。

表 8-3　部门及对应折旧科目

部门	对应折旧科目
总经理办公室	管理费用——折旧
财务部	管理费用——折旧
供应部	营业费用
销售部	营业费用

3. 增减方式及对应科目：见表 8-4。

表 8-4　增减方式及对应科目

增减方式	对应入账科目
增加方式：直接购入	100201
减少方式：毁损	1606 固定资产清理

4. 使用状况：使用默认值。

（三）原始卡片

见表 8-5，各资产使用状况均为"在用"。

表 8-5 固定资产原始卡片

固定资产名称	类别编号	所属部门	增加方式	使用年限	开始使用日期	原值	累计折旧
综合楼	011	总经办	直接购入	50	2005.12.1	10 000 000	190 000
仓库	011	供应部	直接购入	50	2005.12.1	4 000 000	77 500
面包车	012	总经办	直接购入	20	2005.12.1	250 000	11 875
小轿车	022	总经办	直接购入	20	2005.12.1	400 000	19 000
货车	021	供应部	直接购入	20	2005.12.1	300 000	14 250
双排座	021	销售部	直接购入	20	2005.12.1	50 000	2 375
合计						15 000 000	315 000

（四）日常业务资料

1.2007 年 1 月 26 日，购买轿车一辆，价款 460 000 元（含税），净残值率 5%，预计使用年限 15 年。购车款之前已经付清（原已在"其他应收款"入账）。

2.2007 年 1 月 31 日，计提本月折旧。

四、实验指导

（一）启用固定资产系统

1. 执行"开始→程序→U8 管理软件→企业门户"，打开"企业门户"对话框。

2. 输入：服务器名称；操作员"张云山"或用户编码"03"；用户密码。选择账套"［899］宏远家电有限公司"；会计年度"2007"及操作日期。

3. 执行"财务会计→固定资产"命令，便打开"固定资产系统"对话框，弹出"这是第一次打开此账套，还未进行过初始化，是否进行初始化?"提示信息，单击"是"按钮，接着打开"固定资产初始化向导"对话框，如图 8-1 所示。

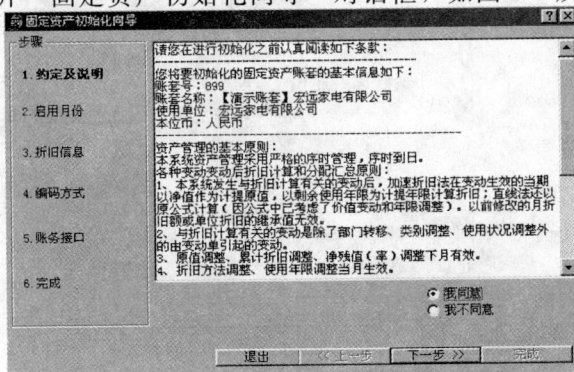

图 8-1 固定资产初始化向导

（二）固定资产参数设置

1. 约定及说明

选择"我同意"，单击"下一步"。

2. 启用月份

选择"2007.01"，单击"下一步"。

3. 折旧信息

（1）选中"本账套计提折旧"。

（2）主要折旧方法选择"平均年限法（一）"。

（3）折旧汇总分配周期选择"1个月"。

（4）选中"当（月初已计提月份＝可使用月份－1）时将剩余折旧全部提足（工作量法除外），如图8-2所示。

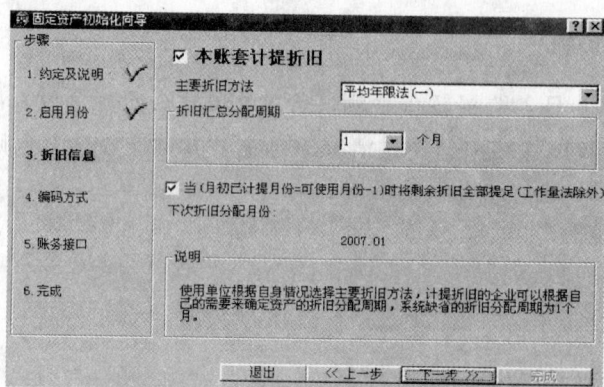

图8-2 固定资产初始化向导——折旧信息

4. 编码方式

（1）资产类别的编码方式中编码长度选择"22"。

（2）固定资产编码方式选择自动编码中"类别编号＋部门编号＋序号"。

（3）序号长度选择"3"，如图8-3所示。

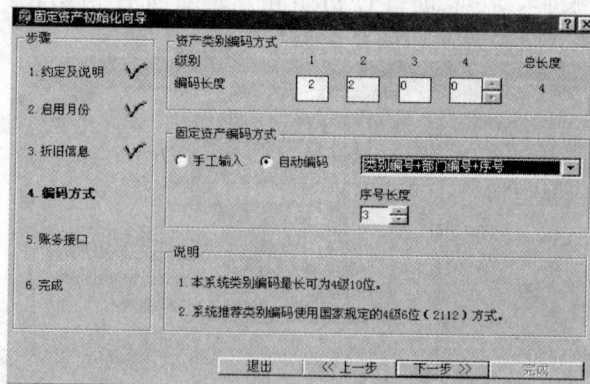

图8-3 固定资产初始化向导——编码方式

5. 账务接口

（1）选中"与账务系统进行对账"。

（2）对账科目：固定资产对账科目选择"1601，固定资产"；累计折旧对账科目选择"1602，累计折旧"。

（3）选中"在对账不平情况下允许固定资产月末结账"，如图 8-4 所示。

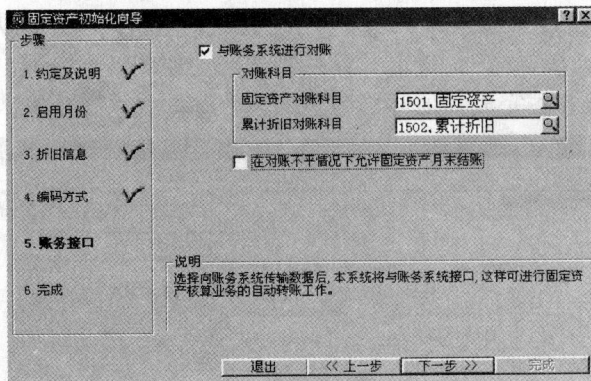

图 8-4　固定资产初始化向导——账务接口

6. 完成

单击"完成"，弹出"已成功初始化本固定资产账套"提示信息。

7. 系统选项

（1）执行"设置→选项"命令，打开"选项"对话框。

（2）单击"与账务系统接口"选项卡，选中"业务发生后立即制单"和"月末结账前一定要完成制单登账业务"。

（3）固定资产缺省入账科目选择"1601，固定资产"；累计折旧缺省入账科目选择"1602，累计折旧"，如图 8-5 所示。

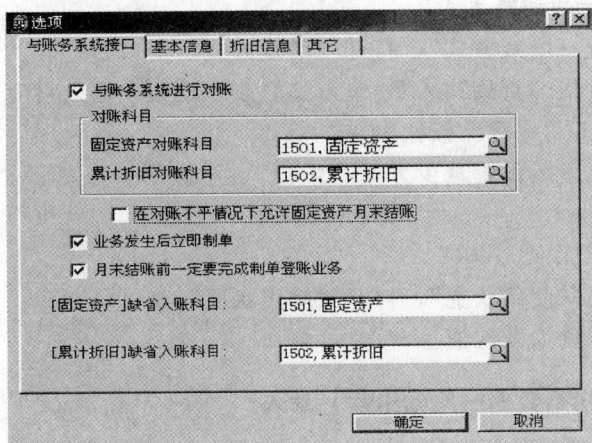

图 8-5　固定资产选项

（三）固定资产基础信息设置

1. 设置固定资产类别

（1）执行"设置→资产类别"命令，打开"类别编码表"窗口。

（2）单击"增加"按钮，固定资产的类别编码为"01"；输入：类别名称"房屋及建筑物"，净残值率"5％"；选择计提属性"正常计提"，折旧方法"平均年限法（一）"，卡片样式"通用样式"，单击"保存"按钮。如图 8-6 所示。

（3）同理，依此方法完成其他类别名称的设置。

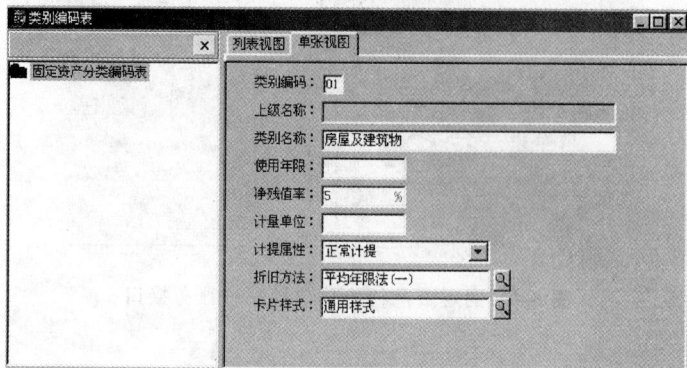

图 8-6　资产类别设置

2. 设置部门对应折旧科目

（1）执行"设置→部门对应折旧科目设置"，打开"部门编码表"窗口。

（2）选择部门"总经理办公室"，单击"修改"按钮。

（3）选择折旧科目"660205，折旧费"，单击"保存"按钮。

（4）依此方法继续录入其他部门对应的折旧科目。

3. 设置固定资产的增减方式

（1）执行"设置→增减方式"，打开"增减方式"窗口。

（2）单击增加方式"直接购入"，单击"修改"按钮，输入对应入账科目"100201，工行基本户"，再单击"保存"按钮。

（3）同理，照此继续设置减少方式"毁损"，对应的入账科目"1606，固定资产清理"。

4. 设置固定资产的使用状况

（1）执行"设置→使用状况"，打开"使用状况"窗口。

（2）使用状况设置为默认值。

（四）固定资产初始数据（原始卡片）录入

（1）执行"卡片→录入原始卡片"命令，进入"资产类别参照"窗口。

（2）选择固定资产分类编码表中的"0101 房屋"，打开"固定资产卡片录入"窗口。

（3）输入固定资产名称"综合楼"，双击部门名称选择"总经理办公室"，双击增加方式选择"直接购入"，双击使用状况选择"在用"，输入开始使用日期"2005.12.1"，输入原值"10 000 000"，累计折旧"190 000"，可使用年限"50 年"，其他信息自动算出。

（4）单击"保存"按钮，系统提示"数据成功保存"。如图 8-7 所示。

（5）同理，照此继续录入其他固定资产卡片。

图 8-7　原始卡片录入

（五）固定资产系统日常处理

1. 固定资产增加

（1）执行"卡片→资产增加"命令，打开"资产类别参照"窗口。

（2）进入资产类别"0202 非经营用设备"，打开"固定资产卡片新增"对话框。

（3）在固定资产名称栏输入"轿车"；双击使用部门，选择"总经理办公室"；双击增加方式，选择"直接购入"；双击使用状况，选择"在用"；双击净残值率，选择"5％"；输入原值 460 000 元，可使用年限"15 年"及开始使用日期"2007.01.24"。如图 8-8 所示。

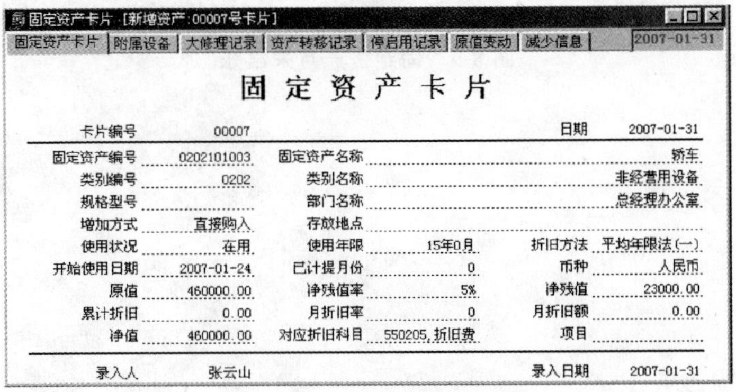

图 8-8　固定资产增加

（4）单击"保存"按钮，进入"填制凭证"窗口。

（5）选择凭证类型"转账凭证"，修改制单日期、附单据数，将贷方科目改为"其他应收款——刘洪涛"，单击"保存"按钮。

2. 固定资产计提折旧

（1）执行"处理→计提本月折旧"命令，系统提示"计提折旧后是否要查看折旧清单？"。

（2）单击"否"按钮，系统提示"本操作将计提本月折旧，并花费一定时间，是否继续？"，单击"是"按钮。

（3）系统计提折旧完成后进入"折旧分配表"窗口，单击"退出"按钮，进入"填制凭证"窗口，选择"转账凭证"，修改其他项目，单击"保存"按钮。

（六）固定资产系统月末处理

1. 月末对账

（1）执行"处理→对账"命令，弹出"与账务系统对账结果"对话框。

（2）查看对账结果，单击"确定"。

2. 月末结账

（1）执行"处理→月末结账"，打开"月末结账"窗口，如图 8-9 所示。

（2）单击"开始结账"按钮，弹出"月末结账成功完成！"对话框。

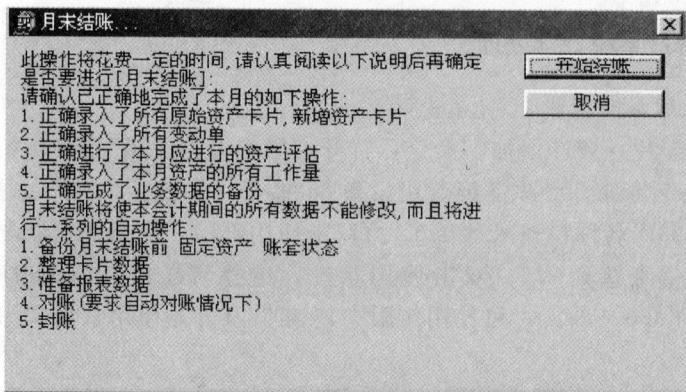

图 8-9　固定资产月末结账

第 9 章

总账、报表、工资、固定资产综合实训

第一节 综合实训概述

一、综合实训的目的、内容和方法

（一）实训目的

通过一个数据量较大的综合性案例，在较短期间内将财务核算的各子系统有机结合起来进行有一定强度的综合训练，使学生对所学过的知识、方法得以巩固和提高，对财务核算总账系统、报表管理、工资管理和固定资产管理各子系统融会贯通地掌握，并能在实际工作中灵活运用。

（二）实训内容

系统管理子系统、企业门户、账务子系统、报表子系统、工资管理子系统、固定资产管理子系统。

（三）实训方法和要求

在 5 个工作日或 30 课时内，自行根据本章资料，依次完成账套建立、各子系统（总账、工资、固定资产）的初始化、日常处理和期末结账、报表编制等工作。

二、综合模拟单位简介——宏兴电子有限公司简介

湖南宏兴电子有限公司是由一家国有工业企业改制而成有限责任公司，生产电容器及其相关电子元器件。公司员工约 120 人，年营业额约为 6000 万元。公司组织结构如图 9-1 所示：

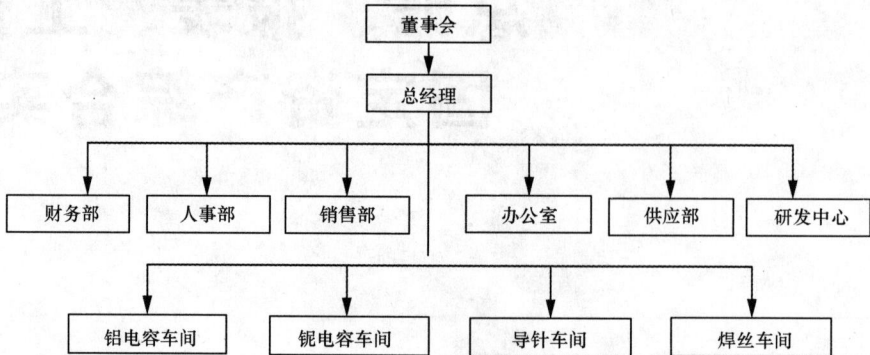

图 9-1　实训模拟单位组织结构

该公司财务部共有会计人员 4 人，会计工作实行公司一级核算，二级单位不设会计岗位。但是仓库进行物料明细核算，人事部计算工资并编制工资表，办公室负责固定资产归口管理并建立固定资产卡片账，销售发票由财务科管理和开具，入库出库单据由财务科定期核对签收并进行汇总。

每月记账凭证约为 100~150 张，记账凭证分为现金收款凭证、现金付款凭证、银行存款收款凭证、银行存款付款凭证、转账凭证五种类型。

该公司成本核算采用分类法，类别成本按照有关定额在规格产品之间分配。

该公司每月进行损益结转，要求按月编制资产负债表、利润表和现金流量表及制造费用和管理费用明细表等。该公司执行《企业会计准则》（2007 版），其报表格式和编制方法遵循会计制度要求。

该公司计划从 2008 年初开始实施会计电算化。在这之前该公司未进行过任何会计和管理信息化工作，仅仅在办公室、销售部、研发中心等部门使用少量电脑进行单项办公辅助管理。会计电算化将分步骤实施，先期在会计部门进行账务、报表、工资核算和固定资产管理的电算化。

为实施会计电算化，该公司根据自身特点和要求，在财务部建立了一个小型局域网，操作系统采用 Windows，后台数据库系统采用 MS SQL server，并选购了用友 U8 软件作为会计电算化工作平台。在完成网络组建、系统安装和人员培训后，会计电算化实施工作即可展开。

三、建立账套、设置操作员及其权限

（一）系统注册

在"系统管理"子系统中，只有系统管理员才能进行系统注册和进行相关操作。启动"系统管理"子系统后，用户点击"系统"菜单的"注册"项，在登录窗口选择一个合法的系统管理员，正确校验密码后，回到"系统管理"主窗口。注册后，注册前无效的功能菜单变成有效，用户可以使用诸如账套管理、操作员及其权限管理，以及年度数据管理等功能。

（二）设置用户（操作人员）

操作员及权限设置在"系统管理"子系统中，通过运行"权限"菜单进行，分为操作员设置和权限设置两个部分。本模拟账套设置四个基本操作员：

1. 刘英姿：账套主管；
2. 学生本人：主管会计；
3. 周丽：审核会计；
4. 王小芹：出纳。

（三）创建账套

点击"账套"菜单的"建立"项，启动账套创建向导。按步骤根据表 9-1 所列信息创建核算账套：

表 9-1　账套基本信息表

步骤	序号	项目名称	项目取值
1	1	账套号	1 位班级特征码＋2 位学号码
	2	账套名称	宏兴电子
	3	账套数据库路径	〈系统默认〉
	4	启用月份	2008-01
2	1	单位名称	湖南宏兴电子有限公司
	2	单位简称	宏兴电子
	3	单位地址	〈缺省〉
	4	法人代表	〈缺省〉
	5	电话	〈缺省〉
	6	传真	〈缺省〉
	7	邮政编码	〈缺省〉
	8	email	〈缺省〉
	9	税号	〈缺省〉

续表

步骤	序号	项目名称	项目取值
3	1	本位币代码	RMB
	2	本位币名称	人民币
	3	企业类型	工业
	4	行业性质	2001 版新会计制度
	5	账套主管	刘英姿
	6	按行业性质预置科目	是
4	1	存货是否分类	是
	2	客户是否分类	是
	3	供应商是否分类	是
	4	有无外币核算	是

对于创建账套的过程中出现的其他设置对话框，可以遵循其默认值，无需修改直接确认即可完成账套的创建工作。

（四）确定编码方案设置

编码方案决定相关目录信息的编码，因此它是系统最基本的信息。如"科目编码级次"信息决定会计科目代码的级数和每级代码的宽度。在创建核算账套后、进行系统初始化之前，应根据自身特点和管理要求设置本单位电算化系统的各种目录信息的编码规则，以便在此基础上进行其他相关信息的初始设置。

启动"系统控制台"，点击"基础设置"按钮，选择"编码方案"项，点击"设置"按钮，即进入编码方案设置窗口（如表 9-2）。按照图中所示进行编码方案的设置。

表 9-2 编码规则表

项目	最大级数	最大长度	单级最大长度	是否分类	第1级	第2级	第3级	第4级	第5级	第6级	第7级	第8级	第9级
科目编码级次	6	15	9	是	4	2	2	2					
客户分类编码级次	5	12	9	是	2								
部门编码级次	5	12	9	是	1	2							
地区分类编码级次	5	12	9	是	2	2							
存货分类编码级次	8	12	9	是	2	2							
货位编码级次	8	20	9	是	2	2							
收发类别编码级次	3	5	5	是	1	1							
结算方式编码级次	2	3	3	是	1	2							
供应商分类编码级次	5	12	9	是	2								

（五）启用系统

启用总账、工资、固定资产三个子系统。

（六）操作员权限设置

在系统管理窗口打开"权限管理"模块，进行如下操作：

1. 选定操作员"刘英姿"，选择本人实训账套和"2005"年度，在"账套主管"检查框中标上选中标志。

2. 选定学生本身姓名，点击"增加"按钮，在增加权限对话框中给其赋予"公用目录设置"、"总账"、"工资管理"、"固定资产"等主要模块的所有权限。

3. 选定操作员"周丽"，点击"增加"按钮，至少给其赋予"总账"系统的凭证审核、查询打印等权限。

4. 选定操作员"王小芹"，点击"增加"按钮，至少给其赋予出纳管理权限、凭证的出纳签字权限。

第二节 基础设置

一、外币及汇率设置

表 9-3 外币列表

币符	币名	折算方式	汇率小数位	汇率类型
HK＄	港元	外币 ＊ 汇率 ＝ 本位币	5	固定汇率
US＄	美元	外币 ＊ 汇率 ＝ 本位币	5	固定汇率

二、凭证类型设置

表 9-4 凭证分类表

类别字	类别名称	限制类型	限制科目
01	现金收款凭证	借方必有	1001——库存现金
02	现金付款凭证	贷方必有	1001——库存现金
03	银行收款凭证	借方必有	1002——银行存款
04	银行付款凭证	贷方必有	1002——银行存款
05	转账凭证	凭证必无	1001，1002——库存现金、银行存款

三、结算方式设置

表 9-5　结算方式列表

结算方式编码	结算方式名称	票据管理	结算方式编码	结算方式名称	票据管理
1	现金	否	2007	托收承付	否
2	银行转账	否	2008	托收	否
201	转账支票	是	2009	信用证	是
202	现金支票	是	210	信用卡	否
203	银行汇票	是	3	其他	否
2004	银行本票	是	301	商业承兑汇票	是
2005	信汇	否	302	银行承兑汇票	是
2006	电汇	否	303	付款协议	是

四、会计科目设置

如果在创建账套时选择了"按行业预置会计科目"且选择了"新会计制度科目"，则在打开会计科目表设置窗口后，可以看到系统已经给出了全部新会计制度的一级科目和部分通用的二级科目。我们只要在此基础上进行添加、修改即可。主要设置内容大致如下：

1．银行存款应按照银行存款账号设置明细科目，该单位开设有 5 个存款账号，按此设置 5 个银行存款二级科目。

2．所有货币资金科目应设为"项目核算"。其项目大类为现金流量项目。

3．所有外币科目均应单独设置明细科目核算。本例中的银行存款有两个外币存款账号，为他们单独设置了明细科目"中行港元户"和"中行美元户"。

4．"应收票据"、"应收账款"和"预收账款"应设为"客户往来"辅助核算科目，以核算它们的客户往来明细记录。

5．"应付票据"、"应付账款"和"预付账款"应设为"供应商往来"辅助核算科目，以核算它们的供应商往来明细记录。

6．"原材料"分三级科目核算，二级科目为材料大类，三级科目为材料品种，所有材料三级科目均设为"数量核算"；"库存商品"科目按品种设置二级科目，也为"数量核算"；"主营业务收入"和"主营业务成本"按产品设置明细科目，并将他们设为"数量核算"。

7．"其他应收款"和"其他应付款"直接设置明细科目进行明细核算，不再设置往来和项目的辅助核算。"其他应收款"之下单独设一个二级科目"个人备用金"，按照"个人往来"进行辅助核算，以核算每一往来员工的备用金往来。

8．"生产成本——基本生产成本"之下按照成本项目设置三级科目，"生产成本——基本生产成本"及其三级科目均按产品项目进行项目辅助核算，已达到按品种核算产品成本的要求。

9. "制造费用"科目及其全部二级科目（费用项）均按生产部门进行"部门"辅助核算；"管理费用"的"差旅费"、"办公费"、"业务招待费"也设为"部门"辅助核算。

10. "管理费用"的"车辆费用"及其所属下级科目均设为"项目核算"，按车辆牌号进行项目辅助核算，以详细核算每一辆运输车辆的各项支出。

11. 指定会计科目：在科目设置窗口点击"编辑"菜单的"指定科目"，分别指定现金总账科目为"1001 库存现金"、银行总账科目为"1002 银行存款"。由于本例对现金流量按一般项目核算，故不要指定现金流量科目。

会计科目具体设置工作按表 9-6 内容进行：

表 9-6　会计科目表

类型	科目编码	科目名称	外币币种	计量单位	辅助账类型	账页格式	余额方向
资产	1001	库存现金			项目核算	金额式	借
资产	1002	银行存款			项目核算	金额式	借
资产	100201	建行西城支行基本户			项目核算	金额式	借
资产	100202	建行北四支行保证金			项目核算	金额式	借
资产	100203	中行港元户	港元		项目核算	外币金额式	借
资产	100204	中行美元户	美元		项目核算	外币金额式	借
资产	100205	预储税款			项目核算	金额式	借
资产	1012	其他货币资金			项目核算	金额式	借
资产	101201	外埠存款			项目核算	金额式	借
资产	101202	银行本票			项目核算	金额式	借
资产	101203	银行汇票			项目核算	金额式	借
资产	101204	信用卡			项目核算	金额式	借
资产	101205	信用证保证金			项目核算	金额式	借
资产	101206	存出投资款			项目核算	金额式	借
资产	1101	交易性金融资产				金额式	借
资产	1121	应收票据			客户往来	金额式	借
资产	1131	应收股利				金额式	借
资产	1132	应收利息				金额式	借
资产	1122	应收账款			客户往来	金额式	借
资产	1221	其他应收款				金额式	借
资产	122101	个人备用金			个人往来	金额式	借
资产	122102	海关				金额式	借
资产	122103	中国人民保险荷塘支公司				金额式	借
资产	122104	市仲裁委员会				金额式	借
资产	122105	镇江江奎集团				金额式	借
资产	122106	预付上市咨询费				金额式	借
资产	1231	坏账准备				金额式	贷
资产	1123	预付账款			供应商往来	金额式	借
资产	1401	物资采购				金额式	借

续表

类型	科目编码	科目名称	外币币种	计量单位	辅助账类型	账页格式	余额方向
资产	1403	原材料				金额式	借
资产	140301	主要材料				金额式	借
资产	14030101	铝箔		米		数量金额式	借
资产	14030102	电解纸		米		数量金额式	借
资产	14030103	套管		个		数量金额式	借
资产	14030104	铝壳		个		数量金额式	借
资产	14030105	胶塞		个		数量金额式	借
资产	14030106	导针		个		数量金额式	借
资产	14030107	化剂		千克		数量金额式	借
资产	14030108	CP 线		米		数量金额式	借
资产	14030109	LG 引线		米		数量金额式	借
资产	14030110	电解液		千克		数量金额式	借
资产	14030111	铌丝		米		数量金额式	借
资产	14030112	钽粉		千克		数量金额式	借
资产	14030113	载带		米		数量金额式	借
资产	14030114	盖带		米		数量金额式	借
资产	140302	辅助材料				金额式	借
资产	14030201	卷轮		个		数量金额式	借
资产	14030202	引线框架		个		数量金额式	借
资产	14030203	油墨		千克		数量金额式	借
资产	14030204	石墨乳		千克		数量金额式	借
资产	14030205	磷酸		千克		数量金额式	借
资产	14030206	粘接银浆		千克		数量金额式	借
资产	14030207	浸渍银浆		千克		数量金额式	借
资产	14030208	硝酸锰		千克		数量金额式	借
资产	14030210	工艺条		米		数量金额式	借
资产	14030211	特弗能垫薄膜		米		数量金额式	借
资产	14030212	环氧塑封用品（清膜料）		千克		数量金额式	借
资产	14030213	环氧塑封用品（脱膜料）		千克		数量金额式	借
资产	14030214	环氧塑封料		千克		数量金额式	借
资产	14030215	片碱		千克		数量金额式	借
资产	14030216	模具		个		数量金额式	借
资产	140303	燃料及油料				金额式	借
资产	14030301	柴油		升		数量金额式	借
资产	14030302	煤炭		吨		数量金额式	借
资产	140304	包装材料				金额式	借
资产	14030401	打包带		米		数量金额式	借
资产	14030402	包装纸		张		数量金额式	借
资产	14030403	收缩膜		千克		数量金额式	借
资产	14030404	标签		个		数量金额式	借

续表

类型	科目编码	科目名称	外币币种	计量单位	辅助账类型	账页格式	余额方向
资产	14030405	防锈纸		张		数量金额式	借
资产	140399	其他				金额式	借
资产	1409	包装物				金额式	借
资产	140901	纸箱		个		数量金额式	借
资产	140902	塑料盒		个		数量金额式	借
资产	140903	塑料袋		个		数量金额式	借
资产	140904	内纸盒		个		数量金额式	借
资产	140905	编织袋		个		数量金额式	借
资产	1410	低值易耗品				金额式	借
资产	1404	材料成本差异				金额式	借
资产	1405	库存商品				金额式	借
资产	140501	电解电容器		标盒		数量金额式	借
资产	140502	片铌电容器		标盒		数量金额式	借
资产	140503	电容器导针		标盒		数量金额式	借
资产	140504	焊丝		千克		数量金额式	借
资产	140599	其他				金额式	借
资产	1408	委托加工物资				金额式	借
资产	1471	存货跌价准备				金额式	借
资产	1406	发出商品				金额式	借
资产	1551	待摊费用				金额式	借
资产	1601	固定资产				金额式	借
资产	1602	累计折旧				金额式	贷
资产	1603	固定资产减值准备				金额式	借
资产	1605	工程物资				金额式	借
资产	160501	专用材料				金额式	借
资产	160502	专用设备				金额式	借
资产	160503	预付大型设备款				金额式	借
资产	160504	为生产准备的工具及器具				金额式	借
资产	1604	在建工程				金额式	借
资产	1701	固定资产清理				金额式	借
资产	1701	无形资产				金额式	借
资产	1703	无形资产减值准备				金额式	借
资产	1711	商誉				金额式	借
资产	1801	长期待摊费用				金额式	借
资产	1811	递延所得税资产				金额式	借
资产	1901	待处理财产损溢				金额式	借
资产	190101	待处理流动资产损溢				金额式	借
资产	190102	待处理固定资产损溢				金额式	借
负债	2001	短期借款				金额式	贷
负债	2201	应付票据			供应商往来	金额式	贷

续表

类型	科目编码	科目名称	外币币种	计量单位	辅助账类型	账页格式	余额方向
负债	2202	应付账款			供应商往来	金额式	贷
负债	2203	预收账款			客户往来	金额式	贷
负债	2211	应付职工薪酬				金额式	贷
负债	221101	应付工资				金额式	贷
负债	221102	应付福利费				金额式	贷
负债	2231	应付利息				金额式	贷
负债	2232	应付股利				金额式	贷
负债	2221	应交税费				金额式	贷
负债	222101	应交增值税				金额式	贷
负债	22210101	进项税额				金额式	贷
负债	22210102	已交税金				金额式	贷
负债	22210103	转出未交增值税				金额式	贷
负债	22210104	减免税款				金额式	贷
负债	22210105	销项税额				金额式	贷
负债	22210106	出口退税				金额式	贷
负债	22210107	进项税额转出				金额式	贷
负债	22210108	出口抵减内销产品应纳税额				金额式	贷
负债	22210109	转出多交增值税				金额式	贷
负债	22210110	未交增值税				金额式	贷
负债	222102	应交营业税				金额式	贷
负债	222103	应交消费税				金额式	贷
负债	222104	应交资源税				金额式	贷
负债	222105	应交所得税				金额式	贷
负债	222106	应交土地增值税				金额式	贷
负债	222107	应交城市维护建设税				金额式	贷
负债	222108	应交房产税				金额式	贷
负债	222109	应交土地使用税				金额式	贷
负债	222110	应交车船使用税				金额式	贷
负债	222111	应交个人所得税				金额式	贷
负债	222199	其他应交款				金额式	贷
负债	2241	其他应付款				金额式	贷
负债	224101	湖南宏大电子有限公司				金额式	贷
负债	224102	湖南特种焊条有限公司				金额式	贷
负债	224103	长沙市第十无线电厂				金额式	贷
负债	224104	天职会计师事务所				金额式	贷
负债	224105	长城金属门窗厂				金额式	贷
负债	224106	刘心眼				金额式	贷
负债	224107	兰花商贸有限公司				金额式	贷
负债	224108	住房公积金				金额式	贷

续表

类型	科目编码	科目名称	外币币种	计量单位	辅助账类型	账页格式	余额方向
负债	224109	代扣个人所得税				金额式	贷
负债	224110	职工培训费				金额式	贷
负债	224111	职工教育经费				金额式	贷
负债	224112	应付工会经费				金额式	贷
负债	224113	医疗保险费				金额式	贷
负债	224114	养老保险费				金额式	贷
负债	224115	深圳鑫利				金额式	贷
负债	2242	预提费用				金额式	贷
负债	2501	长期借款				金额式	贷
负债	2502	应付债券				金额式	贷
负债	250201	债券面值				金额式	贷
负债	250202	债券溢价				金额式	贷
负债	250203	债券折价				金额式	贷
负债	250204	应计利息				金额式	贷
负债	2701	长期应付款				金额式	贷
负债	2711	专项应付款				金额式	贷
负债	2801	预计负债				金额式	贷
负债	2901	递延所得税负债				金额式	贷
权益	4001	实收资本（或股本）				金额式	贷
权益	400101	湖南拓疆投资股份有限公司				金额式	贷
权益	400102	曾瑞敏				金额式	贷
权益	400103	钟丽红				金额式	贷
权益	400104	资道兴				金额式	贷
权益	400105	职工持股会				金额式	贷
权益	4002	资本公积				金额式	贷
权益	400201	资本（或股本）溢价				金额式	贷
权益	400202	接受捐赠非现金资产准备				金额式	贷
权益	400203	接受现金捐赠				金额式	贷
权益	400204	股权投资准备				金额式	贷
权益	400205	拨款转入				金额式	贷
权益	400206	外币资本折算差额				金额式	贷
权益	400207	其他资本公积				金额式	贷
权益	4101	盈余公积				金额式	贷
权益	410101	法定盈余公积				金额式	贷
权益	410102	任意盈余公积				金额式	贷
权益	410103	法定公益金				金额式	贷
权益	410104	储备基金				金额式	贷
权益	410105	企业发展基金				金额式	贷
权益	410106	利润归还投资				金额式	贷

续表

类型	科目编码	科目名称	外币币种	计量单位	辅助账类型	账页格式	余额方向
权益	4103	本年利润				金额式	贷
权益	4104	利润分配				金额式	贷
权益	410401	其他转入				金额式	贷
权益	410402	提取法定盈余公积				金额式	贷
权益	410403	提取法定公益金				金额式	贷
权益	410404	提取储备基金				金额式	贷
权益	410405	提取企业发展基金				金额式	贷
权益	410406	提取职工奖励及福利基金				金额式	贷
权益	410407	利润归还投资				金额式	贷
权益	410408	应付优先股股利				金额式	贷
权益	410409	提取任意盈余公积				金额式	贷
权益	410410	应付普通股股利				金额式	贷
权益	410411	转作资本的普通股股利				金额式	贷
权益	410415	未分配利润				金额式	贷
成本	5001	生产成本				金额式	借
成本	500101	基本生产成本			项目核算	金额式	借
成本	50010101	直接材料			项目核算	金额式	借
成本	50010102	直接人工			项目核算	金额式	借
成本	50010103	其他直接费			项目核算	金额式	借
成本	50010105	制造费用			项目核算	金额式	借
成本	500102	辅助生产成本				金额式	借
成本	5101	制造费用			部门核算	金额式	借
成本	510101	工资			部门核算	金额式	借
成本	510102	福利费			部门核算	金额式	借
成本	510103	折旧费			部门核算	金额式	借
成本	510104	修理费			部门核算	金额式	借
成本	510105	机物料消耗			部门核算	金额式	借
成本	510106	水电费			部门核算	金额式	借
成本	510107	办公费			部门核算	金额式	借
成本	510108	运输费			部门核算	金额式	借
成本	510109	租赁费			部门核算	金额式	借
成本	510110	试验检验费			部门核算	金额式	借
成本	510111	劳动保护费			部门核算	金额式	借
成本	510199	其他制造费用			部门核算	金额式	借
成本	4107	劳务成本				金额式	借
损益	6001	主营业务收入				金额式	贷
损益	600101	电解电容器		标盒		数量金额式	贷
损益	600102	片铌电容器		标盒		数量金额式	贷
损益	600103	电容器导针		标盒		数量金额式	贷
损益	600104	焊丝		千克		数量金额式	贷

续表

类型	科目编码	科目名称	外币币种	计量单位	辅助账类型	账页格式	余额方向
损益	600199	其他				金额式	贷
损益	6051	其他业务收入				金额式	贷
损益	6111	投资收益				金额式	贷
损益	6301	营业外收入				金额式	贷
损益	6401	主营业务成本				金额式	借
损益	640101	电解电容器		标盒		数量金额式	借
损益	640102	片铌电容器		标盒		数量金额式	借
损益	640103	电容器导针		标盒		数量金额式	借
损益	640104	焊丝		千克		数量金额式	借
损益	640199	其他				金额式	借
损益	6405	主营业务税金及附加				金额式	借
损益	6402	其他业务支出				金额式	借
损益	6601	销售费用				金额式	借
损益	660103	工资				金额式	
损益	660104	福利费				金额式	
损益	660105	办公费				金额式	借
损益	660106	运输费				金额式	借
损益	660107	过路过桥费				金额式	借
损益	660108	油料费				金额式	借
损益	660109	修理费				金额式	借
损益	660110	业务提成费				金额式	借
损益	660199	其他营业费用				金额式	借
损益	6602	管理费用				金额式	借
损益	660201	工资				金额式	借
损益	660202	福利费				金额式	借
损益	660203	差旅费			部门核算	金额式	借
损益	660204	办公费			部门核算	金额式	借
损益	660205	折旧费				金额式	借
损益	660206	修理费				金额式	借
损益	660207	工会经费				金额式	借
损益	660208	职工教育经费				金额式	借
损益	660209	养老保险费				金额式	借
损益	660210	医疗保险费				金额式	借
损益	660211	失业保险费				金额式	借
损益	660212	住房公积金				金额式	借
损益	660213	财产保险费				金额式	借
损益	660214	诉讼费				金额式	借
损益	660215	咨询费				金额式	借
损益	660216	审计费				金额式	借

续表

类型	科目编码	科目名称	外币币种	计量单位	辅助账类型	账页格式	余额方向
损益	660217	评估费				金额式	借
损益	660218	房产税				金额式	借
损益	660219	土地使用税				金额式	借
损益	660220	印花税				金额式	借
损益	660221	车船使用税				金额式	借
损益	660222	坏账损失				金额式	借
损益	660223	技术开发费				金额式	借
损益	660224	业务招待费			部门核算	金额式	借
损益	660225	车辆费用			项目核算	金额式	借
损益	66022501	油料费			项目核算	金额式	借
损益	66022502	过路过桥费			项目核算	金额式	借
损益	66022503	修理费			项目核算	金额式	借
损益	66022504	交通规费			项目核算	金额式	借
损益	66022505	车辆保险费			项目核算	金额式	借
损益	66022506	驾驶员补助			项目核算	金额式	借
损益	66022599	其他车辆支出			项目核算	金额式	借
损益	660299	其他管理费用				金额式	借
损益	6603	财务费用				金额式	借
损益	660301	利息支出				金额式	借
损益	660302	利息收入				金额式	借
损益	660303	金融机构手续费				金额式	借
损益	660304	汇兑损益				金额式	借
损益	6711	营业外支出				金额式	借
损益	6801	所得税				金额式	借
损益	6901	以前年度损益调整				金额式	借

五、客户和供应商信息设置

客户和供应商信息设置的主要内容是建立客户和供应商目录，这两个目录将提供给销售和应收系统、采购和应付系统作为基础信息。在本实训案例中，客户和供应商往来核算在账务系统直接处理而不依赖于应收和应付系统，客户和供应商目录将直接提供给有关会计科目作辅助明细核算依据。

客户和供应商目录内容可按照类别和地区进行归类，因此事先应设置客户类型和供应商类型及地区信息，然后在此基础上设置客户和供应商目录内容。

（一）设置客户类型和供应商类型

表 9-7　客户类型表

客户分类编码	客户分类名称	供应商分类编码	供应商分类名称
01	改制前老客户	01	改制前老供应商
02	改制后新增客户	02	改制后新增供应商

（二）设置地区编码

表 9-8　地区分类表

地区编码	地区名称	地区编码	地区名称	地区编码	地区名称
01	本省	0207	湖北	0229	海南
0101	长沙	0208	安徽	0230	上海
0102	株洲	0209	山东	03.	海外
0103	湘潭	0210	河南	0301	中国香港
0104	岳阳	0211	河北	0302	中国澳门
0105	益阳	0212	北京	0303	中国台湾
0106	常德	0213	天津	0304	新加坡
0107	湘西	0214	山西	0305	马来西亚
0108	怀化	0215	内蒙	0306	菲律兵
0109	张家界	0216	辽宁	0307	印尼
0110	娄底	0217	吉林	0308	泰国
0111	邵阳	0218	黑龙江	0309	韩国
0112	衡阳	0219	云南	0310	日本
0113	郴州	0220	贵州	0311	美国
0114	永州	0221	四川	0312	加拿大
02	外省	0222	重庆	0313	澳大利亚
0201	广东	0223	西藏	0314	德国
0202	广西	0224	陕西	0315	英国
0203	福建	0225	青海	0316	法国
0204	浙江	0226	甘肃	0317	意大利
0205	江苏	0227	宁夏		
0206	江西	0228	新疆		

（三）设置客户档案

表 9-9　客户目录

客户编号	客户名称	客户简称	所属类别	地区码	地区名称
001	顺德科威技术有限公司	顺德科威	01	0201	广东
002	广州喜讯数码科技有限公司	广州喜讯	01	0201	广东
003	中山市骏马科技有限公司	中山骏马	01	0201	广东
004	广州市番禺区太阳电子有限公司	番禺太阳	01	0201	广东

续表

客户编号	客户名称	客户简称	所属类别	地区码	地区名称
005	广州尚朋电器有限公司	广州尚朋	01	0201	广东
006	深圳慧科电子有限公司	深圳慧科	01	0201	广东
007	珠海正日电子工业有限公司	珠海正日	01	0201	广东
008	中山市诚信电子工业有限公司	中山诚信	01	0201	广东
009	深圳兴康电子科技有限公司	深圳兴康	01	0201	广东
010	深圳明月电子有限公司	深圳明月	01	0201	广东
011	深圳美科电子有限公司	深圳美科	01	0201	广东
012	东莞通讯电子制品有限公司	东莞通讯	01	0201	广东
013	深圳市通达电子有限公司	深圳通达	01	0201	广东
014	深圳中联电子有限公司	深圳中联	01	0201	广东
015	珠海丽峰电子有有限公司	珠海丽峰	01	0201	广东
016	肇庆创造电子有限公司	肇庆创造	01	0201	广东
017	深圳市华波数码有限公司	深圳华波	01	0201	广东
018	深圳市宇宙电子有限公司	深圳宇宙	01	0201	广东
019	深圳市紫荆实业有限公司	深圳紫荆	01	0201	广东
020	广东正实电子有限公司	广东正实	01	0201	广东
021	广东步高电子工业有限公司	广东步高	01	0201	广东
022	科特数码科技有限公司	科特数码	01	0201	广东
023	深圳创新科技发展有限公司	深圳创新	01	0201	广东
024	深圳市鼎升电器有限公司	深圳鼎升	01	0201	广东
025	深圳市大王电子科技有限公司	深圳大王	01	0201	广东
026	深圳龙藤电子有限公司	深圳龙藤	01	0201	广东
027	东莞泰达电子有限公司	东莞泰达	01	0201	广东
028	东莞雅林电子有限公司	东莞雅林	01	0201	广东
029	太原龙天集团东莞分公司	东莞龙天	01	0201	广东
030	东莞市高视电子有限公司	东莞高视	01	0201	广东
086	上海凤凰电子科技有限公司	上海凤凰	01	0230	上海
087	腾飞工业有限公司	腾飞工业	01	0303	台湾
088	香港皓云国际集团	香港皓云	01	0301	香港

（四）设置供应商档案

表 9-10　供应商目录

供应商编号	供应商名称	供应商简称	所属类型	地区码	地区名称
001	深圳中原电子有限公司	深圳中原	01	0201	广东
002	深圳市龙岗区黑格电子设备厂	深圳黑格	01	0201	广东
003	广州市高强胶粘制品有限公司	广州高强	01	0201	广东
004	东莞诚钢机械有限公司	东莞诚钢	01	0201	广东
005	深圳鑫利有限公司	深圳鑫利	01	0201	广东
006	佛山无线电厂	佛山无线	01	0201	广东

续表

供应商编号	供应商名称	供应商简称	所属类型	地区码	地区名称
007	深圳先锋电子有限公司	深圳先锋	01	0201	广东
008	深圳南达电子公司	深圳南达	01	0201	广东
009	东莞朗祥齿轮厂	东莞朗祥	01	0201	广东
010	深圳市丰利贸易公司	深圳丰利	01	0201	广东
011	云五塑胶（深圳）公司	深圳云五	01	0201	广东
012	增城市镇源五金厂	增城镇源	01	0201	广东
013	世济电子（深圳）公司	深圳世济	01	0201	广东
014	深圳宙邦电子材料公司	深圳宙邦	01	0201	广东
015	广州市雷蒙有限公司	广州雷蒙	01	0201	广东
016	深圳市科得电子公司	深圳科得	01	0201	广东
017	东莞丰金电子配件厂	东莞丰金	01	0201	广东
018	广州市银链贸易有限公司	广州银链	01	0201	广东
019	深圳市红泉机电设备有限公司	深圳红泉	01	0201	广东
020	肇庆罗山稀有金属有限公司	肇庆罗山	01	0201	广东
021	深圳盈余科技有限公司	深圳盈余	01	0201	广东
022	深圳日星实业有限公司	深圳日星	01	0201	广东
023	株洲宏大电子有限公司	株洲宏大	01	0102	株洲
024	益阳宏升电子有限公司	益阳宏升	01	0105	益阳
025	益阳雅力电子有限公司	益阳雅力	01	0105	益阳
026	株洲市森麟实业有限责任公司	株洲森麟	01	0102	株洲
027	株洲市华为包装有限公司	株洲华为	01	0102	株洲
028	长沙市中南机械工业公司	长沙中南	01	0101	长沙
029	株洲市纸箱厂	株洲纸箱	01	0102	株洲
081	台湾新兴企业	台湾新兴	01	0303	台湾
082	香港光辉国际集团	香港光辉	01	0301	香港
083	台湾玉宝有限公司	台湾玉宝	01	0303	台湾
084	暂估入库（铝）	暂估入库（铝）	01	0102	株洲
085	暂估入库（铌）	暂估入库（铌）	01	0102	株洲
086	湖南株洲天地环境工程有限公司	株洲天地	01	0102	株洲
087	株洲湘银机电有限公司	株洲湘银	01	0102	株洲
088	株洲市堤生建筑工程公司	株洲堤生	01	0102	株洲
089	长沙高峰科技发展有限公司	长沙高峰	01	0101	长沙
090	湖南省工业设备安装公司	湖南湘安	01	0101	长沙
091	正泰设备制造有限公司	正泰设备	01	0101	长沙
092	株洲市托尼实业有限公司	株洲托尼	01	0102	株洲
093	株洲市金桂实业有限公司	株洲金桂	01	0102	株洲
094	湖南省装潢工程公司	湖南装潢	01	0101	长沙
095	株洲市桐梓建筑维修队	株洲桐梓	01	0102	株洲
096	株洲富通电梯公司	株洲富通	01	0102	株洲
097	贵州特丽精密机械有限公司	贵阳特丽	01	0220	贵阳
098	重庆金河试验仪器有限公司	重庆金河	01	0222	重庆
099	江苏大地钢结构公司武汉公司	江苏大地	01	0205	江苏

续表

供应商编号	供应商名称	供应商简称	所属类型	地区码	地区名称
100	北京电子科技集团公司	北京电子	01	0212	北京
101	北京至友科技公司	北京至友	01	0212	北京
102	甘肃兰州真空设备公司	真空设备	01	0226	甘肃
103	河南许继变压器有限公司	河南许继	01	0210	河南
104	北京立安智能系统有限公司	北京立安	01	0212	北京
105	江苏宜兴市中亿化工有限公司	宜兴中亿	01	0205	江苏
106	镇江无线电工艺设备厂	镇江无线	01	0205	江苏
107	美国马科电子系统公司	美国马科	01	0311	美国

六、部门及员工设置

部门及员工设置的主要内容是建立部门及员工目录，这两个目录将提供给有关会计科目作部门辅助明细核算和个人往来作明细核算的依据。

（一）部门目录设置

表 9-11   部门列表

部门编码	部门名称	部门编码	部门名称	部门编码	部门名称
1	生产部门	2	销售部门	3	管理部门
101	铝电容车间	201	销售处	301	办公室
102	铌电容车间	202	门市部	302	人事部
103	导针车间			303	财务部
104	焊丝车间			304	保安及后勤部
				305	研发中心

（二）员工目录（部分）设置

表 9-12   往来员工列表

职员编号	职员名称	所属部门	职员编号	职员名称	所属部门
001	徐伟萍	销售处	014	申 云	铝电容车间
002	孙林皮	销售处	015	赵小岗	铝电容车间
003	王水红	销售处	016	刘西溪	铌电容车间
004	松 涛	销售处	017	周永利	铌电容车间
005	张争气	销售处	018	曾 续	办公室
006	曹 明	销售处	019	刘小超	办公室
007	邹 健	销售处	020	杨 斌	人事部
008	张 喜	销售处	021	龚 娜	人事部
009	冯贵富	门市部	022	白俊斌	财务部
010	成 建	门市部	023	冯石林	财务部
011	刘熠熠	门市部	024	钟文化	研发中心
012	李 明	门市部	025	曾云祥	研发中心
013	程小洁	门市部	026	胡榕舒	导针车间

七、项目设置

本单位设置三大类辅助核算项目：现金流量项目、产品项目和车辆牌号项目。现金流量项目用于对现金类会计科目（库存现金、银行存款、其他货币资金和现金等价物相关科目）进行现金流量辅助核算；产品项目用于对成本类会计科目按产品进行成本核算；车辆项目用于对管理费用中的车辆支出明细科目按车辆牌号进行辅助明细核算。

项目设置分为五大步骤：项目大类设置、指定本类项目的相关会计科目、本类项目的项目结构定义、本类项目的进一步分类、本类项目的项目目录设置。

（一）现金流量项目设置

1. 项目大类：系统已存在"现金流量项目"，且已设置分类编码规则，无需修改。
2. 指定现金流量相关科目：

表 9-13　现金流量相关科目

科目代码	科目名称	科目代码	科目名称
1001	库存现金	1012	其他货币资金
1002	银行存款	101201	外埠存款
100201	建行西城支行基本户	101202	银行本票
100202	建行北四支行保证金	101203	银行汇票
100203	中行港元户	101204	信用卡
100204	中行美元户	101205	信用证保证金
100205	预储税款	101206	存出投资款

3. 现金流量项目结构定义：仅需把"项目名称"改为"现金流量"即可；
4. 现金流量项目类别设置：

表 9-14　现金流量类别表

分类编码	分类名称	分类编码	分类名称
01	经营活动	03	筹资活动
0101	现金流入	0301	现金流入
0102	现金流出	0302	现金流出
02	投资活动	04	汇率变动
0201	现金流入	0401	汇率变动
0202	现金流出	05	现金及现金等价物
		0501	现金及现金等价物

5. 现金流量项目目录设置

表 9-15　现金流量项目

项目编号	项目名称	所属分类码	方向
01	销售商品、提供劳务收到的现金	0101	流入
02	收到的税费返还	0101	流入
03	收到的其他与经营活动的现金	0101	流入
04	购买商品、接受劳务支付的现金	0102	流出
05	支付给职工以及为职工支付的现金	0102	流出
06	支付的各项税费	0102	流出
07	支付的与其他经营活动有关的现金	0102	流出
08	收回投资所收到的现金	0201	流入
09	取得投资收益所收到的现金	0201	流入
10	处置固定资产、无形资产和其他长期资产的现金净额	0201	流入
11	收到的其他与投资活动有关的现金	0201	流入
12	购建固定资产、无形资产和其他长期资产支付的现金	0202	流出
13	投资所支付的现金	0202	流出
14	支付的其他与投资活动有关的现金	0202	流出
15	吸收投资所收到的现金	0301	流入
16	借款所收到的现金	0301	流入
17	收到的其他与筹资活动有关的现金	0301	流入
18	偿还债务所支付的现金	0302	流出
19	分配股利、利润或偿还利息所支付	0302	流出
20	支付的其他与筹资活动有关的现金	0302	流出
21	汇率变动对现金的影响	0401	流入
22	现金及现金等价物净增加额	0501	流入

(二) 产品项目设置

1. 定义项目大类：大类名称："产品项目"；分类编码规则：一级分类码，长度为"1"。

2. 指定产品项目相关科目："生产成本——基本生产成本 (500101)"及其下级科目。

3. 产品项目结构定义：仅需把"项目名称"改为"产品"即可。

4. 产品项目类别设置：仅设置一个类别："6——产品"。

5. 产品项目目录设置：如表 9-16。

表 9-16　产品项目

项目编号	产品名称
611	电容器导针
621	焊丝
601	铝电解电容器
602	片铌电容器
609	其他电容器

（三）运输车辆设置

方法与现金流量项目定义类似，定义内容为：

1. 定义项目大类：大类名称："车辆"；分类编码规则：一级分类码，长度为 "1"。
2. 指定车辆项目相关科目："管理费用——车辆费用（660225）"及其下级科目。
3. 车辆项目结构定义：仅需把"项目名称"改为"车辆"即可。
4. 车辆项目类别设置：仅设置一个类别："7——车辆"。
5. 车辆项目目录设置：如表 9-17。

表 9-17　车辆号牌

项目编号	车辆号牌
711	湘 B-13566
712	湘 B-13568
713	湘 B-16723
714	湘 B-16765

第三节　输入期初余额

期初余额初始化，是指将建账期初的会计科目余额和辅助核算的往来、部门、项目余额以及外币和数量输入到系统中，并进行试算平衡。只有完成此项工作，建账当月才能进行记账和结账。

一、科目初始余额、初始外币及数量

表 9-18 所列科目初始余额、外币及数量内容直接在期初余额表中输入。注意只需输入末级科目数据，非末级科目的数据系统将自动汇总生成。另外，辅助核算初始余额将在后续各表中列出，只有现金银行存款科目的现金流量项目初始余额没有单独列出，所有现金银行存款科目的初始余额均列为"现金类科目之间内部转账"项目的初始余额。

表 9-18　科目初始余额、外币及数量表

科目名称	方向	币别/计量	期初余额	生成方式
库存现金（1001）	借		3 942.74	汇总生成
银行存款（1002）	借		3 868 319.77	汇总生成
建行西城支行基本户（100201）	借		2 401 211.05	汇总生成
建行北四支行保证金（100202）	借		46 310.43	汇总生成
中行港元户（100203）	借		1 358 185.52	汇总生成

续表

科目名称	方向	币别/计量	期初余额	生成方式
	借	港元	1 228 482.76	汇总生成
中行美元户(100204)	借		32 299.76	汇总生成
	借	美元	3 782.18	汇总生成
预储税款(100205)	借		30.313.01	汇总生成
应收票据(1121)	借		1 500 000	汇总生成
应收账款(1122)	借		11 898 587.92	汇总生成
其他应收款(1221)	借		449 069.85	汇总生成
个人备用金(122101)	借		119 163.48	汇总生成
长沙海关(122102)	借		34 000	直接输入
中国人民保险荷塘支公司(122103)	借		44 648.69	直接输入
市仲裁委员会(122104)	借		2 700	直接输入
镇江江奎集团(122105)	借		27 806.76	直接输入
预付上市咨询费(122106)	借		220 750.92	直接输入
坏账准备(1141)	贷		89 918.34	直接输入
预付账款(1123)	借		2 309 369.3	汇总生成
原材料(1403)	借		3 159 977.05	汇总生成
主要材料(140301)	借		1 863 574.92	汇总生成
铝箔(14030101)	借		297 576.49	直接输入
	借	m	17 353.15	直接输入
电解纸(14030102)	借		201 496.19	直接输入
	借	m	2 925.8	直接输入
套管(14030103)	借		59 553.79	直接输入
	借	个	2 272.35	直接输入
铝壳(14030104)	借		197 068.64	直接输入
	借	个	2 086.98	直接输入
胶塞(14030105)	借		77 860.15	直接输入
	借	个	3 634.88	直接输入
化剂(14030107)	借		31 874.51	直接输入
	借	kg	944	直接输入
CP线(14030108)	借		81 460.61	直接输入
	借	m	3 217.27	直接输入
LG引线(14030109)	借		74 783.42	直接输入
	借	m	3 720.7	直接输入
电解液(14030110)	借		3 253.62	直接输入
	借	kg	1 000	直接输入
铌丝(14030111)	借		92 186.24	直接输入
	借	m	139 720.97	直接输入
钽粉(14030112)	借		710 659.54	直接输入
	借	kg	223.295	直接输入
载带(14030113)	借		30 963.44	直接输入
	借	m	43 950	直接输入

续表

科目名称	方向	币别/计量	期初余额	生成方式
盖带(14030114)	借		4 838.28	直接输入
	借	m	99	直接输入
辅助材料(140302)	借		278 188.62	汇总生成
卷轮(14030201)	借		4 853.61	直接输入
	借	个	3 700	直接输入
引线框架(14030202)	借		87 670.14	直接输入
	借	个	2 856.6	直接输入
油墨(14030203)	借		3 500	直接输入
	借	kg	98	直接输入
石墨乳(14030204)	借		1 470.78	直接输入
	借	kg	0.025	直接输入
磷酸(14030205)	借		179.49	直接输入
	借	kg	35	直接输入
粘接银浆(14030206)	借		45 316.36	直接输入
	借	kg	11.2995	直接输入
浸渍银浆(14030207)	借		40 615.15	直接输入
	借	kg	28	直接输入
硝酸锰(14030208)	借		7 309.56	直接输入
	借	kg	270	直接输入
工艺条(14030210)	借		28 580.6	直接输入
	借	m	83 520	直接输入
特弗能垫薄膜(14030211)	借		974.4	直接输入
	借	m	9.27	直接输入
环氧塑封用品(清膜料)(14030212)	借		8 888.89	直接输入
	借	kg	52	直接输入
环氧塑封用品(脱膜料)(14030213)	借		5 232.19	直接输入
	借	kg	30	直接输入
环氧塑封料(14030214)	借		42 206.49	直接输入
	借	kg	577	直接输入
片碱(14030215)	借		270.96	直接输入
	借	kg	75	直接输入
模具(14030216)	借		1 120	直接输入
	借	个	16	直接输入
燃料及油料(140303)	借		259 097.83	汇总生成
柴油(14030301)	借		4 730.03	直接输入
	借	l	1 533	直接输入
煤炭(14030302)	借		254 367.8	直接输入
	借	l	876.5	直接输入
包装材料(140304)	借		14 643.6	汇总生成
	借	kg	15 332	汇总生成
打包带(14030401)	借		4 574	直接输入

续表

科目名称	方向	币别/计量	期初余额	生成方式
	借	m	7 600	直接输入
包装纸(14030402)	借		1 237.6	直接输入
	借	张	678	直接输入
收缩膜(14030403)	借		5 432	直接输入
	借	kg	254	直接输入
标签(14030404)	借		3 400	直接输入
	借	个	6 800	直接输入
其他(140399)	借		744 472.08	直接输入
包装物(1409)	借		19 181	汇总生成
纸箱(140901)	借		9 600	直接输入
	借	个	3 200	直接输入
塑料盒(140902)	借		5 465	直接输入
	借	个	5 465	直接输入
塑料袋(140903)	借		3 548	直接输入
	借	个	35 460	直接输入
内纸盒(140904)	借		568	直接输入
	借	个	5 680	直接输入
库存商品(1405)	借		10 144 027.05	汇总生成
电解电容器(140501)	借		5 503 979.02	直接输入
	借	盒	8 854	直接输入
片铌电容器(140502)	借		4 422 381.69	直接输入
	借	盒	867	直接输入
电容器导针(140503)	借		217 666.34	直接输入
	借	盒	4 674	直接输入
固定资产(1601)	借		80 704 557.39	直接输入
累计折旧(1602)	贷		15 393 394.23	直接输入
长期待摊费用(1801)	借		60 583.16	直接输入
应付票据(2201)	贷		700 000	汇总生成
应付账款(2202)	贷		4 669 030.8	汇总生成
应付工资(221101)	贷		134 211.47	直接输入
应付福利费(221102)	贷		383 557.06	直接输入
应交税费(2221)	贷		−27 560.75	汇总生成
应交增值税(222101)	贷		41 505.24	汇总生成
进项税额(22210101)	贷		−585 555.82	直接输入
已交税金(22210102)	贷		−343 625.63	直接输入
转出未交增值税(22210103)	贷		6 736	直接输入
销项税额(22210105)	贷		943 645.53	直接输入
进项税额转出(22210107)	贷		20 953.48	直接输入
未交增值税(22210110)	贷		−648.32	直接输入
应交所得税(222105)	贷		−117 451.56	直接输入
应交城市维护建设税(222107)	贷		26 533.01	直接输入

续表

科目名称	方向	币别/计量	期初余额	生成方式
应交个人所得税(222111)	贷		10 481.26	直接输入
应交教育费附加(222112)	贷		11 371.3	直接输入
其他应付款(2241)	贷		3 136 870.17	汇总生成
湖南宏大电子有限公司(224101)	贷		200 000	直接输入
湖南特种焊条有限公司(224102)	贷		2 617 900	直接输入
长沙市第十无线电厂(224103)	贷		103 721.87	直接输入
天职会计师事务所(224104)	贷		50 000	直接输入
长城金属门窗厂(224105)	贷		1 100	直接输入
刘心眼(224106)	贷		500	直接输入
兰花商贸有限公司(224107)	贷		500	直接输入
住房公积金(224108)	贷		257 455.71	直接输入
代扣个人所得税(224109)	贷		−157 867.7	直接输入
职工培训费(224110)	贷		30 940	直接输入
职工教育经费(224111)	贷		12 395.27	直接输入
应付工会经费(224112)	贷		11 527.02	直接输入
医疗保险费(224113)	贷		1 554	直接输入
养老保险费(224114)	贷		7 144	直接输入
长期借款(2301)	贷		20 000 000	直接输入
实收资本(或股本)(4001)	贷		52 000 000	汇总生成
湖南拓疆投资股份有限公司(400101)	贷		26 000 000	直接输入
曾瑞敏(400102)	贷		8 000 000	直接输入
钟丽红(400103)	贷		6 000 000	直接输入
资道兴(400104)	贷		2 000 000	直接输入
职工持股会(400105)	贷		10 000 000	直接输入
资本公积(4002)	贷		12 008 010	汇总生成
资本(或股本)溢价(400201)	贷		12 008 010	直接输入
盈余公积(4101)	贷		3 817 734.52	汇总生成
法定盈余公积(410101)	贷		2 688 711.61	直接输入
法定公益金(410103)	贷		1 129 022.91	直接输入
利润分配(4104)	贷		2 355 043.83	汇总生成
未分配利润(410415)	贷		2 355 043.83	直接输入
生产成本(5001)	借		542 594.44	汇总生成
基本生产成本(500101)	借		542 594.44	汇总生成
直接材料(50010101)	借		259 645.78	汇总生成
直接人工(50010102)	借		148 349.7	汇总生成
其他直接费(50010103)	借		43 995.6	汇总生成
制造费用(50010105)	借		90 603.36	汇总生成

二、个人往来初始余额

表 9-19　个人往来初始余额表

所属科目	部门名称	个人名称	方向	期初余额
个人备用金(122101)	铝电容车间	申　云	借	2 000.00
个人备用金(122101)	铝电容车间	赵小岗	借	2 000.00
个人备用金(122101)	铌电容车间	刘西溪	借	5 600.00
个人备用金(122101)	铌电容车间	周永利	借	1 000.00
个人备用金(122101)	导针车间	胡榕舒	借	800.00
个人备用金(122101)	销售处	徐伟萍	借	2 000.00
个人备用金(122101)	销售处	孙林皮	借	5 000.00
个人备用金(122101)	销售处	王水红	借	1 200.00
个人备用金(122101)	销售处	松　涛	借	2 000.00
个人备用金(122101)	销售处	张争气	借	2 000.00
个人备用金(122101)	销售处	曹　明	借	4 000.00
个人备用金(122101)	销售处	邹　健	借	5 000.00
个人备用金(122101)	销售处	张　喜	借	2 000.00
个人备用金(122101)	门市部	冯贵富	借	104 116.60
个人备用金(122101)	门市部	成　建	借	790.00
个人备用金(122101)	门市部	刘熠熠	借	2 000.00
个人备用金(122101)	门市部	李　明	借	2 000.00
个人备用金(122101)	门市部	程小洁	借	500.00
个人备用金(122101)	办公室	曾　续	贷	127 867.24
个人备用金(122101)	办公室	刘小超	借	2 000.00
个人备用金(122101)	人事部	杨　斌	借	20 000.00
个人备用金(122101)	人事部	龚　娜	借	8 880.00
个人备用金(122101)	财务部	王俊斌	借	941.20
个人备用金(122101)	财务部	冯石林	借	329.00
个人备用金(122101)	研发中心	钟文化	借	59 986.96
个人备用金(122101)	研发中心	曾云祥	借	10 886.96
		合　计	借	119 163.48

三、客户往来初始余额

表 9-20　客户往来初始余额表

所属科目	客户编码	客户名称(简称)	方向	期初余额
应收票据(1121)	009	深圳兴康	借	200 000.00
应收票据(1121)	014	深圳中联	借	300 000.00
应收票据(1121)	030	东莞高视	借	1 000 000.00
		小　计	借	1 500 000.00

续表

所属科目	客户编码	客户名称(简称)	方向	期初余额
应收账款(1122)	001	顺德科威	借	1 100 996.00
应收账款(1122)	002	广州喜讯	借	1 269 231.00
应收账款(1122)	003	中山骏马	借	133 020.70
应收账款(1122)	004	番禺太阳	借	15 040.00
应收账款(1122)	005	广州尚朋	借	150 608.59
应收账款(1122)	006	深圳慧科	借	95 303.00
应收账款(1122)	007	珠海正日	借	728 470.46
应收账款(1122)	008	中山诚信	借	439 155.20
应收账款(1122)	009	深圳兴康	借	136 077.62
应收账款(1122)	010	深圳明月	借	196 960.70
应收账款(1122)	011	深圳美科	借	280 077.10
应收账款(1122)	012	东莞通讯	借	650 626.00
应收账款(1122)	013	深圳通达	借	30 362.00
应收账款(1122)	014	深圳中联	借	88 710.00
应收账款(1122)	015	珠海丽峰	借	75 700.00
应收账款(1122)	016	肇庆创造	贷	697.50
应收账款(1122)	017	深圳华波	借	1 722 718.00
应收账款(1122)	018	深圳宇宙	借	3 010.00
应收账款(1122)	020	广东正实	借	42 595.00
应收账款(1122)	021	广东步高	借	279 774.30
应收账款(1122)	022	科特数码	借	66 522.00
应收账款(1122)	023	深圳创新	借	18 565.22
应收账款(1122)	024	深圳鼎升	借	348 427.60
应收账款(1122)	025	深圳大王	借	12 130.00
应收账款(1122)	026	深圳龙藤	借	4 620.02
应收账款(1122)	027	东莞泰达	借	571 980.45
应收账款(1122)	028	东莞雅林	借	149 002.08
应收账款(1122)	029	东莞龙天	借	3 279 951.86
应收账款(1122)	088	香港皓云	借	9 650.52
		小　计	借	11 898 587.92

四、供应商往来初始余额

表 9-21　供应商往来初始余额表

所属科目	供应商编码	供应商名称(简称)	方向	期初余额
预付账款(1123)	086	株洲天地	贷	35 600.00
预付账款(1123)	087	株洲湘银	贷	2 463.98
预付账款(1123)	088	株洲堤生	贷	98 198.29

续表

所属科目	供应商编码	供应商名称(简称)	方向	期初余额
预付账款(1123)	089	长沙高峰	贷	300.00
预付账款(1123)	090	湖南湘安	贷	75 000.00
预付账款(1123)	091	正泰设备	贷	59 850.00
预付账款(1123)	092	株洲托尼	贷	1 963.50
预付账款(1123)	093	株洲金桂	贷	14 400.00
预付账款(1123)	094	湖南装潢	贷	4 500.00
预付账款(1123)	095	株洲桐梓	贷	39 920.00
预付账款(1123)	096	株洲富通	贷	3 750.00
预付账款(1123)	097	贵阳特丽	贷	62 000.00
预付账款(1123)	098	重庆金河	贷	23 000.00
预付账款(1123)	099	江苏大地	贷	410 471.20
预付账款(1123)	100	北京电子	贷	119 625.00
预付账款(1123)	101	北京至友	贷	2 514 557.20
预付账款(1123)	102	真空设备	贷	200 000.00
预付账款(1123)	103	河南许继	贷	60 000.00
预付账款(1123)	104	北京立安	贷	1 900.00
预付账款(1123)	105	宜兴中亿	贷	30 000.00
预付账款(1123)	106	镇江无线	贷	760.00
预付账款(1123)	107	美国马科	借	6 067 628.47
		小 计	借	2 309 369.30
应付票据(2201)	021	深圳盈余	贷	100 000.00
应付票据(2201)	023	株洲宏大	贷	200 000.00
应付票据(2201)	028	长沙中南	贷	150 000.00
应付票据(2201)	089	长沙高峰	贷	250 000.00
		小 计	贷	700 000.00
应付账款(2202)	001	深圳中原	借	5 010.00
应付账款(2202)	002	深圳黑格	借	265 000.00
应付账款(2202)	003	广州高强	贷	8 300.00
应付账款(2202)	004	东莞诚钢	贷	8 400.00
应付账款(2202)	005	深圳鑫利	贷	595 230.91
应付账款(2202)	006	佛山无线	贷	22 060.00
应付账款(2202)	007	深圳先锋	贷	100 272.00
应付账款(2202)	008	深圳南达	贷	13 500.00
应付账款(2202)	009	东莞朗祥	贷	32 000.00
应付账款(2202)	010	深圳丰利	贷	16 342.50
应付账款(2202)	011	深圳云五	贷	33.60
应付账款(2202)	012	增城镇源	贷	32 200.00
应付账款(2202)	013	深圳世济	贷	12 500.00
应付账款(2202)	014	深圳宙邦	贷	22 950.00
应付账款(2202)	015	广州雷蒙	贷	79 369.87

续表

所属科目	供应商编码	供应商名称（简称）	方向	期初余额
应付账款（2202）	016	深圳科得	贷	94 680.01
应付账款（2202）	017	东莞丰金	贷	94 528.00
应付账款（2202）	018	广州银链	贷	45 757.50
应付账款（2202）	019	深圳红泉	贷	90.00
应付账款（2202）	020	肇庆罗山	贷	106 920.00
应付账款（2202）	021	深圳盈余	借	60 000.00
应付账款（2202）	023	株洲宏大	贷	2 125 551.70
应付账款（2202）	024	益阳宏升	贷	1 096.20
应付账款（2202）	025	益阳雅力	贷	35 924.18
应付账款（2202）	026	株洲森麟	贷	4 306.00
应付账款（2202）	027	株洲华为	贷	27 169.00
应付账款（2202）	028	长沙中南	贷	12 233.00
应付账款（2202）	029	株洲纸箱	贷	5 740.00
应付账款（2202）	081	台湾新兴	贷	32 310.04
应付账款（2202）	082	香港光辉	贷	243 048.36
应付账款（2202）	083	台湾玉宝	贷	198 848.66
应付账款（2202）	084	暂估入库（铝）	贷	278 097.25
应付账款（2202）	085	暂估入库（铌）	贷	749 582.02
		小　计	贷	4 669 030.80

五、基本生产成本项目初始余额

表 9-22　产品成本初始余额表

所属科目	项目编码	项目名称	方向	期初余额
直接材料（50010101）	601	铝电解电容器	借	83 703.93
直接材料（50010101）	602	片铌电容器	借	175 941.85
		小　计	借	259 645.78
直接人工（50010102）	601	铝电解电容器	借	54 713.33
直接人工（50010102）	602	片铌电容器	借	93 636.37
		小　计	借	148 349.70
其他直接费（50010103）	601	铝电解电容器	借	23 145.60
其他直接费（50010103）	602	片铌电容器	借	20 850.00
		小　计	借	43 995.60
制造费用（50010105）	601	铝电解电容器	借	24 350.00
制造费用（50010105）	602	片铌电容器	借	66 253.36
		小　计	借	90 603.36

第四节　输入日常记账凭证

　　2008 年 1 月该单位发生会计事项如下所示。根据这些会计事项编制并输入记账凭证。

1. 2008 年 1 月 8 日，收回原预付的上市筹办费现金 204 600 元。

2. 2008 年 1 月 8 日，销售部王经理报销费用 23 067 元，计入业务提成费，以现金支付。

3. 2008 年 1 月 8 日，销售处陈小洁报销招待费 100 元，其他费用 30 元，以现金支付。

4. 2008 年 1 月 8 日，退长城金属门窗厂保证金 360 元（原已计入"其他应付款"），以现金支付。

5. 2008 年 1 月 8 日，办公室报账（其他管理费用）280 元，以现金支付。

6. 2008 年 1 月 8 日，接建行西城支行基本户收账通知，收北京信卓公司货款 15 140 元。

7. 2008 年 1 月 8 日，收关联公司湖南特种焊条有限公司签发承兑汇票一张，当即背书转让偿付前欠深圳鑫利货款 75 709.40 元。所欠票款列入"其他应付款"。

8. 2008 年 1 月 8 日，将持有的东莞高视承兑汇票 300 000 元背书转让给深圳鑫利，以偿付前欠货款。

9. 2008 年 1 月 8 日，冲 2007 年 9 月转 49♯转账凭证，当时背书转让株洲宏大签发的商业承兑汇票以清偿深圳鑫利货款，现因故由深圳鑫利退回。

10. 2008 年 1 月 8 日，销售铝电解电容器给东莞雅林，开出增值税专用发票，数量 6.5，价款金额 6 251.28，税款 1 062.72，货款暂欠。

11. 2008 年 1 月 8 日，收电力客服中心电费发票，计铌电容车间 12 月电费价款金额 87 064.01 元，增值税进项税额 14 800.88 元，款项暂欠。

12. 2008 年 1 月 9 日，销售铝电解电容器给深圳辉达，开出增值税专用发票，数量 2，价款金额 2 021.19，税款 343.61，货款暂欠。

13. 2008 年 1 月 10 日，接建行西城支行收账通知，收漳州利达电子有限责任公司货款 1 741 元。

14. 2008 年 1 月 10 日，接建行西城支行收账通知，诺达国际货款 15 130 元到账。

15. 2008 年 1 月 10 日，接建行西城支行收账通知，收漳州市利达电子有限责任公司货款 1 250.05 元。

16. 2008 年 1 月 10 日，接建行西城支行收账通知，收哈尔滨新中科电子股份有限公司货款 6 353 元。

17. 2008 年 1 月 10 日，接中行收账通知，香港泰达前欠货款（HK＄223 240，汇率 1.06）到账。此项欠款的账面人民币金额为 236 687.40 元，汇兑损益当即入账。

18. 2008 年 1 月 10 日，接建行西城支行收账通知，深圳兴康签发的银行承兑汇票到期兑付进账，金额 47 255 元。

19. 2008 年 1 月 10 日，接中行收账通知，收香港皓云公司货款（US＄11 188.11，汇率 8.45）。此项欠款的账面人民币金额为 94 752.48 元，汇兑损益当即入账。

20. 2008 年 1 月 10 日，接建行西城支行收账通知，深圳鑫利退回多余购货款 15 000 元已到账，此项款项原已计入"应付账款"账户。

21. 2008 年 1 月 10 日，销售片铌电容器给深圳松天公司，开出增值税专用发票，数量 18.40 盒，价款金额 44 529.93 元，税款 7 570.07 元，货款暂欠。

22. 2008 年 1 月 11 日，销售部王经理报运费 292 元，以现金支付。

23. 2008 年 1 月 11 日，销售部报销其他营业费用 135 元，以现金支付。

24. 2008 年 1 月 11 日，销售部周丽丽报销其他管理费用 131.52 元，以现金支付。

25. 2008 年 1 月 11 日，财务部李冬美报差旅费 65 元、银行手续费 47.50 元，以现金支付。

26. 2008 年 1 月 11 日，销售部周丽丽报铝电运费及提货费用 3 408.50 元、报电话费 50 元（计入营业费用的办公费）、其他销售费用 90 元，以现金支付。

27. 2008 年 1 月 11 日，刘健全报厂部水费 701.08 元，以现金支付。

28. 2008 年 1 月 11 日，销售铝电解电容器给深圳海瑞，开出增值税专用发票，数量 8.7 盒，价款金额 9 282.05 元，税款 1 577.95 元，货款暂欠。

29. 2008 年 1 月 12 日，办公室报销其他费用 800 元，以现金支付。

30. 2008 年 1 月 12 日，以现金支付电话费 2 917 元，其中人事部 450 元，财务部 320 元，保安及后勤部 300 元，研发中心 800 元，办公室 1 047 元。因电话费较多，决定在管理费用中增加一个独立项目"电话费"，并按部门核算。

31. 2008 年 1 月 12 日，以现金支付购买电焊条款 7 000 元，其中导针车间 2 400 元，铌电容车间 2 000 元，铝电容车间 2 600 元。货物直接交付各车间保管使用。

32. 2008 年 1 月 12 日，开出支票从建行西城支行基本户付邮电费 1 000 元。

33. 2008 年 1 月 12 日，销售处龚娜报差旅费 2 462 元，冲其个人备用金。

34. 2008 年 1 月 13 日，人事部胡校容报招待费 3 895 元，差旅费 38 元，以现金支付。

35. 2008 年 1 月 13 日，铝电车间报销销售产品的运费 1 070 元，以现金支付。

36. 2008 年 1 月 13 日，付江苏大地钢结构有限公司工程款 10 000 元，以现金支付。该公司此类往来在"预付账款"中尚有贷方余额，应予冲账。

37. 2008 年 1 月 14 日，付销售处曹明借支现金 10 000 元、销售处谭爱民借支现金 300 元。

38. 结汇：HKD233 539.68，买入价 1.105 58，中间价 1.112 3；USD3735.7，买入价 8.539 98，中间价 8.552 6）。结汇损益 1 616.53 元。

39. 2008 年 1 月 14 日，交本月增值税款 41 505.24 元，开支票在建行西城支行基本户中支付。

40. 2008 年 1 月 17 日，缴现金 41 505.24 元预存税务账号。

41. 2008 年 1 月 18 日，以现金支付安装铌电容车间被膜款 3600 元。

42. 2008 年 1 月 18 日，铌电容车间购通风接头 200 元等直接使用并报销，以现金支付。

43. 2008 年 1 月 18 日，铌电容车间购接线槽 94 元等直接使用并报销，以现金支付。

44. 2008 年 1 月 18 日，冲上月暂估（铌粉），数量 235.57 公斤，金额 749 582.02元。

45. 2008 年 1 月 19 日，财务部王宏报招待费 1 161 元，以现金支付。

46. 2008 年 1 月 19 日，退兰花公司押金 1 960 元，以现金支付。

47. 2008 年 1 月 19 日，调整 2007 年 11 月银付 21♯凭证，将原计入应交个人所得税贷方的应付税款 11 000 元转入"其他应付款——代扣个人所得税"，以和原先已经预交的个人所得税款对冲。

48. 2008 年 1 月 19 日，背书转让一张由深圳中联出具的承兑汇票 300 000 元给湖南特种焊条有限公司，以抵付"其他应付款"账上的债务。

49. 2008 年 1 月 19 日，冲上月暂估（铝箔），数量 16 358.66，金额278 097.25元。

50. 2008 年 1 月 20 日，销售处胡得利报招待费 270.40 元，以现金支付。

51. 2008 年 1 月 20 日，以现金支付职工培训费 300 元。

52. 2008 年 1 月 20 日，付销售铝电解电容器运费（建行西城支行基本户，电汇 7152）5 347 元。

53. 2008 年 1 月 20 日，建行西城支行基本户转账通知，付销售门市部邮电费 95 元。

54. 2008 年 1 月 20 日，通过建行西城支行基本户办理系列支付：付深圳宙邦电子材料有限公司货款 22 950 元。

55. 2008 年 1 月 20 日，建行西城支行扣手续费 15 元。

56. 2008 年 1 月 20 日，通过建行西城支行基本户交地方税务局税款 18 384.42 元，其中：应交个人所得税 4 233.90 元、教育费附加 1 245.16 元、城市维护建设税 12 905.36 元。

57. 2008 年 1 月 20 日，付职工医疗保险费（建行西城支行基本户转账支票 8 420♯）1 554 元。

58. 2008 年 1 月 20 日，建行西城支行基本户转账通知，付电力客服中心电费 100 000元。

59. 2008 年 1 月 20 日，建行西城支行基本户转账通知，付银行邮电费 20 元

60. 2008 年 1 月 20 日，付邮政速递费 1 238 元（建行西城支行基本户转账支票 1263♯）。

61. 2008 年 1 月 20 日，付北京市电子元件厂货款（建行西城支行基本户）10 028.25元。

62. 2008 年 1 月 20 日，建行西城支行基本户转账通知，付邮电费 50 元、银行手续费 150 元。

63. 2008 年 1 月 20 日，电工房领用柴油（铌电容车间）48 升，计 1 464 元。

64. 2008 年 1 月 20 日，购广州高强公司化剂 1 千克，价款 3 688.88 元；购大口瓶 177.35 元（直接交铌电容车间使用）；购樟脑（他材料）151.71 元、购片碱 75.18 千克，价款 243.59 元；进项税额 724.47 元。除大口瓶直接交铌电容车间使用外，其他均办理入库手续。货款共计 4 986 元暂未支付。

65. 2008 年 1 月 21 日，铝电容车间购修理用配件 3 465 元，直接使用并报销，以现金支付。

66. 2008 年 1 月 21 日，从深圳世济购卷轮 2 个，计价款 2 393.16 元；载带 2927.93 米，价款 2 166.67 元。专用发票载进项税额 775.17 元。货款共计 5 335 元暂欠。

67. 2008 年 1 月 21 日，销售片铌给珠海正日，开出增值税专用发票，数量 4 盒，价款金额 96 000 元，税款 16 320 元。货款共计 112 320 元暂欠。

68. 2008 年 1 月 24 日，向青岛科锐购盖带，数量 6.00 米，价款 2 435.90 元；载带 7359.55 米，价款 5 519.66 元；进项税额 1 352.44 元，已取得增值税专用发票，货物验收入库，货款共计 9 308 元暂欠。

69. 2008 年 1 月 24 日，向桂林橡胶购环氧塑封料 56 千克，价款 9 692.31 元，进项税额 1 647.69 元，已取得增值税专用发票，货物验收入库，货款计 11 340 元暂欠。

70. 2008 年 1 月 25 日，王国正报其他管理费用 26 元，以现金支付。

71. 2008 年 1 月 25 日，向广州雷蒙购环氧塑封用品（清模料）8 千克，价税合计 5 128.21 元；环氧塑封用品（脱膜料）9 千克，价税合计 5 128.21 元。未取得专用发票，货物已验收入库。

72. 2008 年 1 月 26 日，向深圳鑫利购电解液 12 千克，价款 12 970.09 元，税款 2 204.91 元，已取得增值税专用发票，货物验收入库，货款 15 175 元暂欠。

73. 2008 年 1 月 27 日，以现金付铌电容销售返利 23 700 元，计入其他营业费用。

74. 2008 年 1 月 27 日，程小洁报手续费 50 元，付现金，计入其他营业费用。

75. 2008 年 1 月 27 日，购商务管理软件 9000 元（无形资产），付现金。

76. 2008 年 1 月 27 日，向深圳鑫利购铝壳 9 千克，价款 9 433.33 元，税款 1 603.67 元，已取得增值税专用发票，货物验收入库，货款 11 037 元暂欠。

77. 2008 年 1 月 28 日，铝电容车间李志报车间办公费 500 元，以现金支付。

78. 2008 年 1 月 28 日，周林报其他管理费用 1 029 元，以现金支付。

79. 2008 年 1 月 28 日，财务部李娜报销账册费用 238 元，以现金支付。

80. 2008 年 1 月 28 日，付借支 _ 铝电容车间 _ 赵小岗 2 000 元，以现金支付。

81. 2008 年 1 月 28 日，付胡榕借支 _ 导针车间 _ 胡榕舒 20 000 元，以现金支付。

82. 2008 年 1 月 28 日，以现金支付诉讼费 800 元。

83. 2008 年 1 月 28 日，以现金支付销售处办理出口退税费用 450 元，计入办公费，另 50 元计入差旅费。

84. 2008 年 1 月 31 日，收现金 951 元，办公室 _ 曾续还借支款 151 元、导针车间 _ 胡榕舒还借支款 800 元。

85. 2008 年 1 月 31 日，回收废纸箱款现金 626 元，冲铝电容车间办公费。

86. 2008 年 1 月 31 日，付销售外运费（HKD1 535.10，折合 RMB16 970.76）。

87. 2008 年 1 月 31 日，开出转账支票 6372♯从建行西城支行基本户付特焊往来款（其他应付款）460 000 元。

88. 2008 年 1 月 31 日，从建行西城支行基本户付无锡兰平公司加工费 75 元。

89. 2008 年 1 月 31 日，暂估入库（铝电）铝箔 11 千克，合同价 65 268.99 元；铝壳 113 千克，合同价 60 401.91 元；胶塞 1 千克，合同价 1 476.92 元；套管 112 米，合同价 45 933.99 元。共计 173 081.81 元。

90. 2008 年 1 月 31 日，售柴油给东莞泰达，价款 3 085.47 元，税款 524.53 元，已开出增值税专用发票，货款 3 610 元暂欠。

91. 2008 年 1 月 31 日，向广州雷蒙购环氧塑封料 11 千克，价款 9 423.08 元，税款 1 601.92 元，已取得增值税专用发票，货物验收入库，货款 11 025 元暂欠。

92. 2008 年 1 月 31 日，收广州尚朋银行承兑汇票 140 000 元抵付前欠货款。

93. 2008 年 1 月 31 日，导针车间领用材料 CP 线 42 米，成本 5 564.05 元；领用 LG 引线 42 米，成本 4 000.97 元。

94. 2008 年 1 月 31 日，本月导针完工入库，生产成本 40 822.44 元，其中：直接材料 25 565.02 元、直接人工 4 737.50 元、制造费用 10 519.92 元。

95. 2008 年 1 月 31 日，结转本月导针制造费用，其中折旧费 8 119.92 元、机物料消耗 2 400 元。

96. 2008 年 1 月 31 日，暂估入库（铝电）套管 123 米合同价 1 703.67 元、胶塞 123 千克合同价 7 805.16 元、钽粉 123 千克合同价 113 743.59 元、铌丝 123 千克合同价 91 481.62 元、包装纸 123 千克合同价 865.05 元、环氧塑封料 123 千克合同价 4 038.46 元、引线框架 123 千克合同价 150 145.15 元、工艺条 123 千克合同价 70 892.24 元。共计金额 440 674.94。

97. 2008 年 1 月 31 日，计提折旧 496 499.35 元，其中：铝电容车间 76 279.26 元、铌电容车间 400 531.36 元、导针车间 8 119.92 元、管理部门和其他部门固定资产折旧 11 568.81 元。

98. 2008 年 1 月 31 日，计提借款利息 120 000 元。

99. 2008 年 1 月 31 日，结转让售柴油成本 3 017.47 元。

100. 2008 年 1 月 31 日，根据表 9-23 结转铝电解电容和铌电容生产用材料成本：

表 9-23 材料耗用汇总表

铝电容车间				铌电容车间			
材料代码	材料名称	数量	金额	材料代码	材料名称	数量	金额
14030101	铝箔		115 321.81	14030112	钽粉		194 433.32
14030102	电解纸		41 046.36	14030111	铌丝		34 156.70
14030110	电解液		23 586	14030107	化剂		866.83
14030103	套管		11 460	14030210	工艺条		13 788.23
14030106	导针		35 650	14030215	片碱		169
140901	纸箱		7 436.20	14030208	硝酸锰		9 920.90
				14030211	特弗能垫薄膜		82.30

第五节 凭证审核、记账

一、出纳签字

以模拟出纳操作员"王小芹"注册登录到系统，运行"凭证审核→出纳签字"，给定选择范围，打开凭证浏览窗口。窗口显示的凭证仅收付款凭证。对每一张凭证认真检查。对正确无误者则签字，对错误者则要求制单员重新处理。

二、凭证审核

以模拟审核操作员"张丽"注册登录到系统，运行"凭证审核→审核凭证"，给定选择范围，打开凭证浏览窗口。窗口显示的凭证仅未记账凭证。对每一张凭证认真检查。对正确无误者则签字，对错误者则标记"错误"，并要求制单员重新处理。

三、记账

以模拟审核操作员"李云"注册登录到系统，运行"记账"，给定记账范围，按步骤完成记账工作。

第六节　账簿查询和打印

一、科目总账查询

总账，意即汇总账，是指对会计业务记录按月汇总输出的账簿形式。在财务软件中，总账不仅仅限于一级（总账）科目，各级科目都可以输出总账。

实训中可任意选取会计科目查询总账。

二、科目明细账查询

明细账，意即详细账，是指对会计业务记录逐行详细输出的账簿形式。在财务软件中，明细账不仅仅限于明细科目，各级科目都可以输出明细账。明细账根据输出栏目和格式分为普通三栏式（金额式）明细账、数量金额式明细账、外币金额式明细账和多栏式明细账。

1. 查询普通三栏式（金额式）明细账

可查询任何非数量、非外币的会计科目的三栏式（金额式）明细账。

2. 查询数量金额式明细账

对于有数量核算标志的会计科目，明细账查询过程与普通科目基本相同。只是在明细账最终查询界面，可在查询普通三栏式和数量金额式两种格式之间任意切换，以得到所希望的账簿格式，如："1403——原材料"、"1405——库存商品"等之下的几乎全部下级科目均可输出数量金额式明细账。

3. 查询外币金额式明细账

对于有外币核算标志的会计科目，明细账查询过程与普通科目也基本相同。并且也只是在明细账最终查询界面，可在查询普通三栏式和外币金额式两种格式之间任意切换，得到所希望的账簿格式。

4. 多栏式明细账

主要用于成本、费用、收入、利润、应缴增值税等科目的账簿输出。用友 U8 提供两种多栏账定义和生成方法：单一科目的多栏账和综合多栏账。

（1）单一科目多栏账：各专栏数据来自于一个科目的各下级科目或辅助核算项。如：制造费用明细账、生产成本明细账、管理费用明细账、应缴增值税明细账等。

（2）综合多栏账：各专栏数据可以取自不同但是相互联系的会计科目。如"主营业务利润明细账"就要结合"主营业务收入"和"主营业务成本"两个科目的记录生成综合账簿。

三、日记账查询

用于查询除现金日记账、银行日记账以外的其他日记账，现金日记账、银行日记账在出纳管理中查询。如果一个科目被设置为"日记账"科目且没有被指定为现金科目和银行存款科目，则可以输出日记账簿。

四、现金和银行账查询

用于查询现金日记账和银行存款日记账，现金科目和银行存款科目必须在"会计科目"功能下的"指定科目"中预先指定。只有被指定为现金科目和银行存款科目的会计科目才能输出现金和银行存款日记账。在"出纳管理"中查询现金和银行存款日记账。

五、序时账查询

用于按时间顺序排列每笔业务的明细数据，得到记账凭证和会计分录列表。可以给出多种查询条件以限定查寻范围，得到所需的凭证列表。

六、客户往来账的查询

用于查询客户往来科目下各个往来客户的往来明细账和往来余额表。包括客户科目明细账、客户明细账、客户三栏式明细账、客户多栏式明细账、客户分类明细账、客户业务员明细账、客户部门明细账、客户项目明细账及客户地区分类明细账等九种查询方式。

七、供应商往来账的查询

用于查询供应商往来科目下各个往来供应商的往来明细账和往来余额表。包括供应商科目明细账、供应商明细账、供应商三栏式明细账、供应商多栏式明细账、供应商分类明细账、供应商业务员明细账、供应商部门明细账、供应商项目明细账及供应商地区分类明细账等九种查询方式。

八、个人往来账的查询

用于查询在会计科目设置中其账类设为个人往来的科目下各个人的总账和明细账，如"122101——其他应收款——个人备用金"往来账。

九、部门账的查询

查询某部门核算科目的某部门或各部门的发生额及余额，或查询某部门下各科目的发生额及余额。如查询：

(1) "制造费用"的部门明细账。

(2) "管理费用——业务招待费"的部门明细账。

(3) "管理费用——办公费"的部门明细账。

(4) "管理费用——差旅费"的部门明细账。

(5) "管理费用——电话费"的部门明细账。

(6) "管理费用"的部门多栏式明细账。

十、项目账的查询

查询某项目核算科目的某项目或各项目的发生额及余额，或查询某项目下各科目的发生额及余额。如查询：

(1) "生产成本"的项目总账和明细账。

(2) "生产成本"的项目多栏式明细账。

(3) "现金流量"项目余额表和项目明细账。

(4) "管理费用——车辆费用"项目余额表和项目明细账。

第七节　工资管理

一、建立工资账套

在系统管理中建立了企业账套后，第一次运行"工资管理"子系统，系统将进行工资账套初始化，主要是设置工资账套基础参数等工作步骤，包括：参数设置、扣税设置、扣零设置和人员编码规则的设置。本模拟账套的有关设置为：

(1) 参数设置：工资类别——单个工资类别，币种——人民币。

(2) 扣税设置：选择"从工资中扣除个人所得税"。

(3) 扣零设置：因本单位实行银行代发工资，故无需扣零。

(4) 人员编码规则：编码长度——5 位，工资系统启用日期——2008-1-1。

二、工资系统基础设置

（1）部门目录设置：部门目录设置是指定义员工所在内部单位的编码和名称。本模拟账套的部门设置遵循账务系统的部门分类，无需进行进一步修改。

（2）人员类别设置设置人员类别的名称是便于按不同的人员类别进行工资汇总计算。点击主菜单［设置］下的［人员类别设置］，系统弹出人员类别设置窗口，系统默认"无类别"。本模拟实训账套将员工分为三类：正式工、合同工、离退休。

（3）定义工资项目："工资项目设置"即定义工资项目的名称、类型、宽度，可根据需要自由设置工资项目，系统提供了一些固定项目，是工资套必不可少的，包括："应发合计"、"扣款合计"、"实发合计"等三项不能删除和重命名，其他项目可根据表中所列情况定义。其中"应发工资"之前的各项目为工资总额的构成内容，属于工资"增项"；"应发工资"和"实发工资"之间的项目为代扣款项，属于工资"减项"；"代扣税"属于系统自动生成的个人所得税项；其他项目无需定义计算公式。

（4）银行设置：代发工资的银行可按需要设置多个，已达到由不同的银行代发不同职工的工资。本模拟账套员工工资账号均在建设银行开户，故代发银行仅设置一个——建设银行，表 9-24 中的工资账号均为该银行账号。

（5）员工档案设置：即定义发薪员工的档案，所有员工信息均在表 9-24 中列出。

三、工资数据输入和工资变动处理

工资管理系统初始设置完成后，第一次使用工资系统必须将所有人员的工资数据录入计算机，平时如每月发生工资变动也进行工资数据变动处理。本模拟账套 2008 年 1 月的所有工资数据均在表 9-24 中，可根据该表进行首次工资数据录入和计算。

四、个人所得税计算与申报

个人所得税是根据《中华人民共和国个人所得税法》对个人的所得征收的一种税。手工情况下，每月末财务部门都要对超过扣除金额的部分进行计算纳税申报，系统提供申报仅对工资薪金所得征收个人所得税，其他不予考虑。系统特提供个人所得税自动计算功能，这里的个人所税计税与申报实际上只是一个查询功能，所有的计算都由计算机代替。

五、银行代发

银行代发日常业务处理，指每月末单位应向银行提供银行指定文件格式的工资数据文件，银行将按照该文件所含数据进行工资转账，将工资从企业账户转到员工个人账户，完成工资发放。这样做既减轻了财务部门发放工资工作的繁重，又有效地避免了财务人员去银行提取大笔款项所承担的风险，同时还提高了对员工个人工资的保密程度。

表 9-24 2008 年 1 月工资表（含员工信息、工资账号和各项工资数据）

部门名称	人员编号	人员姓名	人员类别	建行工资账号	基本工资	生活费	岗位工资	生活补贴	加班病休	交通补贴	房水补贴	应发工资	所得税	待业保险	养老保险	住房公积	实发工资
办公室	1	刘小超	正式工	15069439291	1820					28	38			16.2	129.6	13	
办公室	2	王彦	正式工	15069439292	1400					28	38			16.2	129.6	10	
办公室	3	刘灿云	正式工	15069439293	1400					28	38			12.2	97.6	10	
办公室	4	曾缕	正式工	15069439294	1100					28	38			16.2	129.6	10	
财务部	5	刘英姿	正式工	15069439295	850					22	38			11.7	93.6	10	
财务部	6	李云	正式工	15069439296	1100					28	38			16.2	129.6	10	
财务部	7	张丽	正式工	15069439297	888.6				297.2	23	38			12.9	103.2	11	
导针车间	10	谭燕凝	正式工	15069439300	750					28	38			9.9	79.2	4	
导针车间	11	钟淑兰	正式工	15069439301	700		20			28	38			9.1	72.8	6	
导针车间	12	蒋祯薪	正式工	15069439302	700					28	38			6	48	4	
导针车间	13	李肖美	正式工	15069439303	700					22	38			4.6	36.8		
导针车间	14	覃丽群	正式工	15069439304	750					28	38			7.8	62.4	5	
铝电容车间	20	申云	正式工	15069439310	1600									13.9	111.2	6	
铝电容车间	21	赵小岗	正式工	15069439311	1700									8	64	5	
铝电容车间	22	邹志峰	正式工	15069439312	1360									12	96	5	
铝电容车间	23	吴明	正式工	15069439313	1300	450		55			38			5.9	47.2	20	
铝电容车间	24	马永锋	正式工	15069439314	1300									13	104	11	
铝电容车间	25	王盼盼	正式工	15069439315	1300									13.1	104.8	11	
铝电容车间	26	黄其东	正式工	15069439316	1400									12.6	100.8	11	
铝电容车间	27	匡铁武	正式工	15069439317	1500									16	128	9	
铝电容车间	28	李炎杰	正式工	15069439318	1400									8.7	69.6	4	
铌电容车间	34	刘媛	正式工	15069439324	1200									8.2	65.6	4	

续表

部门名称	人员编号	人员姓名	人员类别	建行工资账号	基本工资	生活费	岗位工资	生活补贴	加班病休	交通补贴	房水补贴	应发工资	所得税	待业保险	养老保险	住房公积	实发工资
铌电容车间	35	郭德利	正式工	15069439325	960									10.4	83.2	5	
铌电容车间	36	付丽	正式工	15069439326	1500									9	72	6	
铌电容车间	37	张艳红	正式工	15069439327	1200									3.5	28	5	
铌电容车间	38	殷丹华	正式工	15069439328	1400									9.6	76.8	12	
铌电容车间	39	张文静	正式工	15069439329	1600									9.3	74.4		
铌电容车间	40	周丽	正式工	15069439330	1200									8.1	64.8	5	
铌电容车间	41	何灿	正式工	15069439331		450		28			19			4.3	34.4		
销售处	50	曹明	正式工	15069439340	662.5			55		18	38			4.1	32.8	5	
销售处	51	松涛	正式工	15069439341	500	75		55		18	38			6.5	52	4	
销售处	52	孙林皮	正式工	15069439342	600					18	38			4.1	32.8		
销售处	53	王水红	正式工	15069439343	500			55		18	38			3.3	26.4		
销售处	54	徐伟洋	正式工	15069439344	660			55		18	38			8.2	65.6	5	
销售处	55	张喜	正式工	15069439345	357			55		18	38			3.2	25.6	5	
销售处	56	张争气	正式工	15069439346	108			55	418		38			3.2	25.6	6	
销售处	57	邹健	正式工	15069439347	610			55		18	38			7.6	60.8	5	
门市部	58	成建	正式工	15069439348	650			55		18	38			8.2	65.6	9	
门市部	59	程小洁	正式工	15069439349	674.5			55		18	38			8.6	68.8	10	
人事部	63	龚娜	合同工	15069439353	558.5			55		18	38			7.8	62.4	9	
人事部	64	杨斌	合同工	15069439354	540			55		18	38			5.7	45.6	6	
研发中心	65	曾云祥	正式工	15069439355	623			55		18	38			9.6	76.8	11	
研发中心	66	钟文化	正式工	15069439356	606			55		18	38			8.3	66.4	7	

（1）银行文件格式设置。

（2）选择银行发放文件方式。

（3）生成 2008 年 1 月银行发放工资数据文件。

六、工资分摊

工资分摊财会部门根据工资费用分配表，将工资费用根据用途进行分配，并编制转账凭证，供总账处理之用。

（1）分配工资费用（100％）并生成记账凭证。

（2）计提职工福利费（14％）并生成记账凭证。

七、月末工资结账

月末结转是将当月数据经过处理后结转至下月。经月末处理后，下月工资数据生成，同时当月工资数据不得再进行修改。至此，当月工资处理即已完成。

八、其他相关凭证的处理

还有下列业务，需要根据工资系统数据，在总账系统中直接填制记账凭证：

（1）本月工资发放（实发工资）。

（2）计提个人所得税（扣税额）。

（3）计提工会经费（应发合计的 2％）。

（4）计提职工教育经费（应发合计的 1.5％）。

（5）计提单位承担的养老保险费（基本工资的 8％）、代扣个人承担的养老保险费（根据实际数）。

（6）计提单位承担的住房公积金（基本工资的 5％）、代扣个人承担的住房公积金（根据实际数）。

（7）代扣待业保险费（根据实际数）。

最后，在总账系统中完成对上述记账凭证的审核和记账。

第八节　　固定资产系统

一、建立固定资产账套

在系统管理中建立了企业账套后，第一次运行"固定资产管理"子系统，系统将进行固定资产账套初始化，主要是设置固定资产账套参数等工作步骤，其中账套参数包括：约定与说明、启用月份、折旧信息、编码方式、账务接口以及其他参数。

1. 约定与说明

约定及说明显示的内容是该账套的基本信息和系统处理的一些基本原则，请检查确定初始化的确实是该账套。企业于 2008.01.01 首次启动固定资产系统，在建账向导中，同意系统约定与说明：

（1）发生与折旧计算有关的变动后，加速折旧法在变动生效的当期以净值作为计提原值，以剩余使用年限为计提年限计算折旧；直线法还以原公式计算（因公式中已考虑了价值变动和年限调整）。以前修改的月折旧额或单位折旧的继承值无效。

（2）与折旧计算有关的变动是除了部门转移、类别调整、使用状况调整外的由变动单引起的变动。

（3）原值调整、累计折旧调整、净残值（率）调整下月有效。

（4）折旧方法调整、使用年限调整当月生效。

（5）使用状况调整下月有效。

（6）折旧分配：部门转移和类别调整当月计提的折旧分配分配到变动后部门和类别。

（7）各种变动后计算折旧采用未来适用法，不自动调整以前的累计折旧。

（8）报表统计：当月折旧和计提原值的汇总汇总到变动后部门和类别。

（9）如果选项中"当月初使用月份＝使用年限＊12－1时是否将折旧提足（工作量法除外）"的判断结果是"是"，则除工作量法外，该月月折旧额＝净值－净残值，并且不能手工修改；如果判断结果是"否"，则该月不提足，并且可手工修改，但如以后各月按照公式计算的月折旧率或额是负数时，认为公式无效，令月折旧率＝0，月折旧额＝净值－净残值。

2. 启用月份

选择本账套启用月份：2008.01。

3. 折旧方法

本账套计提折旧，折旧方法为平均年限法（一），折旧汇总分配周期为一个月，当（月初已计提月份＝可使用月份－1）时，将剩余折旧全部提足。

4. 编码方式

各级编码长度分别为：2－3，即类别编码为一级 2 位，序号长度 3 位；资产编码方式：自动编号；类别编号＋序号。

5. 账务接口：本系统与账务系统进行财务接口，固定资产的对账科目是"1601 固定资产"，累计折旧对账科目是"1602 累计折旧"。为允许系统间处理的灵活性，选中"对账不平允许月末结账"。月末结账前一定要完成制单登账业务；缺省入账科目为：（1601）固定资产，（1602）累计折旧。

二、固定资产系统基础设置

基础设置工作用来完成有关固定资产处理规则的设置和数据初始化，以便在此基础上进行固定资产日常处理。基础设置内容一般包括：

（一）部门目录设置

部门目录设置是指定义固定资产的内部使用单位编码和名称。本模拟账套的固定资产使用部门遵循账务系统的部门分类，无需进行进一步修改。

（二）固定资产类别设置

固定资产类别设置是指定义固定资产的分类编码和分类名称。根据下列资料设置固定资产类别（表9-25）。

表 9-25　固定资产类别

编码	类别名称	使用年限	残值率	单位	计提属性	折旧方法
01	房屋	30	5％	平方米	正常计提	平均年限法
02	建筑物	30	5％		正常计提	平均年限法
03	工艺设备	10	5％	台	正常计提	平均年限法
04	动力设备	10	5％	台	正常计提	平均年限法
05	通风设备	10	5％	台	正常计提	平均年限法
06	运输工具	10	5％	台	正常计提	平均年限法
99	其他	10	5％	台	正常计提	平均年限法

（三）建立会计科目

定义与固定资产有关的会计科目，目的是为了生成各种固定资产业务的记账凭证，见表9-26。

表 9-26　固定资产相关会计科目表

部门折旧费入账科目			固定资产增减对应科目	
部门编码	部门名称	折旧科目	增减方式	对应入账科目
1	生产部门	510 103，折旧费	增加方式	
2	销售部门	660 205，折旧费	直接购入	100 201，建行西城支行基本户
3	管理部门	660 205，折旧费	投资者投入	400 201，资本（或股本）溢价
			捐赠	400 202，接受捐赠非现金资产准备
			盘盈	190 102，待处理固定资产损溢
			在建工程转入	1 604，在建工程
			融资租入	2 701，长期应付款
			减少方式	
			出售	1 606，固定资产清理
			盘亏	190 102，待处理固定资产损溢
			投资转出	1 511，长期股权投资
			捐赠转出	6 711，营业外支出
			报废	1 606，固定资产清理
			毁损	1 606，固定资产清理

三、初始卡片录入

初始卡片，是指开始使用日期在录入系统之前的资产的卡片记录。使用固定资产系统进行核算前，必须将原始卡片资料录入系统，以保持历史资料的连续性。

卡片编号：5位数（表9-27省略了前导零），是系统自动产生，不能修改；固定资产编号：系统根据编码规则自动取类别编码和序号自动生成，不能修改；已计提月份：系统将根据开始使用日期自动算出，但可以修改；月折旧率和折旧额：与计算折旧有关的项目录入后，系统会按照输入的内容自动算出并显示在相应项目内；净值：根据原值和累计折旧自动计算。根据表9-27的资料录入原始卡片。

表 9-27 原始卡片

卡片编号	资产编号	资产名称	类别名称	规格型号	部门名称	开始使用日期	使用年限	原值	月折旧率	已折月数	累计折旧
01	01001	办公楼		砖混	办公室	1994-5-1	30	8 200 000.00	0.26%	127	2 743 882.06
02	01002	1#厂房		框架	铝电容	2004-4-12	30	4 212 398.32	0.26%	44	484 550.49
03	01003	2#厂房	房屋	框架	铌电容	2005-5-3	30	5 600 453.34	0.26%	31	457 179.08
04	01004	3#厂房		框架	导针	2005-5-3	30	3 600 023.21	0.26%	31	293 878.94
05	01005	综合楼		框架	办公室	2007-2-1	30	2 960 355.25	0.26%	10	77 992.42
			小计					24 573 230.12			4 057 483.00
06	02001	水塔	建筑		保后	2003-6-3	30	560 987.00	0.26%	54	79 722.23
			小计					560 987.00			79 722.23
07	03001	卷筒机		A	铝电容	2004-4-12	10	2 453 899.32	0.79%	44	846 813.17
08	03002	卷筒机		A	铝电容	2004-4-12	10	2 453 899.32	0.79%	44	846 813.17
09	03003	卷筒机		B	铌电容	2005-5-3	10	4 398 762.87	0.79%	31	1 077 246.21
10	03004	卷筒机		B	铌电容	2005-5-3	10	4 398 762.87	0.79%	31	1 077 246.21
11	03005	卷筒机		C	导针	2005-5-3	10	3 245 892.65	0.79%	31	794 911.13
12	03006	套管机		A	铝电容	2005-5-3	10	1 543 899.23	0.79%	31	378 097.12
13	03007	套管机		A	铝电容	2004-4-12	10	1 843 894.36	0.79%	44	636 307.29
14	03008	套管机	工艺设备	B	铌电容	2004-4-12	10	3 297 382.21	0.79%	44	1 137 889.66
15	03009	套管机		B	铌电容	2005-5-3	10	3 537 382.23	0.79%	31	866 296.21
16	03010	套管机		C	导针	2005-5-3	10	3 263 292.65	0.79%	31	799 172.35
17	03011	卷绕机		A	铝电容	2005-5-3	10	2 475 987.54	0.79%	31	606 363.26
18	03012	卷绕机		A	铝电容	2004-4-12	10	2 187 943.69	0.79%	44	755 034.86
19	03013	卷绕机		B	铌电容	2004-4-12	10	4 098 789.32	0.79%	44	1 414 446.28
20	03014	卷绕机		B	铌电容	2005-5-3	10	4 289 065.65	0.79%	31	1 050 381.63
21	03015	卷绕机		C	导针	2005-5-3	10	2 184 382.43	0.79%	31	534 949.89
			小计					45 673 236.34			12 821 968.43

续表

卡片编号	资产编号	资产名称	类别名称	规格型号	部门名称	开始使用日期	使用年限	原值	月折旧率	已折月数	累计折旧
22	04001	电机		15kw	铝电容	2004-4-12	10	25 876.98	0.79%	44	8 929.86
23	04002	电机		15kw	铝电容	2005-5-3	10	24 758.78	0.79%	31	6 063.36
24	04003	电机		20kw	铌电容	2005-5-3	10	42 987.44	0.79%	31	10 527.52
25	04004	电机	动力设备	40kw	导针	2007-2-1	10	129 876.45	0.79%	10	10 265.03
26	04005	电机		25kw	导针	2007-2-1	10	54 987.78	0.79%	10	4 346.06
27	04006	发电机		30kw	铝电容	2004-4-12	10	1 247 643.76	0.79%	44	430 547.89
28	04007	发电机		40kw	铌电容	2007-2-1	10	1 930 790.13	0.79%	10	152 603.64
		小计						3 456 921.32			623 283.35
29	05001	鼓风机		t124	铝电容	2004-4-12	10	425 987.40	0.79%	44	147 003.48
30	05002	鼓风机	通风设备	t100	铌电容	2004-4-12	10	135 754.89	0.79%	44	46 847.49
31	05003	鼓风机		t120	导针	2005-5-3	10	423 010.91	0.79%	31	103 594.33
		小计						984 753.20			297 445.30
32	06001	别克			办公室	2005-7-23	10	357 865.20	0.79%	28	80 116.34
33	06002	奥迪 A6			办公室	2006-1-3	10	549 874.90	0.79%	23	99 694.87
34	06003	帕萨特			办公室	2006-1-3	10	298 076.00	0.79%	23	54 042.56
35	06004	红旗	运输车辆		办公室	2004-12-21	10	189 074.00	0.79%	35	52 830.94
36	06005	桑塔纳			办公室	2004-12-21	10	129 876.00	0.79%	35	36 289.87
37	06006	东风卡		40t	销售部	2003-2-2	10	328 973.00	0.79%	58	150 669.18
38	06007			30t	销售部	2003-2-2	10	244 692.90	0.79%	58	112 069.01
		小计						2 098 432.00			585 712.79
39	99001	吊车		20t	销售部	2003-2-2	10	349 875.00	0.79%	58	160 242.27
40	99002	堆垛机		50t	销售部	2006-4-3	10	2 456 765.43	0.79%	20	384 061.11
41	99003	电脑		P2	办公室	2004-5-3	5	10 400.00	1.58%	43	7 064.47
42	99004	电脑		P4	财务部	2007-12-3	5	6 000.00	1.58%	0	
43	99005	电脑	其他	P4	财务部	2007-12-3	5	6 000.00	1.58%	0	
44	99006	电脑		P4	财务部	2007-12-3	5	6 000.00	1.58%	0	
45	99007	电脑		Sp4	财务部	2007-12-3	5	8 000.00	1.58%	0	
46	99008	X 光机		西门子	销售部	2007-1-9	10	550 356.98	0.79%	11	43 689.85
		小计						3 356 997.41			595 057.71
		合计						80 704 557.39			19 060 672.81

注：存放地点均为"本厂"，净残值率均为5%，使用状况均为在用，折旧方法均为平均年限法（一）。

四、日常处理

1. 固定资产增加

该单位本月发生固定资产增加事项如下：2008 年 1 月 17 日，向东莞诚钢购套管机 1 台，含税价款 80 500 元；购卷绕机 2 台，含税价款 124 000 元。设备已交付铌电容车间使用。

2. 固定资产变动

指对与计算有关的项目所做的调整，包括固定资产原值变动、部门转移、使用状况变动、使用年限调整、折旧方法调整、净残值（率）调整、工作总量调整、累计折旧调整、资产类别调整等。

（1）1 月 22 日，办公室的别克轿车重估增值 10 000 元。

（2）1 月 22 日，从财务部调拨一台 P4 电脑到销售部。

3. 固定资产折旧处理

2008 年 1 月 31 日计提本月折旧。

五、月末转账

固定资产增加、减少、变动及固定资产折旧计提等事项发生时，应自动生成记账凭证，以供总账系统作为记账依据。遵循以下操作步骤：

（1）定义凭证：进入转账功能中"定义凭证"，系统以固定资产变更数据凭证和计提折旧分配凭证两大类凭证进行定义。

（2）生成凭证：主要是将当月增加的固定资产和当月减少的固定资产，及当月计提折旧分别生成凭证。

（3）在总账系统中完成对上述凭证的审核和记账。

六、对账和结账

系统在运行过程中，应保证本系统管理的固定资产价值和总账系统中固定资产科目的数值相等。通过执行本系统提供的对账功能实现，任何时候均可进行对账。固定资产系统本月所有业务完成，记账凭证也已生成并传递到总账系统，此时固定资产系统可进行结账。对账平衡后，即可开始月末结账。本实训账套应于 2008 年 01 月 31 日完成对账后进行月末结账，以完成本月固定资产管理工作。

第九节　总账期末处理

总账系统应在工资系统和固定资产系统等子系统完成月结后才可进行月末结账。因为其他系统本月业务所生成的记账凭证还有待总账系统进一步处理，并完成本月本月成本和损益结转，并在银行对账后，进行总账系统的对账和结账。

一、定义自动转账凭证

用友 U8 提供多种转账方法，以适用不同业务的应用。本实训模拟单位将使用其中的 4 种结转方法，以用于制造费用结转、销售成本结转、汇兑损益结转和期末损益结转。定义自动转账凭证具体操作如下：

（1）自定义结转——"制造费用期末结转"。

表 9-28　铝电容车间制造费用期末结转凭证框架

摘　要	结转铝电解车间制造费用			类　型	转账凭证
科目编码	部门	借贷	金额公式	项目编码	项目名称
50010105		借	CE()	101	铝电解电容器
510101	铝电容车间	贷	QM(510101,月,,101)		
510102	铝电容车间	贷	QM(510102,月,,101)		
510103	铝电容车间	贷	QM(510103,月,,101)		
510104	铝电容车间	贷	QM(510104,月,,101)		
510105	铝电容车间	贷	QM(510105,月,,101)		
510106	铝电容车间	贷	QM(510106,月,,101)		
510107	铝电容车间	贷	QM(510107,月,,101)		
510108	铝电容车间	贷	QM(510108,月,,101)		
510109	铝电容车间	贷	QM(510109,月,,101)		
510110	铝电容车间	贷	QM(510110,月,,101)		
510111	铝电容车间	贷	QM(510111,月,,101)		
510199	铝电容车间	贷	QM(510199,月,,101)		

表 9-29　铌电容车间制造费用期末结转凭证框架

摘　要	结转铝电解车间制造费用			类　型	转账凭证
科目编码	部门	借贷	金额公式	项目编码	项目名称
50010105		借	CE()	102	片铌电容器
510101	铌电容车间	贷	QM(510101,月,,102)		
510102	铌电容车间	贷	QM(510102,月,,102)		
510103	铌电容车间	贷	QM(510103,月,,102)		

续表

摘 要	结转铝电解车间制造费用			类 型	转账凭证
科目编码	部门	借贷	金额公式	项目编码	项目名称
510104	铌电容车间	贷	QM(510104,月,,102)		
510105	铌电容车间	贷	QM(510105,月,,102)		
510106	铌电容车间	贷	QM(510106,月,,102)		
510107	铌电容车间	贷	QM(510107,月,,102)		
510108	铌电容车间	贷	QM(510108,月,,102)		
510109	铌电容车间	贷	QM(510109,月,,102)		
510110	铌电容车间	贷	QM(510110,月,,102)		
510111	铌电容车间	贷	QM(510111,月,,102)		
510199	铌电容车间	贷	QM(510199,月,,102)		

（2）销售成本结转。凭证类型：转账凭证；库存商品科目："1405——库存商品"；商品销售收入科目："6001——主营业务收入"；商品销售成本科目："6401——主营业务成本"。

（3）汇兑损益计算结转：系统将自动搜寻外币科目作汇兑损益计算和结转的数据源，定义时仅需指定凭证类型和汇兑损益入账科目。本模拟单位的外币账户因涉及银行科目，所以凭证类型应为银行收款凭证或银行付款凭证，而汇兑损益入账科目应指定为"660304——（财务费用）汇兑损益"。

（4）期末损益结转：系统将自动搜寻损益科目作期末损益计算和结转的数据源，定义时仅需指定凭证类型和利润入账科目。凭证类型无疑是"转账凭证"，利润入账科目是"4103——本年利润"。

二、生成自动转账凭证

定义的自动转账凭证仅仅是保存在计算机内的一个结转框架或一种结转方法。如果想得到真正的转账凭证，应运行"生成自动转账凭证"。

（一）转账前准备

对所有已输入凭证进行审核、记账处理，因为有的 U8 版本仅能对已记账数据进行结转。

（二）生成自动转账凭证

（1）2008 年 1 月 31 日，结转铝电解电容车间本月发生的制造费用。

（2）2008 年 1 月 31 日，结转铌电容车间本月发生的制造费用。

（3）2008 年 1 月 31 日，结转本月各种产品的销售成本。

（4）2008 年 1 月 31 日，计算结转本月汇兑损益，USD 的期末调整汇率为 8.5426、HKD 的期末调整汇率为 1.1832。

（5）2008 年 1 月 31 日，结转本月各种收入（损益结转分为两笔转账凭证：收入与支出）。

（6）2008 年 1 月 31 日，结转本月各种成本、费用和支出。

三、对生成的自动转账凭证进行审核、记账

在自动转账之前，已输入的所有凭证均已审核记账。而刚刚生成的转账凭证尚未进行此项操作，因此需对自动转账凭证进行审核、记账，以便及时结账。对自动转账凭证进行审核记账和对手工输入的记账凭证的审核记账的操作完全一样，操作过程不再详述。

第十节　编制会计报表

按照第六章的报表格式和编制要求编制 2008 年 1 月份的资产负债表和利润表。

一、编制资产负债表

（1）复制第六章所设置的"资产负债表"文件。

（2）修改"资产负债表"文件的格式及公式，使之符合本单位具体情况。

（3）设置关键字"年"、"月"、"日"，并录入其值为"2008 年 1 月 31 日"，计算报表。

（4）审核检查报表是否平衡、正确，确定是否需要进一步修改，最终正确完成资产负债表的编制。

二、编制利润表

（1）复制第六章所设置的"利润表"文件。

（2）修改"利润表"文件的格式及公式，使之符合本单位具体情况。

（3）设置关键字"年"、"月"，并录入其值为"2008 年 1 月"，计算报表。

（4）审核检查报表是否正确（与资产负债表的"未分配利润"期末年初数差额是否相等），确定是否需要进一步修改，最终正确完成利润表的编制。

第❿章

应收、应付款管理子系统的应用

第一节 基本知识与方法

一、应收、应付款管理子系统概述

用友 U8 应收应付管理子系统用于核算和管理与客户或供应商之间的往来业务，使采购与销售系统、应收应付管理子系统和总账系统有机地联系起来，有效加强款项的催收，减少坏账，降低经营风险，提高资金的利用效率。

（一）应收款管理子系统

应收款管理子系统是指处理企业因销售商品或提供劳务而发生的与客户单位之间的往来业务核算的系统。应收款管理子系统通过录入发票、收款单等单据，对企业的各种应收款项进行核算和综合管理，及时提供应收账款余额等分析报表，按规定的方法和比例计提坏账准备，处理无法收回的坏账，设置报警级别，评价客户的偿债能力和信用等级。

（二）应付款管理子系统

应付款管理子系统是指处理企业因赊购商品或劳务而发生的与供应商之间的往来业务核算的系统。应付款管理子系统通过录入应付单据、付款单等，对企业的各种应付款项进行核销、转账、制单等处理，反映和监督采购业务中资金的支出和应付情况，跟踪应付款的到期日以尽可能享受优惠折扣，合理地进行资金的调配，按时偿还应付款项。

二、应收、应付款管理子系统的初始设置

应收应付管理系统的初始化设置包括系统参数设置、初始设置和录入期初余额。这些基础设置是用户利用应收应付管理系统进行应收款项和应付款项管理和核算的基础。

(一) 应收款管理子系统初始化设置

1. 账套参数设置

启动用友 U8.5，选择"财务会计"中的"应收款管理"，即进入了"应收款管理"窗口。再单击"设置"目录下的"选项"，系统弹出"账套参数设置"对话框。单击"编辑"按钮，进入修改状态，选择完各个账套参数后，单击"确认"按钮，系统即保存所选的操作，单击"取消"按钮即取消所作的选择。

2. 初始设置

初始设置的作用是建立应收款管理的基础数据，确定使用哪些单据处理应收业务，确定需要进行账龄管理的账龄区间。有了这些功能，用户可以选择使用自己定义的单据类型、使应收业务管理更符合用户的需要。

(1) 设置科目。由于本系统业务类型较固定，生成的凭证类型也较固定，因此为了简化凭证生成操作，可以在此处将各业务类型凭证中的常用科目预先设置好。系统将依据制单规则在生成凭证时自动带入。

科目所核算的币种必须与所输入的币种一致，科目必须是最明细科目，结算科目不能是已经在科目档案中指定为应收款管理系统或者应付款管理系统的受控科目。对于现结的发票、收付款单，系统依据单据上的结算方式查找对应的结算科目，系统制单时自动带出。

(2) 坏账准备设置。坏账初始设置是指用户定义本系统内计提坏账准备比率和设置坏账准备期初余额的功能，它的作用是系统根据用户的应收账款进行计提坏账准备。用户应于期末针对不包含应收票据的应收款项计提坏账准备，其基本方法是销售收入百分比法、应收余额百分比法、账龄分析法等。在此设置计提坏账准备的方法和计提的有关参数。

(3) 设置账龄区间。账龄区间设置指用户定义应收账款或收款时间间隔的功能，它的作用是便于用户根据自己定义的账款时间间隔，进行应收账款或收款的账龄查询和账龄分析，清楚了解在一定期间内所发生的应收款、收款情况。

(4) 设置报警级别。通过对报警级别的设置，将客户按照客户欠款余额与其授信额度的比例分为不同的类型，以便掌握各个客户的信用情况。

(5) 设置单据类型。单据类型设置指用户将自己的往来业务与单据类型建立对应关系，达到快速处理业务以及进行分类汇总、查询、分析的效果。系统提供了发票和应收单两大类型的单据。如果同时使用销售系统，则发票类型单据名称包括销售专用发票、普通发票、销售调拨单和销售日报。如果单独使用应收系统，则单据名称不包括后两种。发票是系统默认类型，不能修改删除。应收单记录销售业务之外的应收款情况。可

以将应收单划分为不同的类型，以区分应收货款之外的其他应收款。例如，可以将应收单分为应收代垫费用款、应收利息款、应收罚款、其他应收款等。应收单的对应科目由用户定义。

3. 录入期初余额

初次使用本系统时，用户可将正式启用账套前的所有应收业务数据录入到系统中，作为期初建账的数据，系统即可对其进行管理。进入第二年度处理时，系统自动将上年度未处理完全的单据转成为下一年度的期初余额。在下一年度的第一个会计期间里，可以进行期初余额的调整。期初余额录入完成后，单击菜单栏中的"对账"，系统弹出"期初对账"窗口，检验期初本系统的应收款余额与总账系统对应科目的期初余额是否一致，若不一致，则需检查修改，直至两者相符。

（二）应付款管理子系统初始化设置

应付款管理子系统初始设置的作用是建立应付管理的基础数据，确定使用哪些单据（单据模板）处理应付业务，确定需要进行账龄管理的账龄区间，确定凭证科目。用户据此进行业务的处理、统计、分析、制单。应付管理系统的初始化设置包括系统参数设置、初始设置和录入期初余额。

1. 账套参数设置

启动用友 U8，选择"财务会计"中的"应付款管理"，即进入了"应付款管理"窗口。再单击"设置"目录下的"选项"，系统弹出"账套参数设置"对话框。单击"编辑"按钮，进入修改状态，选择完各个账套参数后，单击"确认"按钮，系统即保存所选的操作，单击"取消"按钮即取消所作的选择。其各项含义和设置方法参见应收款管理子系统的设置方法。

2. 初始设置

初始设置指用户在应用应付款管理系统之前进行的初始设置，它包括凭证科目的设置、账龄区间设置、报警级别的设置和单据类型的设置。其各项含义和设置方法参见应收款管理子系统的设置方法。

3. 录入期初余额

录入期初余额，是指账套启用会计期间前，未结算完的发票和应付单、预付款单据、未结算完的应付票据。期初余额录入完成后，单击菜单栏中的"对账"，系统弹出"期初对账"窗口，查看数据是否平衡。若不平衡，则需检查修改，直至平衡。

三、应收、应付款管理子系统日常业务处理

（一）应收款管理子系统日常业务处理

应收款管理系统经常性的应收业务处理工作称作日常处理。主要完成企业日常的应收/收款业务录入、应收/收款业务核销、应收并账、汇兑损益以及坏账的处理，及时记录应收、收款业务的发生，为查询和分析往来业务提供完整、正确的资料，加强对往来

款项的监督管理，提高工作效率。

1. 应收单据处理

应收单据处理指用户进行单据录入和单据审核入账的工作。通过单据录入，单据管理可记录各种应收业务单据的内容，查阅各种应收业务单据，完成应收业务管理的日常工作。

如果用户同时使用应收款管理系统和销售管理系统，则发票和代垫费用产生的应收单据由销售系统录入，在本系统可以对这些单据进行审核、弃审、查询、核销、制单等功能。此时，在本系统需要录入的单据仅限于应收单。如果用户没有使用销售系统，则各类发票和应收单均应在本系统录入。

2. 收款单据处理

收款单据处理主要是对结算单据（收款单、付款单即红字收款单）进行管理，包括收款单、付款单的录入、审核。

应收系统的收款单用来记录企业所收到的客户款项，款项性质包括应收款、预收款、其他费用等。其中应收款、预收款性质的收款单将与发票、应收单、付款单进行核销勾对。应收系统付款单用来记录发生销售退货时，企业开具的退付给客户的款项。该付款单可与应收、预收性质的收款单、红字应收单、红字发票进行核销。

3. 核销处理

单据结算指用户日常进行的收款核销应收款的工作。单据核销的作用是解决收回客商款项核销该客商应收款的处理，建立收款与应收款的核销记录，监督应收款及时核销，加强往来款项的管理。

系统提供手工核销和自动核销两种核销方式。手工核销指由用户手工确定收款单核销与它们对应的应收单的工作。通过本功能可以根据查询条件选择需要核销的单据，然后手工核销，加强了往来款项核销的灵活性。自动核销指用户确定收款单核销与它们对应的应收单的工作。通过本功能可以根据查询条件选择需要核销的单据，然后系统自动核销，加强了往来款项核销的效率性。

4. 票据管理

用户可以在此对银行承兑汇票和商业承兑汇票进行管理。当用户收到银行承兑汇票、商业承兑汇票时，将该汇票录入应收款管理系统的票据管理中。点击"确认"按钮，则系统保存当前票据，生成一张收款单，可以在"收款单据录入"中进行查询，并可以与应收单据进行核销勾对，冲减客户应收账款。而在票据管理中，可以对该票据进行计息、贴现、转出、结算、背书、查询等处理。只有当应收票据科目设置为带有客户往来辅助核算科目时，才可进行票据登录簿管理。

5. 转账处理

转账功能用来帮助用户清理往来账。应收款管理子系统的转账处理方式主要有四种：

应收冲应付：用某客户的应收账款，冲抵某供应商的应付款项。

应收冲应收：指将一家客户的应收款转到另一家客户中。通过本功能将应收款业务在客商之间进行转入、转出，实现应收业务的调整，解决应收款业务在不同客商间入错户或合并户问题。

预收冲应收：处理客户的预收款和该客户应收欠款的转账核销业务。

红票对冲：用某客户的红字发票与其蓝字发票进行冲抵。

6. 坏账处理

坏账处理指系统提供的计提应收坏账准备处理、坏账发生后的处理、坏账收回后的处理等功能。坏账处理的作用是系统自动计提应收款的坏账准备，当坏账发生时即可进行坏账核销，当被核销坏账又收回时，即可进行相应处理。

7. 制单处理

制单即生成凭证，并将凭证传递至总账记账。系统在各个业务处理的过程中都提供了实时制单的功能；除此之外，系统提供了一个统一制单的平台，可以在此快速、成批生成凭证，并可依据规则进行合并制单等处理。

（二）应付款管理子系统日常业务处理

应付款管理系统的日常业务主要完成企业日常的应付/付款业务录入、应付/付款业务核销、应付并账、汇兑损益等的处理，及时记录应付、付款业务的发生，为查询和分析往来业务提供完整、正确的资料，加强对往来款项的核算与追踪。

1. 应付单据处理

应付单据处理主要是对应付单据（采购发票、应付单）进行管理，包括应付单据的录入、审核。如果同时使用应付款管理系统和采购系统，则发票由采购系统录入，在本系统可以对这些单据进行审核、弃审、查询、核销、制单等功能。在采购系统录入的发票在应付系统不能修改、删除，只能到采购系统中进行修改。此时，在本系统需要录入的单据仅限于应付单。如果没有使用采购系统，则各类发票和应付单均应在本系统录入，操作与应付单相同。

2. 付款单据处理

付款单据处理主要是对结算单据（付款单、收款单即红字付款单）进行管理，包括付款单、收款单的录入、审核。应付款管理系统的付款单用来记录企业所支付的款项。应付款管理系统的收款单用来记录发生采购退货时，企业所收到的供应商退款。

3. 核销处理

核销处理指用户日常进行的付款核销应付款的工作。单据核销的作用是处理付款核销应付款，建立付款与应付款的核销记录，监督应付款及时核销，加强往来款项的管理。

系统提供手工核销和自动核销两种核销方式。手工核销指用户手工确定系统内付款与应付款的对应关系，选择进行核销。通过本功能可以根据查询条件选择需要核销的单据，然后手工核销，加强了往来款项核销的灵活性。自动核销指系统自动确定系统内付款与应付款的对应关系，选择进行核销。通过本功能可以根据查询条件选择需要核销的单据，然后系统自动核销。

4. 票据管理

票据管理指对银行承兑汇票和商业承兑汇票进行管理，包括：记录票据详细信息、记录票据处理情况。当用户支付给供应商承兑汇票时，将该汇票录入应付系统的票据管理中。系统自动在付款单据录入中增加一结算方式为承兑汇票的付款单，可以在"付款单据录入"中进行查询，并可以与应付单据进行核销勾对。而在票据管理中，用户可以对该票据进行计息、结算、转出等处理。如果要进行票据科目的管理，必须将应付票据科目设置为应付受控科目。

5. 转账处理

转账功能用来帮助用户清理应付账款。应付款管理子系统的转账处理方式主要有四种：

应付冲应付：是指将某一供应商的应付账款转入另一供应商账中。通过本功能将应付款业务在供应商之间进行转入、转出，实现应付业务的调整，解决应付款业务在不同供应商间入错户或合并户问题。

预付冲应付：可将预付供应商款项和所欠供应商的货款进行转账核销处理。

应付冲应收：是用对某供应商的应付账款，冲抵对某客户的应收账款。

红票对冲：指将同一供应商的红票和其蓝字发票进行冲销。

6. 制单处理

制单即生成凭证，并将凭证传递至总账记账。系统对不同的单据类型或不同的业务处理提供实时制单的功能；除此之外，系统提供了一个统一制单的平台，可以在此快速、成批生成凭证，并可依据规则进行合并制单等处理。

制单时，若要使用存货核算系统的控制科目，则需要在总账系统选项中选择可以使用存货核算系统控制科目选项。制单日期系统默认为当前业务日期。制单日期应大于等于所选的单据的最大日期，但小于当前业务日期。如果同时使用了总账系统，用户所输入的制单日期应该满足总账制单日期要求：即大于同月同凭证类别的日期。此外，一张原始单据制单后，将不能再次制单。

四、应收应付款管理子系统的数据输出及期末管理

（一）单据查询

应收、应付款管理子系统均提供对应收应付单据、收款和付款结算单据、记账凭证的查询功能，以便用户进行各类单据、详细核销信息、报警信息、凭证等内容的查询和打印。

在查询列表中，系统提供自定义显示栏目、排序等功能，用户通过单据列表操作来制作符合要求的单据的列表。若启用客户、部门数据权限控制时，则用户在查询单据时只能查询有权限的单据。

（二）账表管理

1. 业务账表

系统提供业务总账、业务余额表、业务明细表和对账单的查询。

通过账表查询，可以及时地了解一定期间内期初应收应付款结存汇总情况、款项发生

与结算的汇总情况、累计情况及期末结存汇总情况；还可以了解各客户或供应商往来款项的明细情况、累计情况及期末结存情况，能及时发现问题，加强对往来款项的监督管理。

2. 统计分析

统计分析指系统提供的对应收应付业务进行的账龄分析。通过统计分析，可以按用户定义的账龄区间，进行一定期间内账龄分析，了解各往来单位往来款的周转天数，周转率，了解各个账龄区间内账款的发生和结算情况，及时发现问题，加强对往来款项的动态管理。

3. 科目账表查询

科目账表查询主要用来实现对科目明细账、科目余额表不同层次、不同角度的查询。

（三）结账处理

期末处理指用户进行的期末结账工作。如果当月业务已全部处理完毕，就需要执行月末结账功能，只有月末结账后，才可以开始下月工作。

结账应注意以下事项：

（1）如果这个月的前一个月没有结账，则本月不能结账。一次只能选择一个月进行结账。

（2）应收款管理系统与销售管理系统集成使用，应在销售管理系统结账后，才能对应收系统进行结账处理。

（3）应付款管理系统与采购管理系统集成使用，应在采购管理系统结账后，才能对应付款管理子系统进行结账处理。

（4）当选项中设置审核日期为单据日期时，本月的单据在结账前应该全部审核。

（5）当选项中设置审核日期为业务日期时，截止到本月末还有未审核单据，照样可以进行月结处理。

（6）如果本月的结算单还有未审核的，不能结账。

（7）当选项中设置月结时必须将当月单据以及处理业务全部制单，则月结时若检查当月有未制单的记录时不能进行月结处理。当选项中设置月结时不用检查是否全部制单，则无论当月有无未制单的记录，均可以进行月结处理。

第二节　上机实验
——应收、应付款管理子系统初始设置

一、实验目的

准确启用应收款管理子系统和应付款管理子系统，并对两个子系统的系统初始参数及相关基础信息进行准确无误的设置，设置完毕后输入必要的期初数据，并对初始数据进行对账。

二、实验内容

1. 设置应收款管理子系统参数。
2. 设置应收款管理子系统基础信息。
3. 录入应收款管理子系统初始数据并检验其正确性。
4. 设置应付款管理子系统参数。
5. 设置应付款管理子系统基础信息。
6. 录入应付款管理子系统初始数据并检验其正确性。

三、实验资料

(一) 应收款管理子系统初始资料

1. 系统参数

应收账款核销方式：按单据核销；坏账处理方式：应收账款全额百分比法；控制科目依据：按客户；销售科目依据：按存货；受控科目制单方式：明细到客户，显示现金折扣；核算代垫费用的单据类型：其他应收单；录入发票时，显示折扣信息。

2. 初始设置 (基础信息)

(1) 基本科目：见表 10-1。

表 10-1　基本科目设置

科目类型	设置值	科目类型	设置值
应收科目（本币）	1122	销售税金科目	22210105

(2) 结算方式科目：见表 10-2。

表 10-2　结算科目设置

结算方式	科目
现金结算	1001
现金支票	100201
转账支票	100201

(3) 产品科目：见表 10-3。

表 10-3　产品相关科目

存货编码	存货名称	销售收入科目	应交增值税科目	销售退回科目
01	澳柯玛冰箱	600101	22210105	600102
02	春兰冰箱	600102	22210105	600102
03	TCL 彩电	600103	22210105	600103
04	创维彩电	600104	22210105	600104
05	信诺电话	600105	22210105	600105
06	华为小灵通	600106	22210105	600106
07	联想移动	600107	22210105	600107
08	索爱移动	600108	22210105	600108

（4）坏账准备。提取比率：0.5％；坏账准备科目：1231；坏账准备期初金额：0；坏账损失科目 660299：管理费用——其他。

（5）账龄区间：见表 10-4。

表 10-4　账龄区间

序号	总天数
01	30
02	60
03	90
04	90 天以上

（6）报警级别：见表 10-5。

表 10-5　报警级别设置

序号	总比率	级别名称
01	30	A
02	50	B
03	100	C
04		D

3. 期初数据

应收系统期初余额由下列未结算发票（表 10-6）形成，销售类型为"普通销售"，发票类型"销售专用发票"，责任部门为"销售部"，业务员"秦安安"。（本步骤需使用存货档案，如尚未建立存货档案设置，则应收系统的初始发票可待存货系统初始化完成后再行设置。）

表 10-6　初始未结算销售发票

发票号	开票日期	客户	货物名称	数量	无税单价	价税合计
0000000001	2006-12-20	华阳宾馆	信诺电话	61.00	120.00	8,564.40
			华为小灵通	36.00	200.00	8 424.00
			联想移动电话	30.00	2400.00	84 240.00
			索爱移动电话	30.00	3400.00	119 340.00
			信诺电话	1.00	69.74	81.60
			合　计			220 650.00
0000000002	2007-01-09	远大商店	TCL 彩电	30.00	3900.00	136 890.00
			创维彩电	20.00	3000.00	70 200.00
			合　计			207 090.00
0000000003	2007-01-11	华阳宾馆	信诺电话	30.00	120.00	4 212.00
			华为小灵通	10.00	225.00	2 632.50
			联想移动电话	30.00	2450.00	85 995.00
			索爱移动电话	20.00	3420.00	80 028.00
			合　计			172 867.50

（二）应付款管理子系统初始资料

1. 系统参数

应付账款核销方式：按单据核销；控制科目依据：按供应商；采购科目依据：按存货；制单方式：明细到供应商；汇兑损益方式：月末处理；显示现金折扣。

2. 基础信息

（1）基本科目：见表 10-7。

表 10-7　基本科目设置

科目类型	设置值	科目类型	设置值
应付科目	2202	采购税金科目	22210101
采购科目	1401		

（2）结算方式科目：同应收款管理子系统。

（3）账龄区间设置：同应收款管理子系统。

（4）报警级别设置：同应收款管理子系统。

3. 期初余额

应付款管理子系统期初余额由未结算采购发票（表 10-8）形成，采购类型为"普通采购"，发票类型"采购专用发票"，责任部门为"供应部"，业务员"钱泰龙"。（本步骤需使用存货档案，如尚未建立存货档案设置，则应付系统的初始发票可待存货系统初始化完成后再行设置。）

表 10-8　初始未结算采购发票

发票号	开票日期	客户	货物名称	数量	无税单价	价税合计
0000000001	2007-01-11	新兴家电	TCL 彩电	50.00	3200.00	187 200.00
			创维彩电	50.00	2600.00	152 100.00
			合　计			339 300.00

四、实验指导

（一）应收款管理子系统初始化的操作

1. 系统参数

（1）单击"开始"→"程序"→"用友 ERP－U8"→"财务会计"→"应收款"菜单，以账套主管的身份，选择"899 宏远家电有限公司"账套，系统弹出"应收款管理"窗口。或者先打开企业门户，进入应收款管理系统。

（2）单击"设置"→"选项"命令，进入"账套参数设置"窗口。点击"编辑"按钮，根据上述资料选择和输入相关信息（见图 10-1）。

（3）单击"确认"按钮并保存设置。

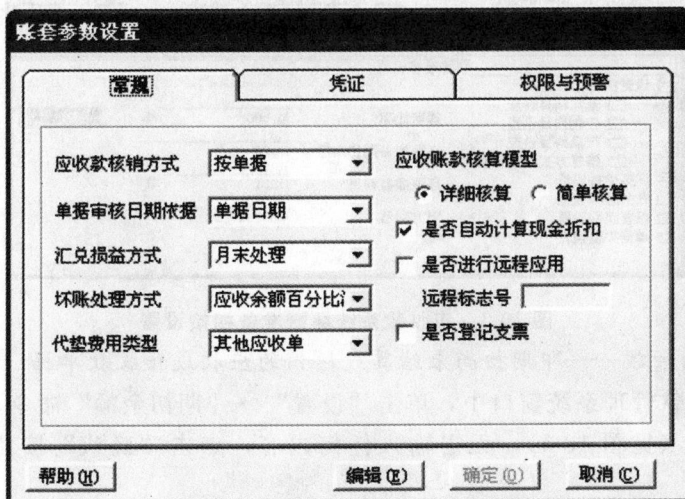

图 10-1　应收款管理系统参数设置

2. 初始设置

（1）在应收款管理系统窗口中，单击"设置"→"初始设置"命令，进入"初始设置"窗口（见图 10-2）。

（2）设置应收款管理相关科目。这些科目用于根据应收系统的单据生成记账凭证

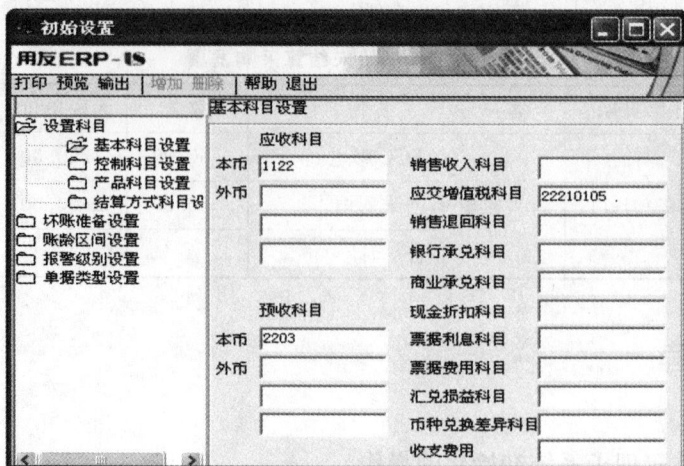

图 10-2　应收款系统相关科目设置

时自动产生入账科目所用。"基本科目"适用于所有客户或产品对象，"控制科目"或"产品科目"用于指定特定客户或特定产品所对应的入账科目。"结算方式"用于指定收付款所涉及的入账科目。根据表 10-1、10-2、10-3 进行设置。

（3）坏账准备、账龄区间、报警级别和单据类型根据表 10-4、10-5 等资料进行设置。坏账准备相关设置如图 10-3。

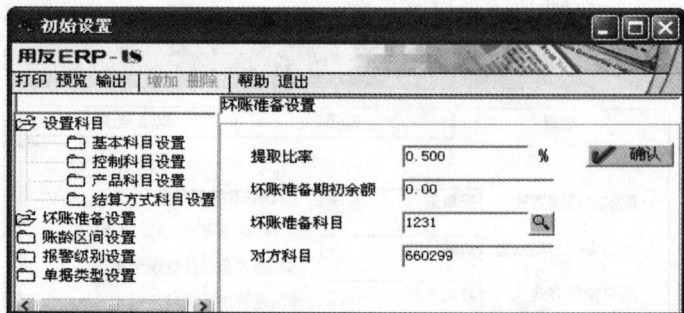

图 10-3　应收款系统坏账准备初始设置

3. 录入初始余额──即期初尚未结算或核销的应收或预收款单据

（1）在应收款管理系统窗口中，单击"设置"→"期初余额"命令，首先弹出查询查询条件对话框（见图 10-4），无需输入任何内容，点击"确认"按钮进入"初始余额"窗口。

（2）录入第一张期初未收款发票。在"初始余额"窗口点击"增加"按钮，弹出"单据类别"选择窗口，选择"销售发票"→"销售专用发票"→"正向"，点击"确认"进入发票编辑窗口，按表 10-6 内容输入发票内容（见图 10-5），完成后点击"保存"。

（3）录入其他初始发票。录入其他两张发票，保存后返回初始余额窗口如图 10-6。

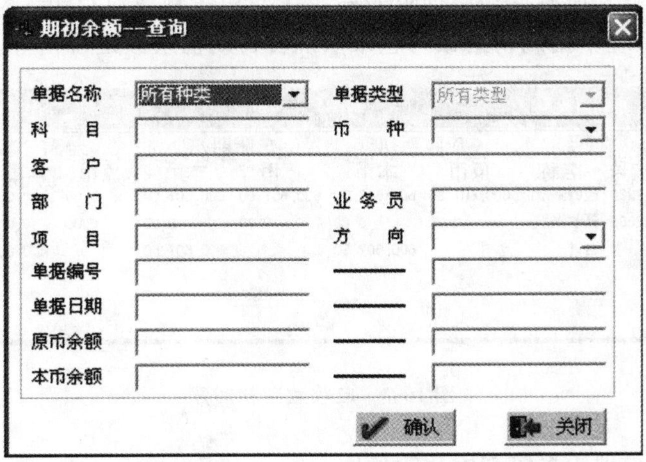

图 10-4　期初单据查询条件

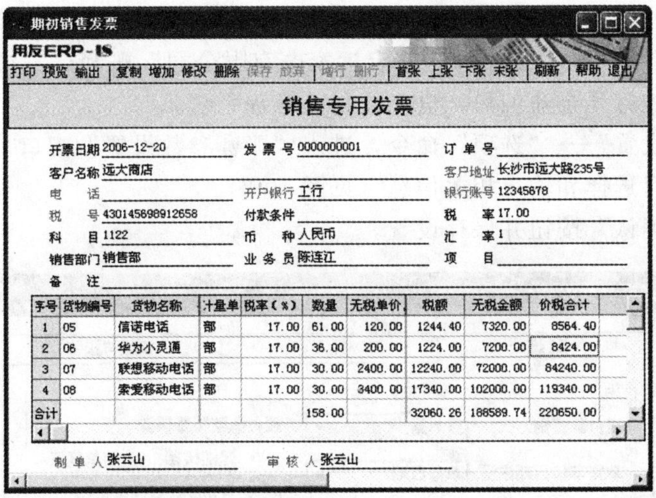

图 10-5　初始应收单据（销售发票）的录入

销售专用发票

开票日期 2006-12-20　发 票 号 0000000001　订 单 号

客户名称 远大商店　　　　　　　　　　客户地址 长沙市远大路235号

电　　话　　　　　　开户银行 工行　　　银行账号 12345678

税　　号 430145698912658　付款条件　　　　税　　率 17.00

科　　目 1122　　　币　　种 人民币　　　汇　　率 1

销售部门 销售部　　　业 务 员 陈连江　　　项　　目

备　　注

序号	货物编号	货物名称	计量单位	税率（%）	数量	无税单价	税额	无税金额	价税合计
1	05	信诺电话	部	17.00	61.00	120.00	1244.40	7320.00	8564.40
2	06	华为小灵通	部	17.00	36.00	200.00	1224.00	7200.00	8424.00
3	07	联想移动电话	部	17.00	30.00	2400.00	12240.00	72000.00	84240.00
4	08	索爱移动电话	部	17.00	30.00	3400.00	17340.00	102000.00	119340.00
合计					158.00		32060.26	188589.74	220650.00

制 单 人 张云山　　　审 核 人 张云山

图 10-5　初始应收单据（销售发票）的录入

期初余额明细表

本币合计 借 600,607.50

单据类型	单据编号	单据日期	客户	科目	方向	原币余额	本币余额
销售专用发票	0000000001	2006-12-20	远大商店	1122	借	220,650.00	220,650.00
销售专用发票	0000000002	2007-01-09	华阳宾馆	1122	借	207,090.00	207,090.00
销售专用发票	0000000003	2007-01-11	华阳宾馆	1122	借	172,867.50	172,867.50

图 10-6　应收款期初余额列表

（4）期初对账。所有期初单据录入后，在期初余额窗口点击“对账”按钮，可以检查应收款管理系统单据期初余额与总账系统科目期初余额是否相符，如图 10-7 所示。

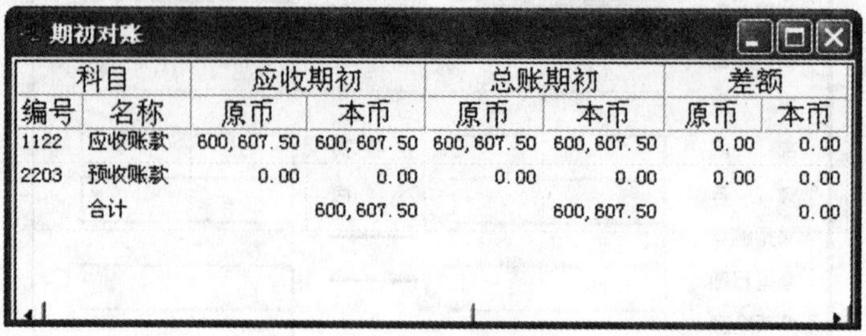
期初对账

科目		应收期初		总账期初		差额	
编号	名称	原币	本币	原币	本币	原币	本币
1122	应收账款	600,607.50	600,607.50	600,607.50	600,607.50	0.00	0.00
2203	预收账款	0.00	0.00	0.00	0.00	0.00	0.00
	合计		600,607.50		600,607.50		0.00

图 10-7　应收款期初对账

（二）应付款管理子系统初始化的操作

1. 系统参数

（1）单击“开始”→“程序”→“用友 ERP－U8”→“财务会计”→“应付款”菜单，以账套主管的身份，选择“899 宏远家电有限公司”账套，系统弹出“应付款管理”窗口。或者先打开企业门户，进入应付款管理系统。

（2）单击“设置”→“选项”命令，进入“账套参数设置”窗口。点击“编辑”按钮，根据上述资料选择和输入相关信息（见图 10-8）。

（3）单击“确认”按钮并保存设置。

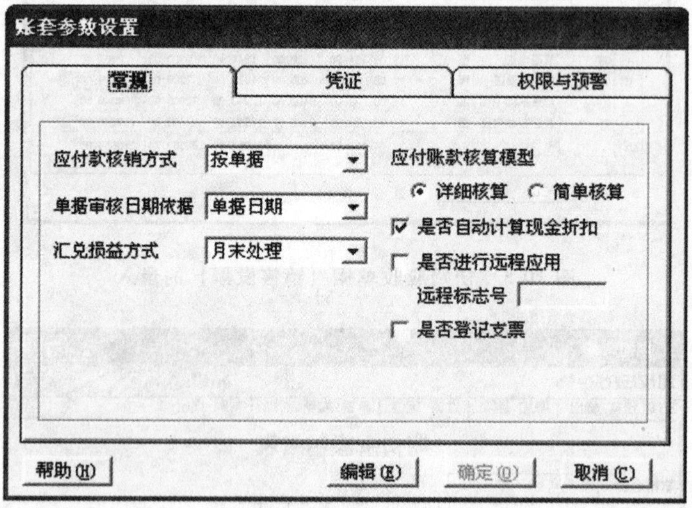

图 10-8　应付款管理系统参数设置

2. 初始设置

（1）在应付款管理系统窗口中，单击“设置”→“初始设置”命令，进入“初始设置”窗口（见图 10-9）。

（2）设置应付款管理相关科目。这些科目用于根据应付款系统的单据生成记账凭证

时自动产生入账科目所用。"基本科目"适用于所有供应商或产品对象，"控制科目"或
"产品科目"用于指定特定供应商或特定产品所对应的入账科目。"结算方式"用于指定
应付款系统收付款项时所涉及的入账科目。根据表 10-7 进行设置。

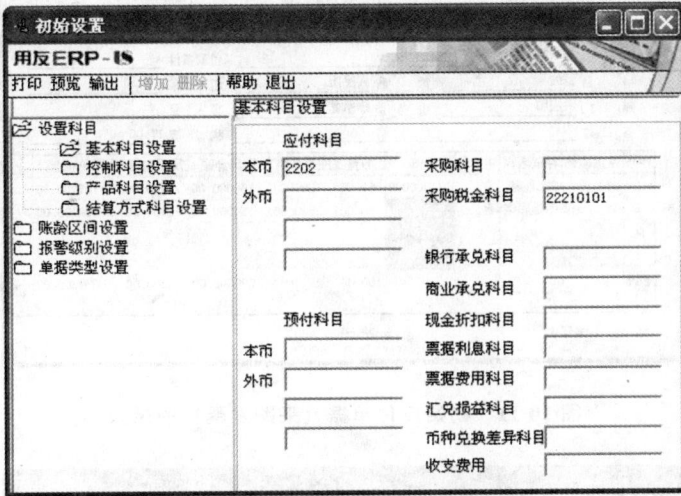

图 10-9　应付款系统相关科目设置

（3）坏账准备、账龄区间、报警级别和单据类型设置与应收系统基本相同。

3．录入初始余额——即期初尚未结算或核销的应付或预付款单据

（1）在应付款管理系统窗口中，单击"设置"→"期初余额"命令，首先弹出查询
查询条件对话框，无需输入任何内容，点击"确认"按钮进入"初始余额"窗口（图
10-10）。

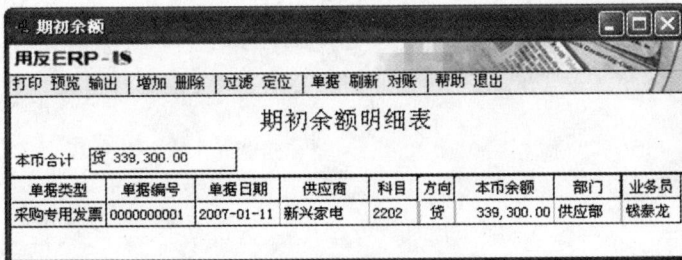

图 10-10　应付款期初余额

（2）录入期初未付款发票。在"初始余额"窗口点击"增加"按钮，弹出"单据类
别"选择窗口，选择"采购发票"→"采购专用发票"→"正向"，点击"确认"进入
发票编辑窗口，按表 10-8 内容输入发票内容（见图 10-11），完成后点击"保存"。

（3）期初对账。所有期初单据录入后，在期初余额窗口点击"对账"按钮，可以检
查应付款管理系统单据期初余额与总账系统科目期初余额是否相符，如图 10-12 所示。

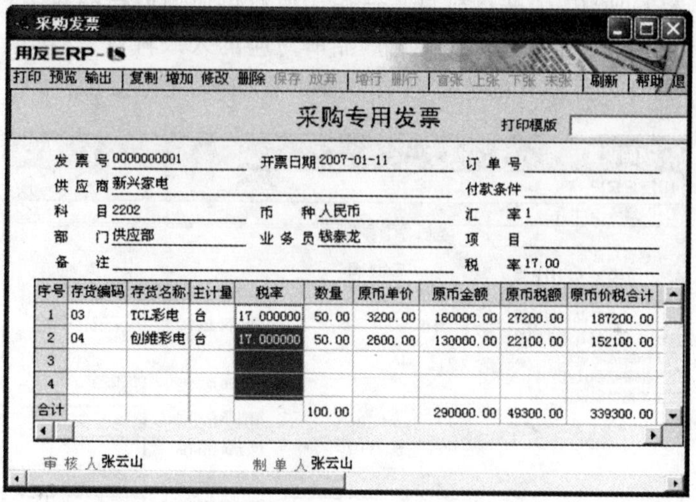

采购发票

用友ERP-U8

打印 预览 输出 | 复制 增加 修改 删除 保存 放弃 | 增行 删行 | 首张 上张 下张 末张 | 刷新 | 帮助 退

采购专用发票 打印模版

发票号 0000000001 开票日期 2007-01-11 订单号

供应商 新兴家电 付款条件

科目 2202 币种 人民币 汇率 1

部门 供应部 业务员 钱泰龙 项目

备注 税率 17.00

序号	存货编码	存货名称	主计量	税率	数量	原币单价	原币金额	原币税额	原币价税合计
1	03	TCL彩电	台	17.000000	50.00	3200.00	160000.00	27200.00	187200.00
2	04	创维彩电	台	17.000000	50.00	2600.00	130000.00	22100.00	152100.00
3									
4									
合计					100.00		290000.00	49300.00	339300.00

审核人 张云山 制单人 张云山

图 10-11 初始应付单据（采购发票）的录入

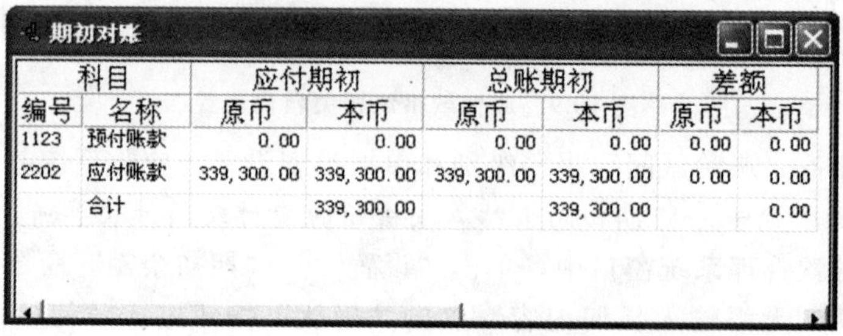

期初对账

科目		应付期初		总账期初		差额	
编号	名称	原币	本币	原币	本币	原币	本币
1123	预付账款	0.00	0.00	0.00	0.00	0.00	0.00
2202	应付账款	339,300.00	339,300.00	339,300.00	339,300.00	0.00	0.00
	合计		339,300.00		339,300.00		0.00

图 10-12 应付款期初对账

第❶❶章

供应链（购销存）管理系统初始设置

第一节　基本知识与方法

一、供应链各子系统概述

（一）采购管理

采购管理系统对采购业务的全部流程进行管理，提供请购、订货、到货、入库、开票、采购结算的完整采购流程，用户可根据实际情况进行采购流程的定制。

（二）销售管理

销售管理是供应链的重要组成部分，提供了报价、订货、发货、开票的完整销售流程，支持普通销售、委托代销、分期收款、直运、零售、销售调拨等多种类型的销售业务，并可对销售价格和信用进行实时监控。

（三）库存管理

库存管理是供应链的重要产品，能够满足采购入库、销售出库、产成品入库、材料出库、其他出入库、盘点管理等业务需要，提供仓库货位管理、批次管理、保质期管理、出库跟踪入库管理、可用量管理等全面的业务应用。

（四）存货核算

存货核算是用友管理软件的主要组成部分，从资金的角度管理存货的出入库业务，主要用于核算企业的入库成本、出库成本、结余成本。反映和监督存货的收发、领退和保管情况；反映和监督存货资金的占用情况。

二、启用采购、销售、库存、存货核算系统

供应链管理包括采购、销售、库存、存货等子系统，应收、应付核算系统的核心功能是处理销售与采购过程的应收应付款项，因此也是整个供应链系统的一个重要组成部分。各子系统在正式使用前应该确认系统启用。系统启用功能的进入有两种途径：（1）用户创建一个新账套后，自动进入系统启用界面，用户可以一气呵成地完成创建账套和系统启用；（2）由企业门户→"基础信息"→"基本信息"进入，作系统启用的设置。

选择要启用的系统，在方框内打钩，只有系统管理员和账套主管有系统启用权限；在启用会计期间内输入启用的年、月数据；用户按"确认"按钮后，保存此次的启用信息，并将当前操作员写入启用人。

三、供应链（购销存）各子系统初始设置

（一）系统参数设置

系统选项也称为系统参数、业务处理控制参数，是指企业（单位）在业务处理过程中所使用的各种控制参数，系统参数的设置将决定用户使用系统的业务流程、业务模式、数据流向。

1. 采购管理
采购选项设置包括业务及权限控制、公共用参照控制和采购预警和报警。
2. 销售管理
销售选项包括业务控制、其他控制、信用控制、可用量控制、价格管理。
3. 库存管理
库存选项包括通用设置、专用设置、可用量控制、可用量检查。
4. 存货核算
存货选项包括核算方式、控制方式、最高最低控制。

（二）供应链管理系统基础信息设置

1. 分类信息设置
U8 系统应用了多种分类信息，如地区分类、客户分类、供应商分类、存货分类等，这些信息是整个系统的共享信息。由于前面的多个子系统已经设置并应用了这些信息，因此供应链各子系统也将沿用这些信息。
2. 编码档案设置
U8 系统也应用了多种编码档案或目录信息，如外币目录、会计科目、部门目录、客户目录、供应商目录、结算方式、职员档案、仓库目录、存货目录、计量单位等等。

这些信息也是整个系统的共享信息。其中大部分在前述的多个子系统已经设置并应用，因此供应链各子系统也将沿用已经设置的档案目录信息。在此需进一步设置的是供应链各子系统专用的目录信息，主要包括：

（1）存货档案。用户可以新建存货档案、管理存货档案，建立存货档案之前，必须已经建立存货分类。存货档案含基本页、成本页、控制页、其他页和自定义项。

（2）仓库档案。存货一般是用仓库来保管的，对存货进行核算管理，首先应对仓库进行管理，因此进行仓库设置是业务系统的重要基础准备工作之一。

（3）仓库存货对照表。本功能用于设置企业各仓库所能存放的存货或存货所能存放的仓库。

（4）计量单位。收发类别设置，是为了用户对存货的出入库情况进行分类汇总统计而设置的，表示存货的出入库类型，用户可根据各单位的实际需要自由、灵活地进行设置。

（5）收发类别。计量单位组分无换算、浮动换算、固定换算 3 种类别。

（6）采购类型。采购类型是企业对其采购业务的不同分类，主要是为了按照不同的采购类型进行统计的需要。采购类型不分级次，企业可以根据实际需要进行设立。

（7）付款条件。付款条件也叫现金折扣，是指供应商为了鼓励用户偿还货款而允诺在一定期限内给予的规定的折扣优待。

（8）发运方式。用户在处理采购业务或销售业务中的运输方式时，应先行在本功能中设定这些运输方式，如空运、海运、公路运输、铁路托运等。

（9）销售类型。销售类型可以包括一般销售业务、外币销售业务、现金销售业务、委托代销业务、分期收款销售业务、售后退货业务、材料销售业务、集团内部销售业务、零售业务、先发货后开发票销售业务、直接开发票销售业务、包装物租借等。

（三）供应链管理系统初始数据录入

1. 期初存货（库存管理、存货核算系统）

（1）期初数据或期初结存的录入。在库存管理子系统和存货核算子系统中分别录入各种存货的期初结存数。两个子系统分开录入期初结存数据，库存管理子系统和存货核算子系统就可分别先后启用，即允许先启存货再启库存或先启库存再启存货。库存的期初数据可与存货核算的期初数据不一致，系统提供两边互相取数和对账的功能。

（2）期初差异/差价。存货核算系统中按计划价或售价核算出库成本的存货都应有期初差异账或差价账，初次使用时，应先输入此存货的期初差异余额或期初差价余额。

（3）库存子系统与存货子系统期初对账。用于库存管理系统与存货核算系统进行期初对账，是两者一致，确保数据的正确性。

（4）期初记账。期初数据录入后，执行期初记账后，系统把期初差异分配到期初单据上，并把期初单据的数据记入存货总账、存货明细账、差异账、委托代销/分期收款发出商品明细账，期初记账后，用户才能进行日常业务、账簿查询、统计分析等操作。如果期初数据有错误，可以取消期初记账，修改期初数据，重新执行期初记账。存货期初数据录入完毕，必须期初记账后，才能开始日常业务核算，未记账时，允许进行单据录入、账表查询。

2. 在途采购（采购管理）

采购管理系统存在期初在途数据，期初在途数据是指系统启用前采购货物尚未运达企业，但发票已经收到，对这些货物，可先录入期初采购发票，表示企业的在途物资，待货物运达后，再办理采购结算。

采购管理系统期初数据输入后，应进行期初记账，在"设置"菜单点击"采购期初记账"即可。注意：在执行期初记账功能前录入的是期初发票，即期初在途物资；期初记账后，录入的则为本期业务。

3. 发出商品（销售管理）

初次使用"销售管理"时，应先输入"销售管理"的期初数据。期初发货单可处理建账日之前已经发货、出库，尚未开发票的业务。期初单据审核后有效，在月末结账时记入有关销售账中。

第二节　上机实验

一、实验目的

准确启用供应链各个系统，并对各个系统的系统初始参数及相关基础信息进行准确无误的设置，设置完毕后输入各个系统的期初数据，并对初始数据进行对账处理和期初记账处理。

二、实验内容

1. 设置采购系统参数；
2. 设置销售系统参数；
3. 设置库存系统参数；
4. 设置存货系统参数；
5. 设置基础信息；
6. 录入各个系统初始数据；
7. 期初对账与记账。

三、实验资料

1. 各种共享的分类信息

比如地区分类、客户分类、供应商分类、存货分类等等，这些都是整个系统的共享信息。由于前面的多个子系统已经设置并应用了这些信息，因此在供应链各子系统也将沿用这些信息，无需进一步设置。

2. 各种共享的档案和目录信息

比如外币目录、会计科目、部门目录、客户目录、供应商目录、结算方式、职员档案等，这些信息也是整个系统的共享信息。其中大部分在前述的多个子系统已经设置并应用，因此供应链各子系统也将沿用已经设置的档案目录信息。在此需进一步设置的是供应链各子系统专用的目录信息，主要包括仓库档案、收发类别、采购类型、销售类型等。

3. 供应链特有的目录信息

有些目录信息在前述各子系统并不使用，而只在供应链各子系统使用的信息。这些信息主要有：

（1）仓库档案见表 11-1。

表 11-1　仓库档案

仓库编码	仓库名称	计价方式
1	家电库	全月平均法
2	电话库	先进先出法

（2）收发类别见表 11-2。

表 11-2　收发类别

收发类别	收发类别名称	收发标志
1	采购入库	收
2	销售出库	发
3	其他出库	发
301	盘亏出库	收
302	捐赠出库	发

（3）采购类型见表 11-3。

表 11-3　采购类型

采购类型编码	采购类型名称	入库类别	是否默认值
1	普通采购	采购入库	是

（4）销售类型见表 11-4。

表 11-4　销售类型

销售类型编码	销售类型名称	出库类别	是否默认值
1	普通销售	销售出库	是

（5）存货分类：见表 11-5。

表 11-5　存货分类

存货类别编码	存货类别名称
1	家电产品
101	冰箱
102	彩电
2	通信产品
201	固话小灵通
202	手机

（6）计量单位组：见表 11-6。

表 11-6　计量单位组

计量单位组	计量单位组名称	计量单位组类别
01	独立单位组	无换算

（7）计量单位：见表 11-7。

表 11-7　计量单位

计量单位组	计量单位组名称	计量单位组类别
01	台	独立单位组
02	部	独立单位组

（8）存货档案：见表 11-8。

表 11-8　存货档案

存货编码	存货名称	所属分类	主计量单位	税率	存货属性
01	澳柯玛冰箱	101	台	17%	外购.销售
02	春兰冰箱	101	台	17%	外购.销售
03	TCL 彩电	102	台	17%	外购.销售
04	创维彩电	102	台	17%	外购.销售
05	信诺电话	201	部	17%	外购.销售
06	华为小灵通	201	部	17%	外购.销售
07	联想移动电话	202	部	17%	外购.销售
08	索爱移动电话	202	部	17%	外购.销售

4. 采购管理子系统参数

表 11-9　采购管理子系统参数设置

系统参数	设置值
普通业务必有订单	不选
启用受托代销	不选
是否允许超订单到货及入库	不选
单价录入方式	手工录入
各种数据权限和金额权限控制	不选
最高进价控制口令	不选
其他参数	默认系统设置

5. 销售管理子系统参数

表 11-10　销售管理子系统参数设置

系统参数	设置值
是否有零售日报业务	不选
是否有委托代销业务	不选
是否有销售调拨业务	不选
是否有分期收款业务	选中
是否有直运销售业务	选中
普通销售必有订单	不选
直运销售必有订单	不选
分期收款必有订单	不选
是否销售生成出库单	不选
各种数据权限控制	不选
新增发票默认	参照发货单生成
是否有最低售价控制	有，口令：01
其他参数	默认系统设置

6. 库存管理子系统系统参数

表 11-11　库存管理子系统参数设置

系统参数	设置值
有无组装拆卸业务	不选
有无形态转换业务	不选
有无委托代销业务	不选
有无受托代销业务	不选
有无成套件管理	不选
有无批次管理	不选
有无保质期管理	不选
是否库存生成销售出库单	选中
各种数据权限控制	不选
其他参数	默认系统设置

7. 存货核算子系统系统参数

表 11-12　存货核算子系统参数设置

系统参数	设置值
核算方式	按仓库核算
暂估方式	单到回冲
销售成本核算方式	按销售出库单核算
受托代销业务	不选
成套件管理	不选
各种数据权限控制	不选
其他参数	默认系统设置

8. 存货基础科目

存货科目和分期收款发出商品科目：各存货对应的存货科目均不输入，各存货对应的分期收款发出商品科目均为"1291 分期收款发出商品"，对方科目见表 11-13。

表 11-13　存货对方科目设置

收发类别	对方科目	收发类别	对方科目
采购入库	1201	盘亏出库	191101
销售出库		捐赠出库	5601

9. 库存期初数据

表 11-14　存货期初数据

仓库名称	存货名称	数量	金额
家电库	澳柯玛冰箱	170	350987.95
家电库	春兰冰箱	168	263199.86
家电库	TCL 彩电	170	522750
家电库	创维彩电	182	462928.8
电话库	信诺电话	90	7500.2
电话库	华为小灵通	130	13433.4
电话库	联想移动电话	90	183 000.20
电话库	索爱移动电话	111	337 814.80

四、实验指导

（一）系统初始设置

1. 采购管理系统参数设置

（1）单击"开始"→"程序"→"用友 ERP－U8"→"供应链"→"采购管理"菜单，以账套主管的身份，选择"899 宏远家电有限公司"账套，系统弹出"采购管理"窗口。

（2）单击"设置"→"采购选项"命令，进入"采购系统选项设置"编辑窗口，根据表 11-9 选择和输入相关信息。

（3）单击"确认"按钮并保存设置。

2. 销售管理系统初始设置

（1）单击"开始"→"程序"→"用友 ERP－U8"→"供应链"→"销售管理"菜单，以账套主管的身份，选择"899 宏远家电有限公司"账套，系统弹出"销售管理"窗口。

（2）单击"设置"→"销售选项"命令，进入"销售系统选项设置"编辑窗口，根据表 11-10 选择和输入相关信息。

（3）单击"确认"按钮并保存设置。

3. 库存管理系统初始设置

（1）单击"开始"→"程序"→"用友 ERP－U8"→"供应链"→"库存管理"菜单，以账套主管的身份，选择"899 宏远家电有限公司"账套，系统弹出"库存管理"窗口。

（2）单击"设置"→库存选项"命令，进入"库存系统选项设置"编辑窗口，根据表 11-11 选择和输入相关信息。

（3）单击"确认"按钮并保存设置。

4. 存货核算系统初始设置

（1）单击"开始"→"程序"→"用友 ERP－U8"→"供应链"→"存货核算"菜单，以账套主管的身份，选择"899 宏远家电有限公司"账套，系统弹出"存货核算"窗口。

（2）单击"设置"→"存货核算选项"命令，进入"存货核算系统选项设置"编辑窗口，根据表 11-12 选择和输入相关信息。

（3）单击"确认"按钮并保存设置。

（二）系统基础信息设置

系统基础信息录入有两种方式，一是在"U8 门户"中的"基础信息"中的"基础档案"功能中把各个系统的基础信息档案录入，二是分别登录各个系统进行设置。我们介绍第二种方式。系统中的基础信息如在其他系统已经设置完成，在进入具体基础信息设置窗口就是查看信息，而不需要输入，基础档案数据在各个系统中共享。本例仅需要录入供应链各子系统特定的基础信息。

1. 录入采购管理的采购类型

（1）单击"开始"→"程序"→"用友 ERP－U8"→"供应链"→"采购管理"菜单，以账套主管或"03——张云山"的身份，选择"899 宏远家电有限公司"账套，系统弹出"采购管理"窗口。

（2）单击"设置"→"其他设置"根据表 11-3 设置采购类型（见图 11-1）。

2. 录入销售管理的销售类型

（1）单击"开始"→"程序"→"用友 ERP－U8"→"供应链"→"销售管理"菜单，以账套主管或"03——张云山"的身份，选择"899 宏远家电有限公司"账套，系统弹出"销售管理"窗口。

（2）单击"设置"→"其他设置"根据表 11-4 设置销售类型（见图 11-2）。

3. 录入库存管理和存货核算系统的基础信息

库存管理和存货核算系统特定基础信息主要包括存货、计量单位、仓库、收发类别等，既可在"库存管理"系统设置，也可在"存货核算"系统设置。

（1）单击"开始"→"程序"→"用友 ERP－U8"→"供应链"→"库存管理"或"存货核算"菜单，以账套主管"01——刘洪涛"的身份，选择"899 宏远家电有限公司"账套，进入"库存管理"或"存货核算"窗口。

（2）设置存货分类：单击"设置"→"分类体系"→"存货分类"，根据表 11-5 设

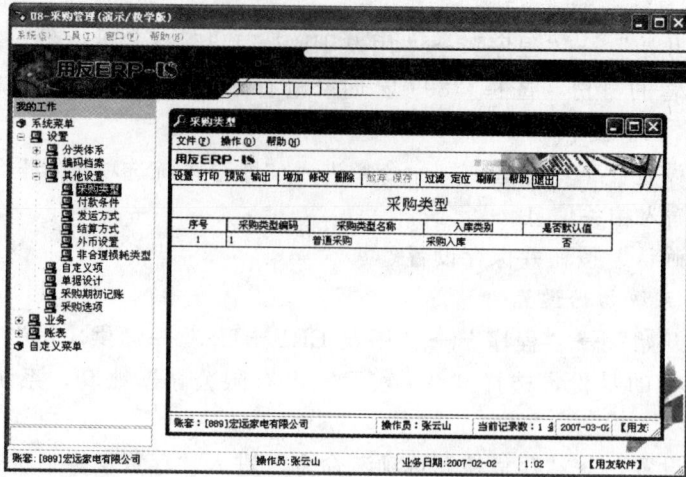

图 11-1　设置采购类型

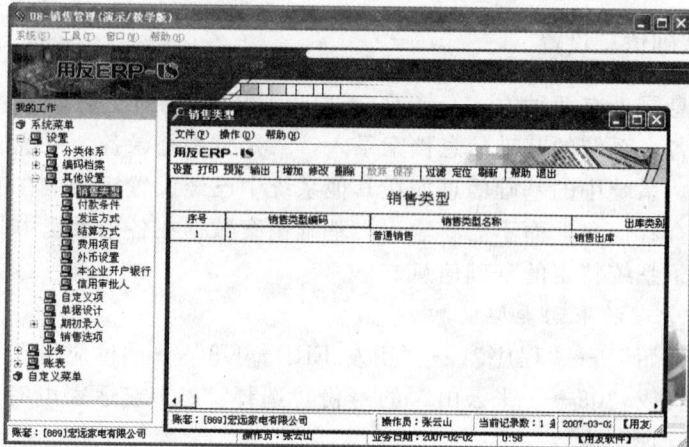

图 11-2　设置销售类型

置存货分类（图 11-3）。

（3）设置计量单位组：单击"设置"→"基础档案"→"计量单位"，打开计量单位设置窗口。首先设置计量单位组：点击"分组"按钮，打开"计量单位分组"设置窗口，增加"独立单位组"，如图 11-4 所示。

（4）设置计量单位：在计量单位设置窗口中，点击"单位"按钮，打开"计量单位设置"窗口，增加两种计量单位，如图 11-5 所示。

（5）单击"设置"→"基础档案"→"存货"，根据表 11-8 设置存货档案如图 11-6。

（6）单击"设置"→"基础档案"→"仓库"，根据表 11-1 设置两个仓库如图，11-7。

（7）单击"设置"→"基础档案"→"收发类别"，根据表 11-2 设置存货收发类

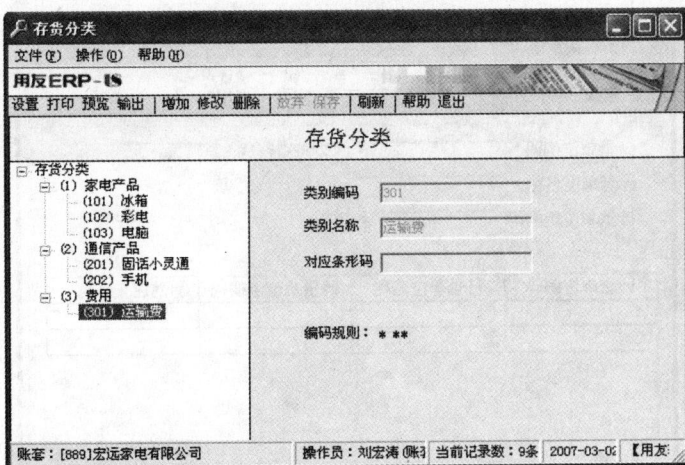

图 11-3　存货类别设置

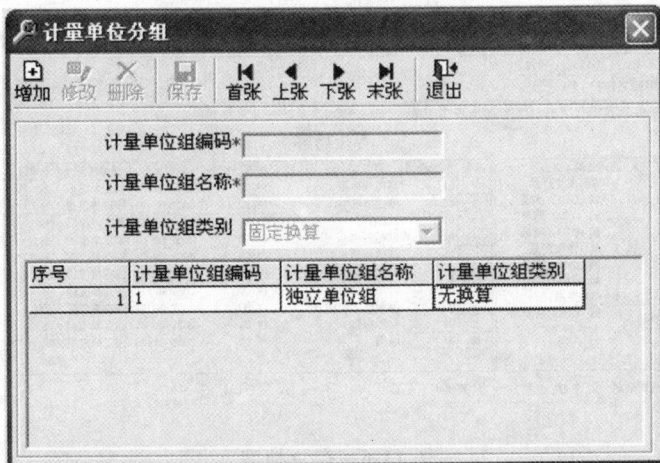

图 11-4　计量单位分组

别，如图 11-8。

（8）存货核算相关科目设置：在存货核算系统中，单击"设置"→"初始设置"→"科目设置"，根据表 11-13 设置存货科目、对方科目、税金科目结算科目等。

（三）系统初始数据录入及期初对账记账

1. 采购管理

采购管理系统的期初数据包括期初暂估数据、期初在途数据及期初受托代销数据，这些数据必须在期初记账前录入。包括期初暂估入库、期初在途数据等。本实例没有期初在途事项，因此无需录入。

2. 销售管理

账簿都应有期初数据，以保证其数据的连贯性。初次使用时，应先输入"销售管理"的期初数据。主要通过"期初发货单"处理建账日之前已经发货、出库，尚未开发

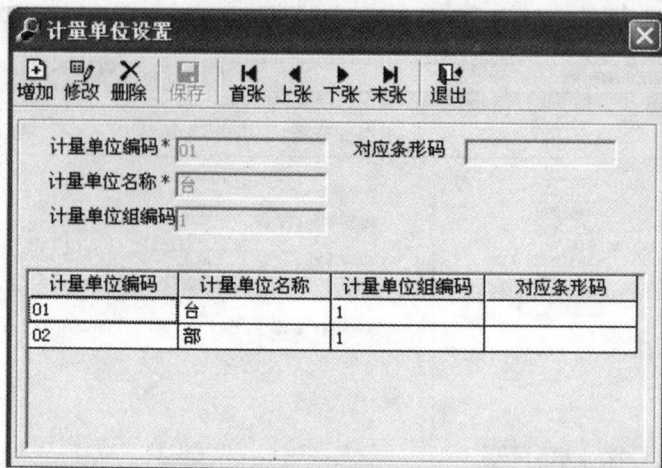

图 11-5　计量单位设置

图 11-6　存货档案

票的业务，包括普通销售、分期收款发货单。本实例没有期初发货单事项，因此无需录入。

3. 库存管理系统期初结存的录入

（1）打开"库存管理"→"初始设置"→"期初数据"→"期初结存"，进入期初结存窗口（图 11-9）。

（2）选择仓库。按"修改"按钮进行录入状态，按"选择"按钮选择存货，或按"增行"按钮增加存货，按"删行"按钮删除当前行，按"保存"按钮保存记录。

（3）审核：每一个仓库的每一种库存都需要审核，即每种存货输入后均需经过。可审核、弃审。

（4）库存与存货期初对账。"库存管理"和"存货核算"的期初数据分别录入处理，将"库存管理"的期初数据与"存货核算"相同月份的期初数据核对，并显示核对不上的数据。

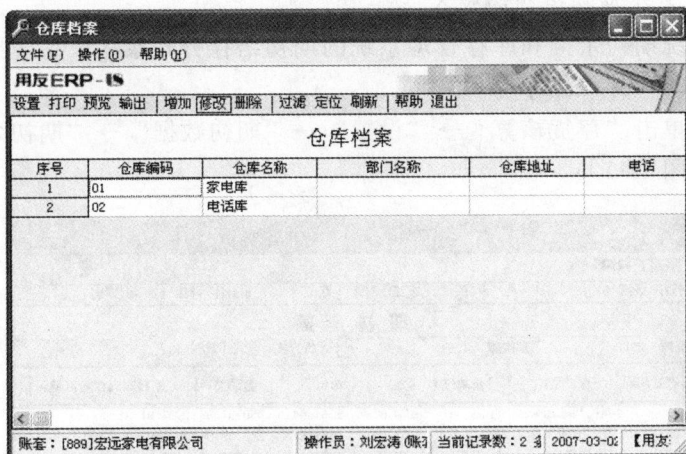

图 11-7 仓库设置

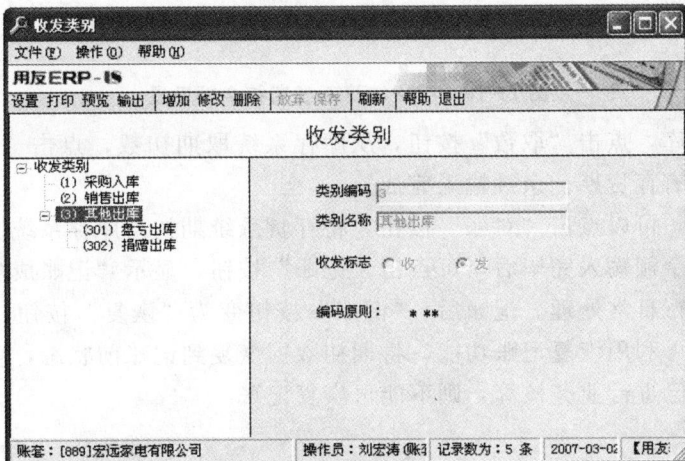

图 11-8 收发类别设置

图 11-9 "库存系统"期初结存

4. 存货核算系统期初余额的录入

存货核算系统期初余额和库存管理系统的期初结存分开录入。系统提供两边互相取数和对账的功能。

（1）用鼠标单击"存货核算"→"设置"→"期初数据"→"期初余额"进入期初余额设置窗口（图 11-10）。

图 11-10　存货核算系统期初余额设置

（2）选择仓库，点击"取数"按钮，从库存系统取期初数，点击"保存"。依次选择不同仓库将所有存货期初余额输入完成。

（3）保存后，可以点击"对账"按钮，将存货系统期初与库存系统期初进行对账。

（4）当期初余额输入完毕后，可点击"记账"按钮，显示"记账成功"后点击"确定"用户可以进行日常处理。记账后，"记账"按钮变为"恢复"按钮。如果发现期初余额有错误，则可利用恢复记账功能，将期初数据恢复到记账前状态，重新输入或修改期初数据。如果已进行业务核算，则不能再恢复记账。

第 12 章

供应链管理系统日常处理

第一节　基本知识与方法

一、采购业务处理的基本流程

（一）普通采购的处理

（1）请购部门填制采购请购单。

（2）采购部门根据采购请购单进行比价。

（3）采购部门填制采购订单。

（4）采购部门将采购订单发送给供应商，供应商进行送货。

（5）货物到达企业后，对收到的货物进行清点，参照采购订单填制采购到货单。

（6）经过仓库的质检和验收，参照采购订单或采购到货单填制采购入库单。

（7）取得供应商的发票后，采购部门填制采购发票。

（8）采购部门进行采购结算。

（9）将采购入库单报财务部门的成本会计进行存货核算，将采购发票等票据报应付账会计进行应付账款核算。

（二）付现采购的处理

直接现金交易的采购业务。在这种业务的处理中，现购采购发票默认作为一种付款依据，不需要传递到应付系统形成应付账款。

现付业务指在采购业务发生时，立即付款开发票。在实际业务中当采购员在采购取得货物的同时将货款先行垫付，这时需将款项直接支付给本单位的采购人员。在采购发票保存后就可以进行现付款处理，已审核的发票不能再做现付处理。

（三）采购退货的处理

红字入库单是采购入库单的逆向单据。在采购业务活动中，如果发现已入库的货物因质量等因素要求退货，则对普通采购业务进行退货单处理。

如果发现已审核的入库单数据有错误（多填数量等），可以原数冲回，即将原错误的入库单，以相等的负数量填制红字入库单，冲抵原入库单数据。

（四）受托代销

受托代销是一种先销售后结算的采购模式，指其他企业委托本企业供销其商品，代销商品的所有权仍归委托方；代销商品销售后，本企业与委托方进行结算，开具正式的销售发票，商品所有权转移。

受托代销可以节省商家的库存资金、降低经营风险。适应于有受托代销业务的商业企业，如连锁超市、大型仓储超市等。只有在建账套时，"企业类型"选择为"商业"，系统才能处理受托代销业务。

受托代销业务流程：

（1）双方签订供销合同，其中用户为受托方，供货商为委托方，用户录入采购订单。

（2）委托方发货、受托方收货，采购部门填制受托代销到货单。

（3）用户仓库办理入库手续，填制受托代销入库单。

（4）受托方售出代销商品后，手工开具代销商品清单交委托方，委托方开具手工发票。

（5）受托方通过受托代销结算，系统自动生成受托代销发票和受托代销结算单。

二、销售业务处理的基本流程

（一）普通销售业务的处理流程

普通销售业务根据"发货－开票"的实际业务流程不同，可以分为两种业务模式。系统在处理两种业务模式的流程不同，但允许两种流程并存。系统判断两种流程的最本质区别是先录入发货单还是先录入发票。先发货后开票模式，即先录入发货单。开票直接发货模式，即先录入发票。流程如下：

（1）销售部门制定销售计划。

（2）销售人员按照销售计划，与客户签订销售合同或协议。

（3）销售部门根据销售协议填制销售订单。

（4）销售部门参照销售订单填制销售发货单。

（5）仓库部门参照销售发货单填制销售出库单。

（6）销售部门根据销售发货单填制发票。

（7）将销售发票传到财务部门进行收款结算。

此外，普通销售单据流程具体有两种：

（1）先发货：参照销售订单生成发货单，参照发货单生成出库单、发票。

（2）先开票：参照销售订单生成发票，发票复核时生成发货单、出库单。

（二）现结销售的处理

现结是在款货两讫的情况下，在销售结算的同时向客户收取货币资金。

在销售发票、销售调拨单、零售日报等收到货款后可以随时对其单据进行现结处理，现结操作必须在单据复核操作之前。一张销售单据可以全额现收，也可以部分现收。

（三）销售退货的处理

销售退货业务是指客户因货物质量、品种、数量等不符合要求而将已购货物退回本企业的业务。退货单是发货单的红字单据，可以处理客户的退货业务。退货单也可以处理换货业务，货物发出后客户要求换货，则用户先按照客户要求退货的货物开退货单，然后再按照客户所换的货物开发货单。

（四）委托代销业务

委托代销业务，指企业将商品委托他人进行销售但商品所有权仍归本企业的销售方式，委托代销商品销售后，受托方与企业进行结算，并开具正式的销售发票，形成销售收入，商品所有权转移。

只有库存管理与销售管理集成使用时，才能在库存管理中应用委托代销业务。委托代销业务只能先发货后开票，不能开票直接发货。

委托代销业务流程如下：

（1）销售部门制定销售计划，销售人员按照销售计划，签订委托代销合同或协议。

（2）销售部门根据委托代销协议填制委托代销发货单并审核。

（3）销售部门通知仓库备货，根据生成的销售出库单出库。

（4）客户（受托方）对货物进行接收。

（5）受托方售出代销商品后，开具售出清单。

（6）销售部门根据客户的售出清单开具委托代销结算单。

（7）结算单审核后系统自动生成销售发票。

（8）销售发票传递到应收款管理，进行收款结算。

（五）直运业务

直运业务是指产品无需入库即可完成购销业务，由供应商直接将商品发给企业的客户；结算时，由购销双方分别与企业结算。

直运业务包括直运销售业务和直运采购业务，没有实物的出入库，货物流向是直接从供应商到客户，财务结算通过直运销售发票、直运采购发票解决。直运业务适用于如大型电器、汽车、设备等产品的销售。在订单非必有模式下，可分为两种情况：有直运销售订单，则必须按照"必有订单直运业务"的单据流程进行操作。没有销售订单，直运采购发票和直运销售发票可互相参照。

必有订单直运业务的单据流程：

（1）用户录入直运销售订单。

（2）直运采购订单必须参照直运销售订单生成，可以拆单不能拆记录，即每行销售订单记录只能被采购订单参照一次。

（3）直运采购发票参照直运采购订单生成。

（4）直运销售发票参照直运销售订单生成。

（五）分期收款

分期收款发出商品业务类似于委托代销业务，货物提前发给客户，分期收回货款，收入与成本按照收款情况分期确认。分期收款销售的特点是：一次发货，当时不确认收入，分次确认收入，在确认收入的同时配比性地转成本。分期收款单据流程：

（1）购销双方签订分期收款销售合同。

（2）用户的销售部门发货，仓库部门出货。

（3）客户交来部分销售款，部分确认收入、按该次收入占总收入的比例转成本、部分核销应收款。

（4）直至全部收款，全部确认收入，全部结转成本，方可全部核销该笔分期收款销售业务。

三、库存管理系统业务处理

（一）入库处理

入库业务仓库收到采购或生产的货物，仓库保管员将验收货物的数量、质量、规格型号等，确认验收无误后入库，并登记库存账。

入库业务单据主要包括：采购入库单、产成品入库单、其他入库单。

1. 采购入库单

采购入库单是根据采购到货签收的实收数量填制的单据。对于工业企业，采购入库单一般指采购原材料验收入库时所填制的入库单据。对于商业企业，采购入库单一般指商品进货入库时所填制的入库单据。

采购入库单按进出仓库方向分为：蓝字采购入库单、红字采购入库单；按业务类型分为：普通采购入库单、受托代销入库单（商业）。

红字入库单是采购入库单的逆向单据。在采购业务活动中，如果发现已入库的货物因质量等因素要求退货，则对采购业务进行退货单处理。

如果发现已审核的入库单数据有错误（多填数量等），也可以填制退货单（红字入库单）原数冲抵原入库单数据。原数冲回是将原错误的入库单，以相等的负数量填单。

2. 产成品入库单

对于工业企业，产成品入库单一般指产成品验收入库时所填制的入库单据。产成品入库单是工业企业入库单据的主要部分。只有工业企业才有产成品入库单，商业企业没有此单据。产成品一般在入库时无法确定产品的总成本和单位成本，所以在填制产成品入库单时，一般只有数量，没有单价和金额。

3. 其他入库单

其他入库单是指除采购入库、产成品入库之外的其他入库业务，如调拨入库、盘盈入库、组装拆卸入库、形态转换入库等业务形成的入库单。其他入库单一般由系统根据其他业务单据自动生成，也可手工填制。

（二）出库处理

仓库进行销售出库、材料出库。出库单据包括：销售出库单、材料出库单、其他出库单。

1. 销售出库单

销售出库单是销售出库业务的主要凭据，在"库存管理"用于存货出库数量核算，在"存货核算"用于存货出库成本核算（如果"存货核算"销售成本的核算选择依据销售出库单）。

对于工业企业，销售出库单一般指产成品销售出库时所填制的出库单据。

对于商业企业，销售出库单一般指商品销售出库时所填制的出库单。

销售出库单按进出仓库方向分为：蓝字销售出库单、红字销售出库单；按业务类型分为：普通销售出库单、委托代销出库单、分期收款出库单。参见普通销售、委托代销业务、分期收款业务

2. 材料出库单

对于工业企业，材料出库单是领用材料时所填制的出库单据，当从仓库中领用材料用于生产时，就需要填制材料出库单。只有工业企业才有材料出库单，商业企业没有此单据。

3. 其他出库单

其他出库单指除销售出库、材料出库之外的其他出库业务，如调拨出库、盘亏出库、组装拆卸出库、形态转换出库、不合格品记录等业务形成的出库单。其他出库单一般由系统根据其他业务单据自动生成，也可手工填制。

（三）其他仓储业务处理

1. 调拨

库存业务中还有调拨业务，业务凭证是调拨单。调拨单是指用于仓库之间存货的转库业务或部门之间的存货调拨业务的单据。同一张调拨单上，如果转出部门和转入部门不同，表示部门之间的调拨业务；如果转出部门和转入部门相同，但转出仓库和转入仓

库不同，表示仓库之间的转库业务。

2. 盘点

为了保证企业库存资产的安全和完整，做到账实相符，企业必须对存货进行定期或不定期的清查，查明存货盘盈、盘亏、损毁的数量以及造成的原因，并据以编制存货盘点报告表，按规定程序，报有关部门审批。

经有关部门批准后，应进行相应的账务处理，调整存货账的实存数，使存货的账面记录与库存实物核对相符。

盘点时系统提供多种盘点方式，如按仓库盘点、按批次盘点、按类别盘点、对保质期临近多少天的存货进行盘点等等，还可以对各仓库或批次中的全部或部分存货进行盘点，盘盈、盘亏的结果自动生成其他出入库单。

四、存货核算系统业务处理

（一）单据处理

在不启用"库存管理子系统"的情况下，存货核算子系统可直接处理入库和出库单据，包括：采购入库单、产成品入库单、其他入库单、销售出库单、材料出库单、假退料单、其他出库单等。可对这些单据进行增加、修改、审核等操作。如已启用"库存管理子系统"，则这些单据交由"库存管理子系统"处理，本系统只能查看并做后续处理。

当然，除上述几种单据可能由两个子系统配合完成外，"调整单"却只由"存货核算"子系统进行处理。主要有以下几种调整单：

1. 入库调整单

出入库单据记账后，发现单据金额错误，如果是录入错误，通常采用修改方式进行调整。但有时遇到由于暂估入库后发生零出库业务等原因所造成的出库成本不准确或库存数量为零而仍有库存金额的情况时，只能使用入库调整单或出库调整单进行调整。

入库调整单是对存货的入库成本进行调整的单据，它只调整存货的金额，不调整存货的数量；它用来调整当月的入库金额，并相应调整存货的结存金额；可针对单据进行调整，也可针对存货进行调整。

2. 出库调整单

出入库单据记账后，发现单据金额错误，如果是录入错误，通常采用修改方式进行调整。但有时遇到由于暂估入库后发生零出库业务等原因所造成的出库成本不准确或库存数量为零而仍有库存金额的情况时，只能使用入库调整单或出库调整单进行调整。

出库调整单是对存货的出库成本进行调整的单据，它只调整存货的金额，不调整存货的数量；它用来调整当月的出库金额，并相应调整存货的结存金额；只能针对存货进行调整，不能针对单据进行调整。

3. 系统调整单

对于系统自动生成的出入库调整单，用户可进行修改。

4. 计划价/售价调整单

提供计划价/售价随时调整的功能，并于调整后自动计算调整差异/差价，同时记账。系统提供批量调价的功能。对于工业版存货核算系统，提供批量调整计划价的功能；对于商业版存货核算系统，提供批量调整售价的功能。

（二）单据记账

1. 正常单据记账

单据记账用于将用户所输入的单据登记存货明细账、差异明细账/差价明细账、受托代销商品明细账、受托代销商品差价账。

先进先出、后进先出、移动平均、个别计价这四种计价方式的存货在单据记账时进行出库成本核算；全月平均、计划价/售价法计价的存货在期末处理处进行出库成本核算。

2. 特殊单据记账

特殊单据记账主要功能是提供用户对组装单、调拨单、形态转换单进行成本计算，记入存货明细账的功能。

3. 恢复单据记账

恢复记账用于将用户已登记明细账的单据恢复到未记账状态。

（三）期末存货成本计算

1. 平均单价计算

系统提供用户随时了解全月平均单价的功能，包括以下两部分：计算本月未进行期末处理的全月平均单价，查询以前月份或本月已进行期末处理的全月平均单价。

2. 暂估成本录入

系统对于没有成本的采购入库单，进行暂估成本成批录入。

3. 结算成本处理

所谓存货暂估是外购入库的货物发票未到，在不知道具体单价时，财务人员期末暂时按估计价格入账，下月用红字予以冲回的业务。暂估结算处理：系统提供月初回冲、单到回冲、单到补差来处理暂估业务。依据用户在系统选项"暂估方式"中的选项进行处理。

4. 产成品成本分配

产成品成本分配表用于对已入库未记明细账的产成品进行成本分配，功能有：可随时对产成品入库单提供批量分配成本。可从"成本核算系统"取得成本，填入入库单，同时提供清除已分配的数据功能。产成品成本分配后可以恢复分配的数据。产成品成本分配表提供排序功能。

（四）凭证处理

1. 生成凭证

生成凭证用于对本会计月已记账单据生成凭证，并可对已生成的所有凭证进行查询显示；所生成的凭证可在账务系统中显示及生成科目总账。

2. 结算制单

在完成采购结算后，企业可以根据结算单编制凭证。

五、供应链各子系统月末结账

（一）采购管理子系统月末结账

采购管理子系统月末结账是逐月将每月的单据数据封存，并将当月的采购数据记入有关账表中。

采购管理子系统月末处理后，库存管理子系统、存货核算子系统、应付款管理子系统才能进行月末处理；如果采购管理子系统要取消月末处理，必须先取消库存管理子系统、存货核算子系统、应付款管理子系统月末结账。

（二）销售管理子系统月末结账

销售管理子系统的月末结账是将每月的销售单据逐月封存，并将当月的销售库数据记入有关账表中。

销售管理子系统月末处理后，库存管理子系统、存货核算子系统、应收款管理子系统才能进行月末处理；如果销售管理子系统要取消月末处理，必须先取消库存管理子系统、存货核算子系统、应收款管理子系统月末结账。

（三）库存管理子系统月末结账

库存管理子系统月末结账是将每月的出入库单据逐月封存，并将当月的出入库数据记入有关账表中。在手工会计处理中，都有结账的过程，在电算化会计处理中也有这一过程，以符合会计制度的要求。结账只能每月进行一次。结账后本月不能再填制单据。

（四）存货核算子系统月末结账

当存货核算日常业务全部完成后，可进行期末处理。其作用是：计算按全月平均方式核算的存货的全月平均单价及其本会计月出库成本。计算按计划价｜售价方式核算的存货的差异率/差价率及其本会计月的分摊差异/差价。对已完成日常业务的仓库、部门、存货做处理标志。

如果使用采购和销售系统，应在采购和销售系统作结账处理后才能进行。系统同样提供了恢复期末处理功能，但是在总账结账后将不可恢复。

【注意事项】

1. 月末结账之前用户一定要进行数据备份，否则数据一旦发生错误，将造成无法挽回的后果。

2. 结账为独享功能，与系统中所有功能的操作互斥，即在操作本功能前，应确定其他功能均已退出。在网络环境下,要确定本系统所有的网络用户退出了所有的功能。

　　3. 各子系统结账要注意先后顺序:先采购和销售子系统、再应收应付和库存子系统、然后存货核算子系统,最后才是总账系统结账。

第二节　上机实验——供应链业务处理

一、实验目的

　　了解供应链各个业务系统之间存在的内在联系,熟悉各种购销业务的操作流程、操作步骤和方法,准确完成日常业务处理。

二、实验内容

　　1. 销售管理日常业务处理;

　　2. 采购管理日常业务处理;

　　3. 库存管理日常业务处理;

　　4. 存货核算日常业务处理;

　　5. 销售应收款日常业务处理;

　　6. 采购应付款日常业务处理。

三、实验资料

　　2007 年 2 月份宏远公司业务资料如下:

　　1. 普通销售业务:有订单、一次发货、分发发票

　　(1) 2 月 5 日,销售部秦安安联系华阳宾馆订购澳柯玛冰箱 30 台,无税单价为 2 500 元,要求发货日期为 2 月 10 日。

　　(2) 2 月 10 日,销售部从家电库提货 30 台发给华阳宾馆,应客户要求开具两张专用发票,第一张发票数量为 20 台,第二张发票数量为 10 台。

　　(3) 财务部门根据发票确认收入及成本。

　　2. 现结销售业务:销售时收款、多次发货、汇总开票

　　(1) 2 月 11 日,销售部秦安安联系远大商店购买华为小灵通 20 部,无税单价 320 元,开发货单并由客户从电话库提货。

　　(2) 2 月 12 日,销售部秦安安联系远大商店购买创维彩电 30 台,无税单价 3 200 元,开发货单由客户从家电库提货。

　　(3) 2 月 12 日,根据以上两张发货单开具专用发票,客户直接以转账付款,支票号

为 0113546。

3. 普通销售业务：一次发货、分次出库

（1）2月15日，销售部秦安安联系向华阳宾馆出售春兰冰箱35台，无税单价3 400元，开发货单由客户从家电库提货，并开具专用发票一张。当日，华阳宾馆凭发货单从家电库提货20台。

（2）2月16日，华阳宾馆根据发货单再次从家电库提货15台。

4. 销售退货业务：开发票前退货

（1）2月18日，销售部秦安安联系远大商店购买联想移动电话15部，无税单价2 500元，开发货单从电话库提货发出。

（2）2月19日，因质量问题远大商店退回联想移动电话2部，无税单价2 500元。

（3）2月19日，为远大商店开票专用发票一张，数量为13部，无税单价2 500元。

5. 开票直接发货业务：开票自动生成发货单

2月20日，销售部秦安安联系销售部向华阳宾馆销售 TCL 彩电20台，开具专用发票一张，无税单价3 600元，货物由 TCL 彩电库发出。

6. 分次开票销售业务：一次出库、分期开票确认收入

（1）2月21日，采取分期付款方式向远大商店销售 TCL 彩电32台，无税单价3 500元，开发货单由 TCL 彩电库发出商品，货款分两次支付。

（2）2月22日开具专用发票一张，数量为32台，货款尚未收到。

（3）2月23日，远大商店送来转账支票一张，票号 0130102，金额65 520元，用以支付21日 TCL 彩电款。

7. 直运业务：有订单直运业务

（1）2月23日，华阳宾馆欲购买联想奔月2006型电脑40台，经协商以无税单价6 000元与公司签订订单，要求2月24日交货。

（2）2月23日，以5 000元无税单价与新强科技签订订单，并要求新强科技直接将货物发送给华阳宾馆。

（3）2月24日，新强科技将40台联想奔月2006型电脑发送给华阳宾馆，开具专用发票一张给销售部。

（4）2月24日，销售部根据销售订单开具专用发票一张。

8. 普通采购业务：单货同到、自动结算

2月25日，从新兴家电采购澳柯玛冰箱50台，无税单价2 200元，货到填制到货单货物验收后入库，收到专用发票一张，货款未付。

9. 现付业务：采购即付款、带运费发票、手工结算

2月26日，从新强科技采购华为小灵通20部，无税单价200，收到专用发票一张，货到直接入库，货款未付。同时收到运费发票一张，金额200元，税率7%，以转账支票支付运费200元，票号 ZZ1012351。

10. 采购退货：入库单已记账

2月27日，发现26日从新强科技采购的华为小灵通有10部存在质量问题，货已退回，并收到红字专用发票一张，无税单价200元。

11. 暂估入库：货到票未到

2月28日，采购部钱泰龙从新兴家电采购 TCL 彩电 15 台，货已入库，发票未到，对货物进行暂估，暂估价为3 100元。

12. 盘点业务：盘亏自动形成其他出库单

2月28日，对联想移动电话库进行盘点，结果发现缺少澳柯玛冰箱1台，价值2 400元。经查明，是因为意外被盗，应确认为营业外支出。

13. 2月28日，计算结转出库成本

14. 其他经济业务

(1) 2月28日，分配工资费用，并计提福利费、工会经费、职工教育费、公积金。

(2) 2月28日，计提本月折旧。

(3) 2月28日，计算汇总损益（月末汇率7.86）。

(4) 2月28日，结转本期损益。

(5) 2月28日，计提所得税。

(6) 2月28日，结转所得税至本年利润。

四、实验指导

(一) 第一笔业务：有订单、一次发货、分发开票的普通销售业务

业务内容：2月5日，销售部秦安安联系华阳宾馆订购澳柯玛冰箱30台，无税单价为2500元，要求发货日期为2月10日。2月10日，销售部从家电库提货30台发给华阳宾馆，应客户要求开具两张专用发票，第一张发票数量为20台，第二张发票数量为10台。财务部门根据发票确认收入及成本。

【操作步骤】

1. 录入、审核销售订单

(1) 在销售管理子系统中，选择"业务→销售订货｜销售订单"，出现销售订单窗口。单击"增加"按钮。

(2) 输入表头信息。输入订单日期"2007-2-5"；选择客户"华阳宾馆"；选择销售部门"销售部"；选择业务员"秦安安"。

(3) 输入表体信息。双击第一行存货编码，选择"澳柯玛冰箱"；输入数量30；输入无税单价2 500；输入预发货日期"2007-2-10"。

(4) 输入完毕后，单击"保存"按钮，然后单击"审核"按钮进行审核。如图12-1所示。

2. 填制并审核发货单

(1) 在销售管理子系统中，选择"业务｜发货｜发货单"，出现发货单窗口。单击"增加"按钮，自动出现选择发货单窗口。

(2) 在客户文本框中选择"华阳宾馆"，然后单击"显示"按钮，此时销售订单显示在订单列表中。

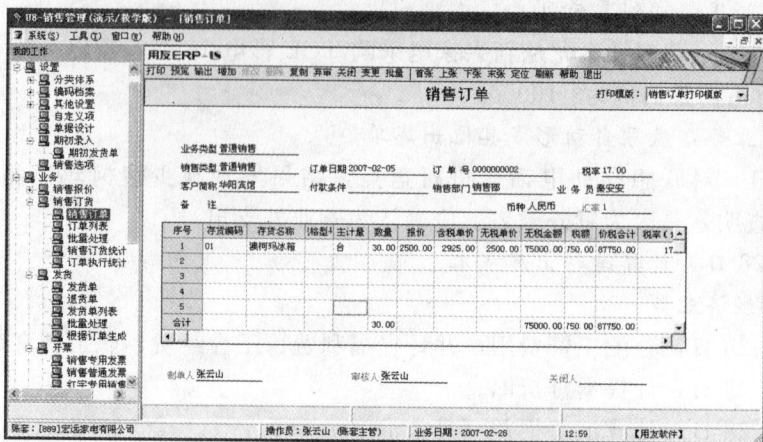

图 12-1 填制、审核销售订单

（3）在订单列表中单击订单行，选中刚才输入的订单，此时订单内容自动显示在下方列表中。如图 12-2 所示。

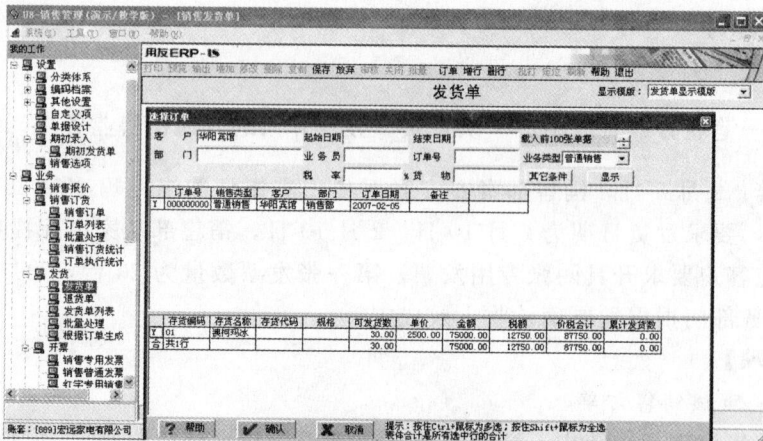

图 12-2 根据订单生成发货单

（4）单击澳柯玛冰箱行选中该货物，然后单击"确认"按钮，订单内容自动带到发货单上。

（5）在发货单表体第一行，双击仓库名称列，选择仓库"家电库"。

（6）单击"保存"按钮，再单击"审核"按钮。如图 12-3 所示。

3. 填制并复核销售发票

（1）在销售管理子系统中，选择"业务→开票→销售专用发票"，出现发票窗口。单击"增加"按钮，自动出现选择发货单窗口。

（2）在客户文本框中选择"华阳宾馆"，然后单击"显示"按钮，此时发货单显示在发货单列表中。

（3）在发货单列表中单击发货单行，选中刚才输入的发货单，此时发货单内容自动显示在下方列表中。如图 12-4 所示。

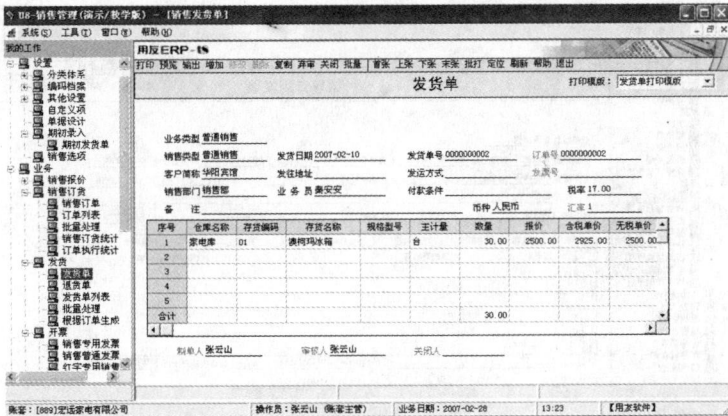

图 12-3　销售发货单

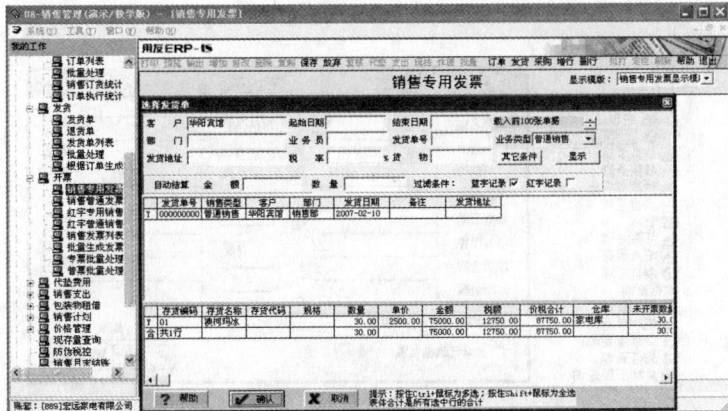

图 12-4　根据发货单生成销售发票

（4）单击澳柯玛冰箱行选中该货物，然后单击"确认"按钮，发货单内容自动带到发票上。

（5）输入开票日期"2007-2-10"，将发票数量修改为20，然后单击"保存"按钮，再单击"复核"按钮。如图 12-5 所示。

（6）输入第二张发票。单击"增加"按钮，按以上方法将发货单内容复制到发票上，此时发票数量自动显示为10。将开票日期设置为"2007-2-10"，然后单击"保存"按钮保存该发票，再单击"复核"按钮完成发票复核。

4．审核发票并制单

（1）在应收款管理子系统中，选择"日常处理｜应收单据处理｜应收单据审核"，出现单据过滤对话框。如图 12-6 所示。选择单据名称"销售发票"；选择单据类型"销售专用发票"；选择客户"华阳宾馆"；选择"未审核"选项。然后单击"确认"按钮，出现应收单据一览表。

（2）分别双击两张发票行的"选择"列选中这两张发票或单击"全选"按钮选择，然后单击"审核"按钮，对这两张发票进行审核，如图 12-7 所示，确定后退出。

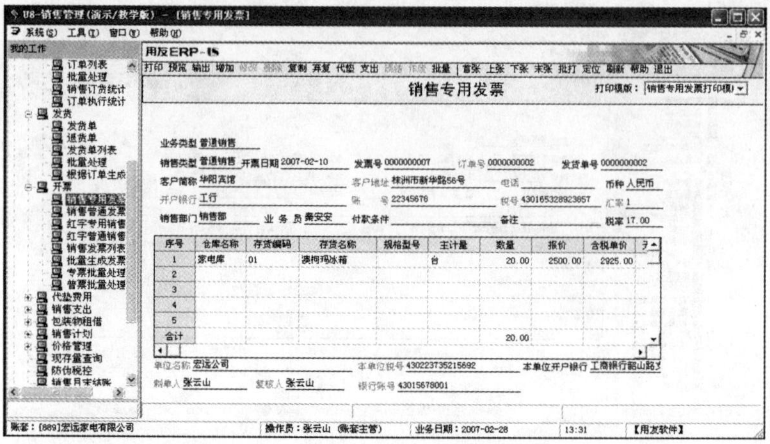

图 12-5　填制销售发票

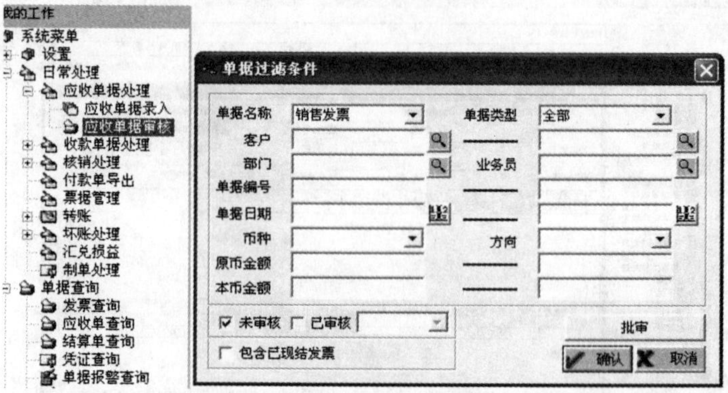

图 12-6　指定应收单据显示的范围

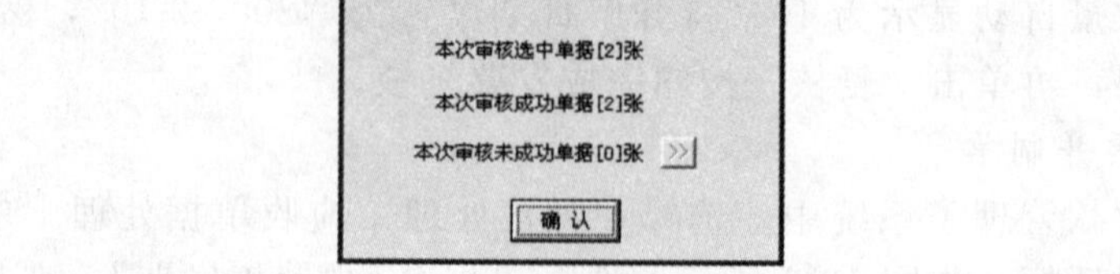

图 12-7　应收单据审核

（3）选择"日常处理｜制单处理"，出现制单查询窗口。选择"发票制单"，单击"确认"按钮，出现制单窗口。

（4）将凭证类别设置为"转账凭证"；将制单日期设置为"2007-2-10"；单击"全选"按钮，选中这两张发票；再单击"制单"按钮，出现凭证，如图 12-8 所示，点击"保存"后退出。

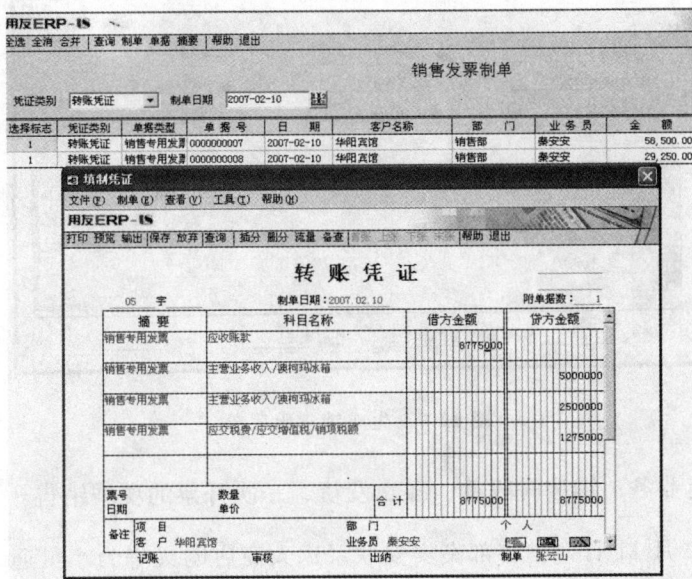

图 12-8　应收单据制单

5. 生成、审核销售出库单

因为在销售管理子系统参数中未选择"销售生成出库单"，所以必须在库存管理子系统中根据有关单据手工生成销售出库单。

（1）在库存管理子系统中，选择"日常业务｜出库｜销售出库单"，出现销售出库单窗口。

（2）单击"生单"按钮，出现选择发货单窗口；

（3）此时发货单显示在列表中。将出库日期设置为"2007-2-10"；单击发货单行"选择"列选中该发货单。单击"确定"按钮，系统询问是否确认生单时选择"是"，会自动生成销售出库单。单击"审核"按钮，如图 12-9 所示。审核销售出库单后退出。

6. 销售出库单入账

在库存系统完成销售出库单的生成和审核后，意味着出库已完成。下一步应在"存货核算"系统进行入账处理。

（1）在存货核算子系统中，选择"业务核算｜正常单据记账"，出现指定"正常单据记账条件"窗口，按默认条件点击"确认"即可进入单据列表窗口，可见到待记账的正常单据。

（2）点击并选中需记账的单据，再点击"记账"按钮，即进行对该单据的记账。一经记账，单据所载存货事项即可在存货明细账中查询。

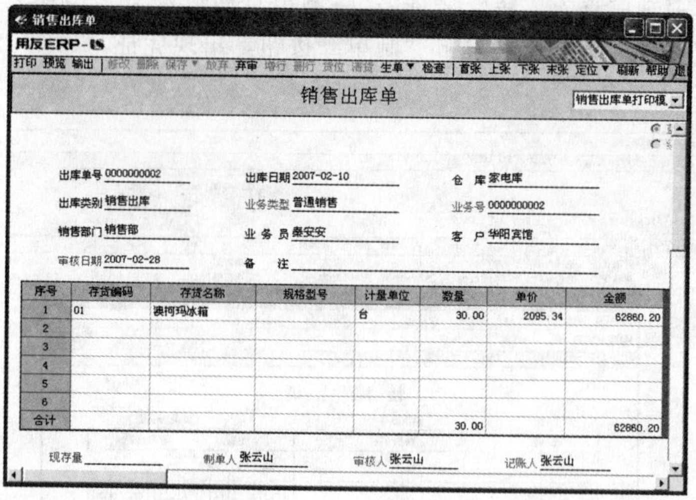

图 12-9   生成销售出库单

（二）第二笔业务：销售时收款、多次发货、一次开票的现结销售

业务内容：2 月 11 日，销售部秦安安联系远大商店购买华为小灵通 20 部，无税单价 320 元，开发货单并由客户从电话库提货；2 月 12 日，销售部秦安安联系远大商店购买创维彩电 30 台，无税单价 3 200 元，开发货单由客户从家电库提货；2 月 12 日，根据以上两张发货单开具专用发票，客户直接以转账付款，支票号为 0113546。

【操作步骤】

1. 录入、审核华为小灵通 20 部销售订单（本步骤可省，直接从发货单开始）

（1）在销售管理子系统中，选择"业务│销售订货│销售订单"，出现销售订单窗口。单击"增加"按钮。

（2）输入表头信息。输入订单日期"2007-2-11"；选择客户"远大商店"；选择销售部门"销售部"；选择业务员"秦安安"。

（3）输入表体信息。双击第一行存货编码，选择"华为小灵通"；输入数量 20；输入无税单价 320。

（4）输入完毕后，单击"保存"按钮，然后单击"审核"按钮进行审核。如图 12-10 所示。

2. 根据上述华为小灵通 20 部订单填制并审核发货单

（1）在销售管理子系统中，选择"业务│发货│发货单"，出现发货单窗口。单击"增加"按钮，自动出现选择发货单窗口。

（2）在客户文本框中选择"远大商店"，然后单击"显示"按钮，此时销售订单显示在订单列表中。

（3）在订单列表中单击订单行，选中刚才输入的订单，此时订单内容自动显示在下方列表中。

（4）单击华为小灵通行选中该货物，然后单击"确认"按钮，订单内容自动带到发

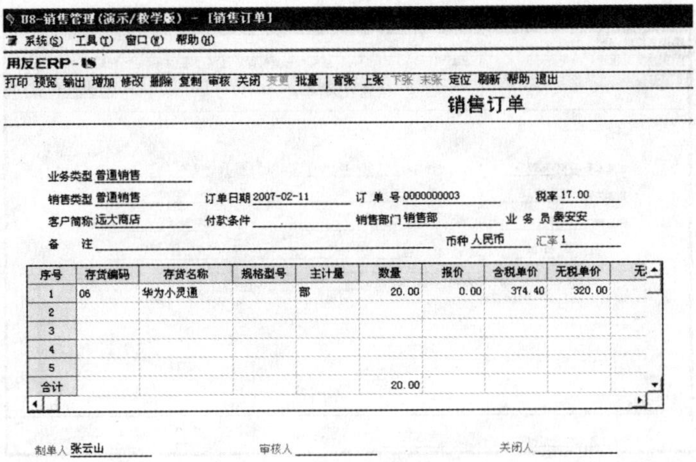

图 12-10　填制销售订单

货单上。

（5）在发货单表体第一行，双击仓库名称列，选择仓库"电话库"。

（6）单击"保存"按钮，再单击"审核"按钮。如图 12-11 所示。

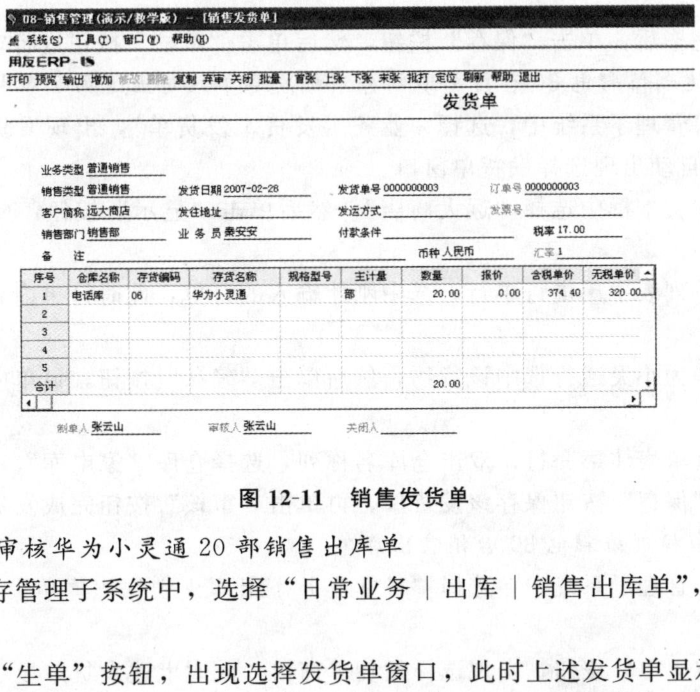

图 12-11　销售发货单

3. 生成、审核华为小灵通 20 部销售出库单

（1）在库存管理子系统中，选择"日常业务｜出库｜销售出库单"，出现销售出库单窗口。

（2）单击"生单"按钮，出现选择发货单窗口，此时上述发货单显示在列表中。如图 12-12 所示。单击"确定"按钮，系统询问是否确认生单时选择"是"，会自动生成销售出库单。单击"审核"按钮，审核销售出库单。

4. 录入、审核创维彩电 30 台销售订单（与上述第 1 步相同）

（1）在销售管理子系统中，选择"业务｜销售订货｜销售订单"，出现销售订单窗口。单击"增加"按钮。

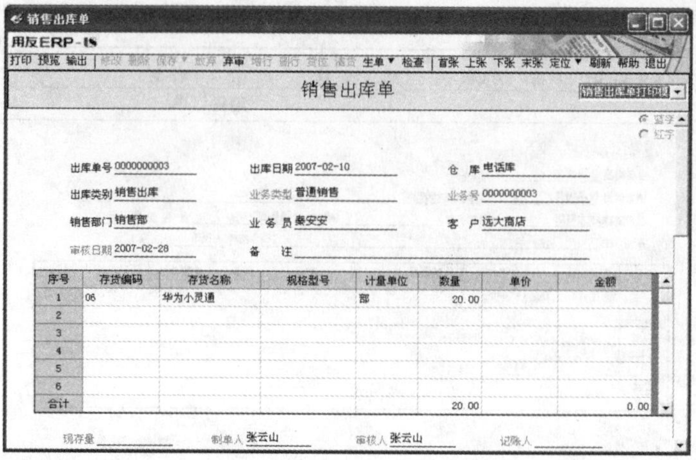

图 12-12　销售出库单

（2）输入表头信息。输入订单日期"2007-2-12"；选择客户"远大商店"；选择销售部门"销售部"；选择业务员"秦安安"；

（3）输入表体信息。双击第一行存货编码，选择"创维彩电"；输入数量30；输入无税单价3200。

（4）输入完毕后，单击"保存"按钮，然后单击"审核"按钮进行审核。

5．根据上述创维彩电30台订单填制并审核发货单（与上述第2步相同）

（1）在销售管理子系统中，选择"业务｜发货｜发货单"，出现发货单窗口。单击"增加"按钮，自动出现选择发货单窗口。

（2）在客户文本框中选择"远大商店"，然后单击"显示"按钮，此时销售订单显示在订单列表中。

（3）在订单列表中单击订单行，选中刚才输入的订单，此时订单内容自动显示在下方列表中。

（4）单击华为小灵通行选中该货物，然后单击"确认"按钮，订单内容自动带到发货单上。

（5）在发货单表体第一行，双击仓库名称列，选择仓库"家电库"。

（6）单击"保存"按钮保存该发货单，再单击"审核"按钮完成发货单审核。

6．生成、审核创维彩电30台销售出库单

（1）在库存管理子系统中，选择"日常业务｜出库｜销售出库单"，出现销售出库单窗口。

（2）单击"生单"按钮，出现选择发货单窗口，此时上述发货单显示在列表中。单击"确定"按钮，系统询问是否确认生单时选择"是"，会自动生成销售出库单。单击"审核"按钮，审核销售出库单。

7．根据以上两张发货单开具、现结、复核销售专用发票

（1）在销售管理子系统中，选择"业务｜开票｜销售专用发票"，出现发票窗口。单击"增加"按钮，自动出现选择发货单窗口。

（2）在客户文本框中选择"远大商店"，然后单击"显示"按钮，此时发货单显示在发货单列表中。

（3）在发货单列表中单击发货单行，选中刚才输入的发货单，此时发货单内容自动显示在下方列表中。

（4）单击行选中货物，同时按下"Ctrl"将两笔发货单全部选中，然后单击"确认"按钮，发货单内容自动带到发票上。

（5）输入开票日期"2007-2-12"，然后单击"保存"按钮保存本张发票。再单击"现结"按钮，弹出现结对话框，选择结算方式"转账支票"，输入票据号"0113546"，输入结算金额119 808元，对方银行账号"12345678"，点击"确认"完成结算，返回发票窗口，发票左上方出现"现结"，见图12-13。

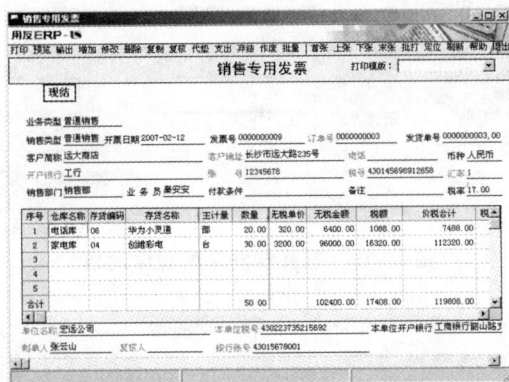

图 12-13 填制销售专用发票并现结

（6）点击"复核"按钮，完成对上述发票的复核，在"复核人"栏目显示当前操作员姓名。

6．审核发票并制单

（1）审核：在应收款管理子系统中，选择"日常处理｜应收单据处理｜应收单据审核"，出现单据过滤对话框，选中"包含已现结发票"和"未审核"，如图12-14所示。

图 12-14 选择待审核的现结发票

然后单击"确认"按钮,出现应收单据列表,双击选定需审核的发票,在"选择"栏出现"Y",然后单击工具栏的"审核"按钮,发票下方的审核人即出现当前操作员的签名,即完成发票审核。

(2)现结发票制单:在"应收款管理"中选择"日常处理|制单处理",在对话框中选择"现结制单"(图 12-15),打开待制单的单据列表,双击选中前述发票,选择凭证类型为"银行收款凭证",修改日期为"2007-2-12",然后点击"制单"按钮即弹出"凭证填制"窗口(图 12-16),点击"保存"即完成凭证填制。

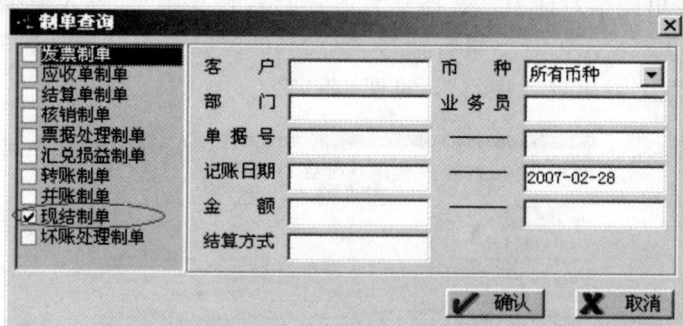

图 12-15 选择待制单的现结发票

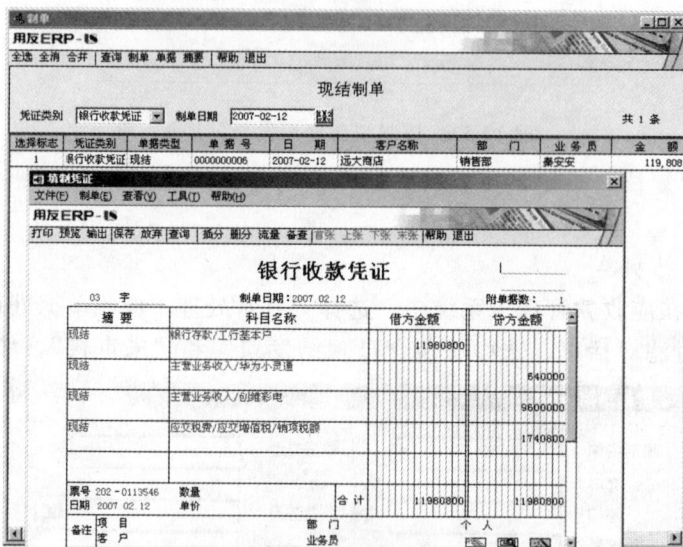

图 12-16 根据现结发票生成记账凭证

8. 销售出库单入账

(1)在存货核算子系统中选择"业务核算|正常单据记账",出现条件对话框,然后单击"确认"按钮,弹出待记账单据列表,见图 12-17 。

(2)单击"全选"按钮或单击单据行选中销售出库单,然后单击"记账"按钮进行记账。此时可在存货账表中查询到该出库业务。

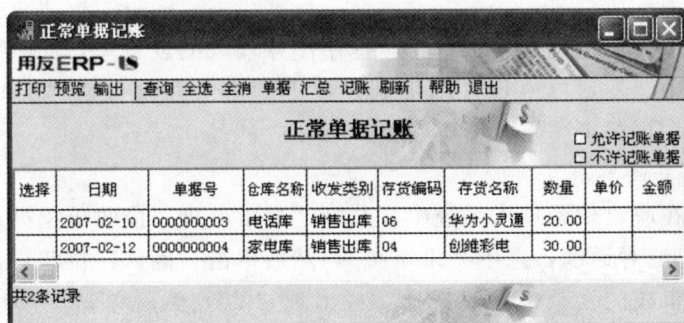

图 12-17　出库单记账

（三）第三笔业务：一次发货分次出库的普通销售

业务内容：2 月 15 日，销售部秦安安联系向华阳宾馆出售春兰冰箱 35 台，无税单价 3400 元，开发货单由客户从家电库提货，并开具专用发票一张。当日，华阳宾馆凭发货单从家电库提货 20 台。2 月 16 日，华阳宾馆根据发货单再次从家电库提货 15 台。

【操作步骤】

1. 录入、审核销售订单

（1）在销售管理子系统中，选择"业务｜销售订货｜销售订单"，出现销售订单窗口。单击"增加"按钮。

（2）输入表头信息。输入订单日期"2007-2-15"；选择客户"华阳宾馆"；选择销售部门"销售部"；选择业务员"秦安安"；

（3）输入表体信息。双击第一行存货编码，选择"春兰冰箱"；输入数量 35；输入无税单价 3400。

（4）输入完毕后，单击"保存"按钮，然后单击"审核"按钮进行审核。

2. 填制并审核发货单

（1）在销售管理子系统中，选择"业务｜发货｜发货单"，出现发货单窗口。单击"增加"按钮，自动出现选择发货单窗口。

（2）在客户文本框中选择"华阳宾馆"，然后单击"显示"按钮，此时销售订单显示在订单列表中。

（3）在订单列表中单击订单行，选中刚才输入的订单，此时订单内容自动显示在下方列表中。

（4）单击"春兰冰箱"行选中该货物，然后单击"确认"按钮，订单内容自动带到发货单上。在发货单表体第一行，双击仓库名称列，选择仓库"家电库"。单击"保存"按钮，再单击"审核"按钮。

3. 填制并复核销售发票

（1）在销售管理子系统中，选择"业务｜开票｜销售专用发票"，出现发票窗口。单击"增加"按钮，自动出现选择发货单窗口。

（2）在客户文本框中选择"华阳宾馆"，然后单击"显示"按钮，此时发货单显示在发货单列表中。

（3）在发货单列表中单击发货单行，选中刚才输入的发货单，此时发货单内容自动显示在下方列表中。发货单内容自动带到发票上。输入开票日期"200-2-15"，然后单击"保存"按钮，再单击"复核"按钮。

4. 审核发票并制单

（1）审核：在应收款管理子系统中，选择"日常处理｜应收单据处理｜应收单据审核"，出现单据过滤对话框，选中"未审核"，然后单击"确认"按钮，出现应收单据列表，双击选定需审核的发票，在"选择"栏出现"Y"，然后单击工具栏的"审核"按钮，发票下方的审核人即出现当前操作员的签名，即完成发票审核。

（2）发票制单：在应收款管理子系统中选择"日常处理｜制单处理"，无需指定条件，打开待制单的单据列表，双击选中前述发票，选择凭证类型为"转账凭证"，修改日期为"2007-2-15"，然后点击"制单"按钮即弹出"凭证填制"窗口，点击"保存"即完成凭证填制。

5. 第一次出库（2月15日提货春兰冰箱20台）

因为在销售管理子系统参数中未选择"销售生成出库单"，所以必须在库存管理子系统中根据有关单据手工生成销售出库单。

（1）在库存管理子系统中，选择"日常业务｜出库｜销售发货单"，出现销售发货单窗口。

单击"生单"按钮，出现选择发货单窗口，此时发货单显示在列表中。

（2）选择发货单，日期输入"2007-02-15"，选择"显示表体"，"本次出库数"输入"20"，确定即可。

（3）提示"是否立即生单"，选择"是"，即进入"销售出库单"窗口，点击"保存"，点击"审核"即可。

6. 第二次出库（2月16日提其余15台）

（1）在库存管理子系统中，选择"日常业务｜出库｜销售发货单"，出现销售发货单窗口。

单击"生单"按钮，出现选择发货单窗口，此时发货单显示在列表中。

（2）选择发货单，日期输入"2007-02-16"，点击"确定"，选择生单，点击"保存"，点击"审核"即可。

7. 销售出库单入账

（1）在存货核算子系统中选择"业务核算｜正常单据记账"，出现条件对话框，单击"确认"按钮，弹出待记账单据列表。

（2）单击单据行选中待记账的销售出库单，然后单击"记账"按钮进行记账。此时可在存货账表中查询到该出库业务。

（四）第四笔业务：开票前退货的销售退货业务

业务内容：2月18日，销售部秦安安联系远大商店购买联想移动电话15部，无税单价2500元，开发货单从电话库提货发出。

【操作步骤】

1. 录入、审核销售订单

(1) 在销售管理子系统中，选择"业务 | 销售订货 | 销售订单"，出现销售订单窗口。单击"增加"按钮。

(2) 输入表头信息。输入订单日期"2007-2-18"；选择客户"远大商店"；选择销售部门"销售部"；选择业务员"秦安安"；

(3) 输入表体信息。双击第一行存货编码，选择"联想移动电话"；输入数量 15；输入无税单价 2 500。

(4) 输入完毕后，单击"保存"按钮，然后单击"审核"按钮进行审核。

2. 填制并审核发货单

(1) 在销售管理子系统中，选择"业务 | 发货 | 发货单"，出现发货单窗口。单击"增加"按钮，自动出现选择发货单窗口。在客户文本框中选择"远大商店"，然后单击"显示"按钮，此时销售订单显示在订单列表中。

(2) 在订单列表中单击订单行，选中刚才输入的订单，此时订单内容自动显示在下方列表中。单击"联想移动电话"行选中该货物，然后单击"确认"按钮，订单内容自动带到发货单上。在发货单表体第一行，双击仓库名称列，选择仓库"电话库"。

(3) 单击"保存"按钮，再单击"审核"按钮。

3. 生成并审核出库单

(1) 在库存管理子系统中，选择"日常业务 | 出库 | 销售出库单"，出现销售出库单窗口。

单击"生单"按钮，出现选择发货单窗口，此时上述发货单显示在列表中。

(2) 选择发货单，日期输入"2007-02-18"，点击"确定"，选择生单，点击"保存"，点击"审核"即可。

4. 填制并审核销售退货单（2 月 19 日退回联想移动电话 2 部）

(1) 在销售管理子系统中，选择"业务 | 发货 | 退货单"，出现退货单窗口。单击"增加"按钮，自动出现选择订单参照窗口。

(2) 在客户文本框中选择"远大商店"，然后单击"显示"按钮，此时销售订单显示在订单列表中。选择订单点击"确认"进入"退货单"窗口，输入日期"2007-02-19"，选择仓库"电话库"，输入数量"－2"，点击"保存"，"审核"即可，如图 12-18 所示。

5. 填制并审核退货的（负数）出库单

在库存管理系统，选择"日常业务 | 入库 | 销售出库单"，单击"生单"按钮，弹出"发货单（退货单）选择"窗口，选定退货单，点击"确定"按钮，即生成负数销售出库单，点击"保存"，点击"审核"即可，如图 12-19 所示。

6. 填制并复核销售发票（数量 13，无税单价 2 500 元）

(1) 在销售管理子系统中，选择"业务 | 开票 | 销售专用发票"，出现发票窗口。单击"增加"按钮，自动出现选择发货单窗口。

(2) 在客户文本框中选择"远大商店"，选择"红字记录"，然后单击"显示"按

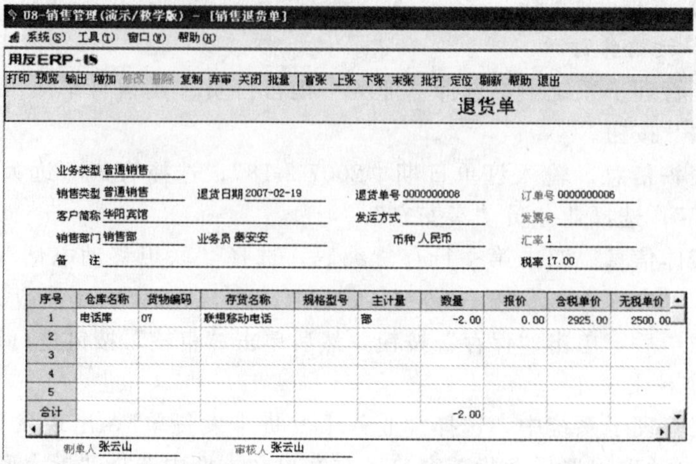

图 12-18

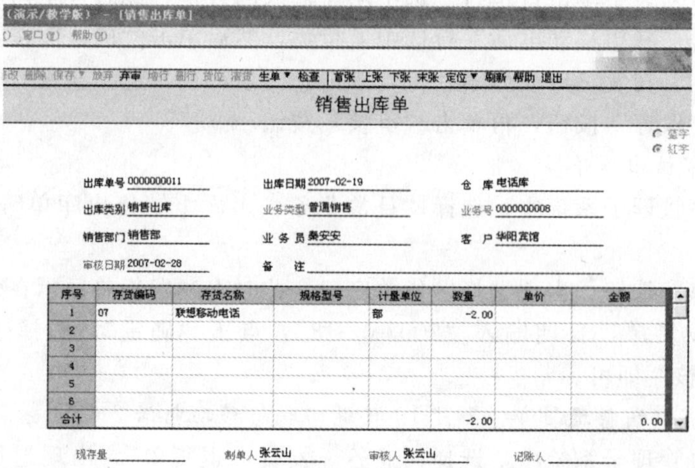

图 12-19

钮，此时发货单显示在发货单列表中。单击并按下"Ctrl"，选择发货单及退货单，如图 12-20 所示。此时发货单和退货单内容自动显示在列表中。

（3）单击"确认"进入"销售专用发票"窗口。发货单内容自动带到发票上。输入开票日期"2007-2-19"，然后单击"保存"按钮，再单击"复核"按钮。如图 12-21 所示。

7. 审核发票并制单

（1）审核：在应收款管理子系统中，选择"日常处理｜应收单据处理｜应收单据审核"，出现单据过滤对话框，选中"未审核"，然后单击"确认"按钮，出现应收单据列表，双击选定需审核的发票，在"选择"栏出现"Y"，然后单击工具栏的"审核"按钮，发票下方的审核人即出现当前操作员的签名，即完成发票审核。

（2）发票制单：在应收款管理子系统中选择"日常处理｜制单处理"，无需指定条

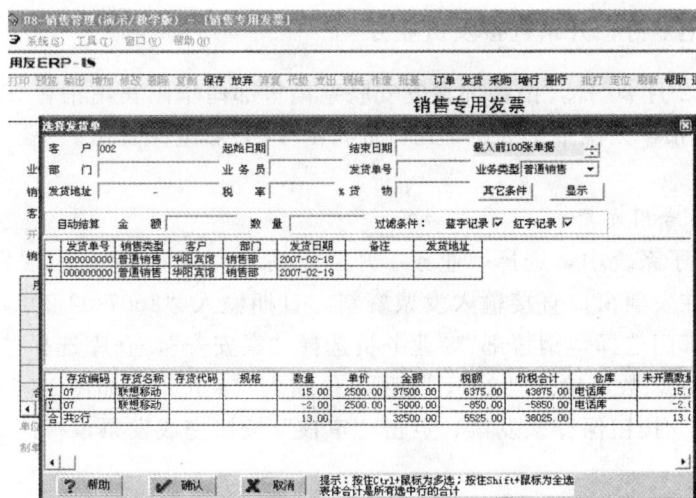

图 12-20　根据发货单填制销售发票

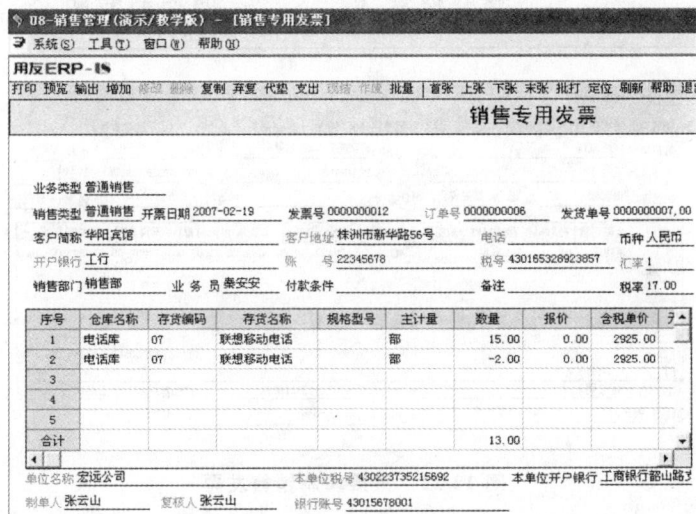

图 12-21　填制销售发票

件，打开待制单的单据列表，双击选中前述发票，选择凭证类型为"转账凭证"，修改日期为"2007-2-19"，然后点击"制单"按钮即弹出"凭证填制"窗口，点击"保存"即完成凭证填制。

8. 销售出库单入账

（1）在存货核算子系统中选择"业务核算｜正常单据记账"，出现条件对话框，单击"确认"按钮，弹出待记账单据列表。

（2）单击单据行选中待记账的销售出库单（含退货的负数出库单），然后单击"记账"按钮进行记账。此时可在存货账表中查询到该笔业务的原始出库和后续退货入库情况。

（五）第五笔业务：开票直接发货业务

业务内容：2 月 20 日，销售部秦安安联系销售部向华阳宾馆销售 TCL 彩电 20 台，开具专用发票一张，无税单价 3 600 元，货物由 TCL 彩电库发出。

【操作步骤】

1. 开具销售专用发票

在销售管理子系统中，选择"业务｜开票｜销售专用发票"，出现发票窗口。单击"增加"按钮，在发票窗口直接输入发票资料，日期输入"2007-02-20"，客户选择"华阳宾馆"，销售部门选择"销售部"，业务员选择"秦安安"，仓库选择"家电库"，存货选择"TCL 彩电"，数量输入"20"，无税单价输入"3 600"，如图 12-22 所示。输入完毕，点击"保存"按钮保存该发票，点击"审核"按钮完成发票审核。此时系统将自动产生发货单。

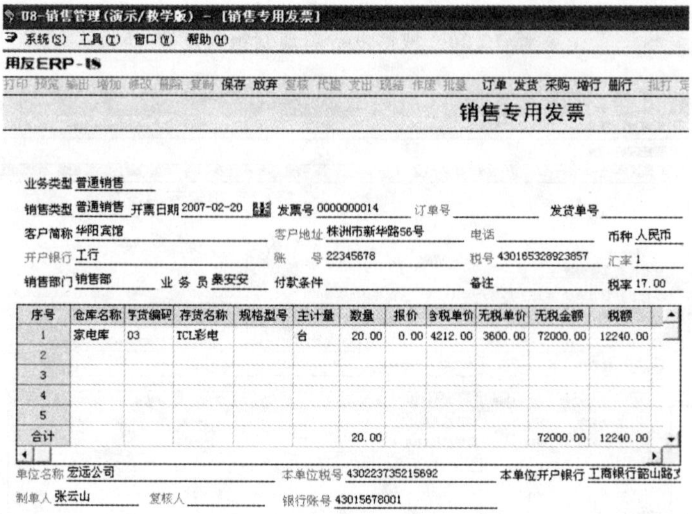

图 12-22　直接填制销售发票

2. 发票进行审核、制单

在应收款管理系统中，对上述发票进行审核、制单。

3. 生成、审核出库单

在库存管理子系统中，选择"日常业务｜出库｜销售出库单"，出现销售出库单窗口。单击"生单"按钮，出现选择发货单窗口，此时发货单显示在列表中。选择发货单，日期输入"2007-02-20"，点击"确定"，选择生单，点击"保存"，点击"审核"即可。

4. 出库单记账

在存货核算系统对上述销售出库单进行记账。

（六）第六笔业务：一次出库、分期开票的普通销售

业务内容：2 月 21 日，采取分期付款方式向远大商店销售 TCL 彩电 32 台，无税单价 3 500 元，开发货单由 TCL 彩电库发出商品。2 月 22 日开具专用发票一张。2 月 23 日，远大商店送来转账支票一张，票号 0130102，金额 65 520 元，用以支付部分 TCL 彩电款。

【操作步骤】

1．录入、审核销售订单

2 月 21 日在销售管理子系统中，填制、审核 32 台 TCL 彩电销售订单（普通销售）。

2．填制并审核发货单

2 月 21 日在销售管理子系统中，填制、审核发货单。

3．生成并审核出库单

2 月 21 日在库存管理子系统中，选择"日常业务｜出库｜销售出库单"，生成并审核销售出库单。

4．销售出库单入账

2 月 21 日在存货核算子系统中，选择"业务核算｜正常单据记账"，对上述出库单记账。

5．填制并复核销售发票

2 月 22 日在销售管理子系统中，开具 32 台 TCL 彩电销售专用发票。

6．审核发票并制单

（1）2 月 22 日在应收款管理系统中，选择"日常业务｜应收单据处理｜应收单据审核"，审核上述发票。

（2）2 月 22 日在应收款管理系统中，选择"日常业务｜制单处理"，对上述发票制单。

7．填制、审核收款单，并对其进行核销和制单处理。

（1）2 月 23 日，在应收款管理系统中，选择"日常业务｜收款单据处理｜收款单据录入"，点击增加，录入收款信息，日期输入"2007-02-23"，结算方式选择"转账支票"，金额输入"65 520"，款项类型选择"应收款"，客户选择"华阳宾馆"，部门选择"销售部"，业务员选择"秦安安"，金额输入"65 520"，点击"保存"，点击"审核"，如图 12-23 所示。

（2）在应收款管理系统中，选择"日常业务｜制单处理"，对上述收款单制单。

（3）在应收款管理系统中，选择"日常业务｜核销处理｜手工核销"，客户选择"华阳宾馆"，点击"确定"进入核销窗口，选择"2007-02-22"单据，"本次结算"金额输入"65 520"，点击"保存"即可。

（七）第七笔业务：有订单的直运业务

业务内容：2 月 23 日，华阳宾馆欲购买联想电脑 40 台，经协商以无税单价 6 000

图 12-23 录入、审核收款单

元与公司签订订单，要求 2 月 24 日交货。

【操作步骤】

1. 填制直运销售订单

在销售管理子系统中，选择"业务｜销售订货｜销售订单"，出现销售订单窗口。单击"增加"按钮。输入表头信息。选择业务类型"直运销售"，选择销售类型"普通销售"，输入订单日期"2007-2-23"；选择客户"华阳宾馆"；选择销售部门"销售部"；选择业务员"秦安安"；输入表体信息。双击第一行存货编码，选择"联想电脑"；输入数量 40；输入无税单价 6 000；输入完毕后，单击"保存"按钮，然后单击"审核"按钮进行审核。如图 12-24 所示。

2. 填制直运采购订单

在采购管理子系统中，选择"业务｜订货｜采购订单"，出现采购订单窗口。单击"增加"按钮。输入业务类型"直运采购"，输入采购类型"普通采购"。输入订单日期"2007-2-23"；选择供应商"新强科技"；选择部门"采购部"；选择业务员；在表体部分单击右键，弹出快捷菜单，选择"拷贝销售订单"，选择上述直运销售订单，确定返回，输入税率"17"，输入原币单价"5 000"，输入完毕后，单击"保存"按钮，然后单击"审核"按钮进行审核，如图 12-25 所示。

3. 填制直运销售发票

在销售管理子系统中，选择"业务｜开票｜销售专用发票"，出现发票窗口。单击"增加"按钮，点击订单参照，选择订单日期是"2007-02-23"，选择"直运销售"，单击"显示"，选择订单后确认。单击"保存"按钮，然后单击"审核"按钮进行审核，如图 12-26 所示。

4. 审核销售发票并制单

在应收款管理子系统中，审核上述直运销售发票，并填制记账凭证。

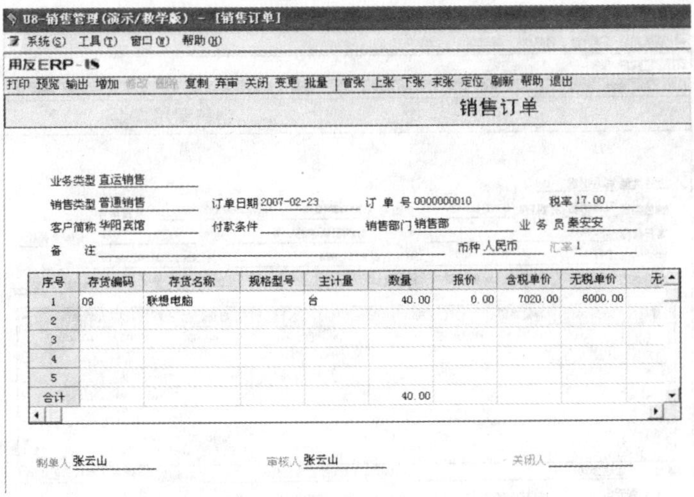

图 12-24 直运销售订单

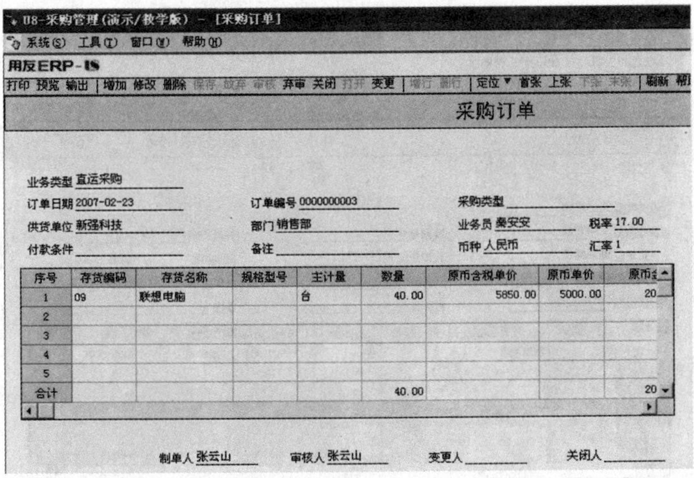

图 12-25 直运采购订单

5. 填制直运采购发票

在采购管理子系统中，选择"业务｜发票｜采购专用发票"，出现发票窗口。单击"增加"按钮，业务类型选择"直运采购"，日期输入"2007-02-24"，供货单位选择"新强科技"，部门选择"供应部"，业务员选择"钱泰龙"，在表体部分单击右键，弹出快捷菜单，选择"拷贝采购订单"。单击"保存"按钮，如图 12-27 所示。

6. 审核采购发票并制单

在应付款管理子系统中，审核上述直运采购发票，并填制记账凭证。

7. 直运销售数量记账、成本确认和制单

（1）在存货核算子系统中选择"业务核算｜直运销售记账"，出现条件对话框，同时选择销售发票和采购发票，单击"确认"按钮，弹出待记账单据列表。单击单据行选中待记账的销售发票和采购发票，然后单击"记账"按钮进行记账。

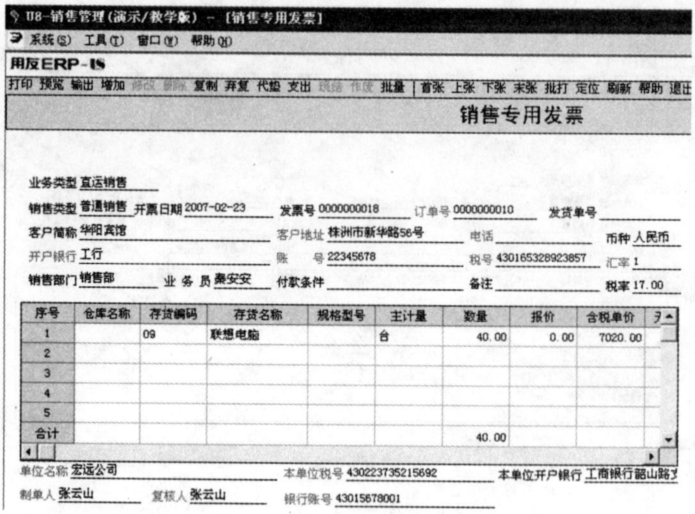

图 12-26　直运销售发票

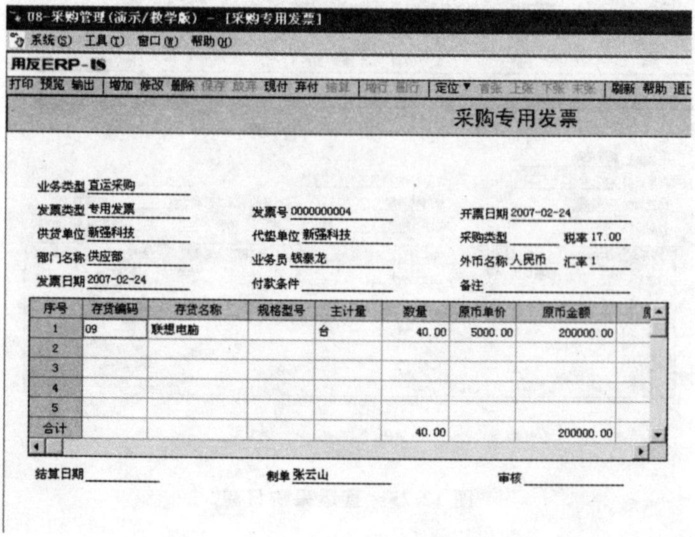

图 12-27　直运采购发票

（2）在存货核算子系统中选择"财务核算｜生成凭证"，选择凭证类型"转账凭证"，选择上述直运销售和采购发票，生成两张记账凭证。

（八）第八笔业务：单货同到、自动结算的普通采购业务

业务内容：2月25日，从新兴家电采购澳柯玛冰箱50台，无税单价2 200元，货到填制到货单货物验收后入库，收到专用发票一张，货款未付。

【操作步骤】

1. 填制并审核到货单

在采购管理系统中，选择"业务｜到货｜到货单"，点击"增加"按钮，日期输入

"2007-02-25"，供应商选择"新兴家电"，部门选择"供应部"，业务员选择"钱泰龙"，
存货选择"澳柯玛冰箱"，数量输入"50"，原币单价输入"2 200"，点击"保存"即
可。如图 12-28 所示。

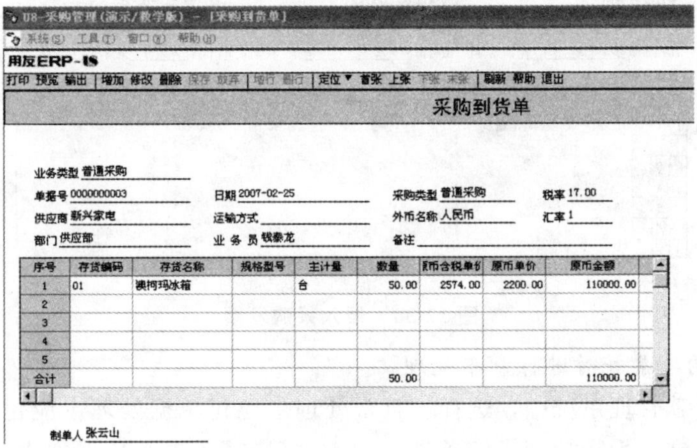

图 12-28　直接填制到货单

2. 生成并审核采购入库单

在库存管理系统中，选择"日常业务｜入库｜采购入库单"，点击"生单"按钮，
弹出"选择采购订单或采购到货单"窗口，选择到货单点击"确定"，回到"采购入库
单"窗口，点击"保存"，点击"审核"即可，如图 12-29 所示。

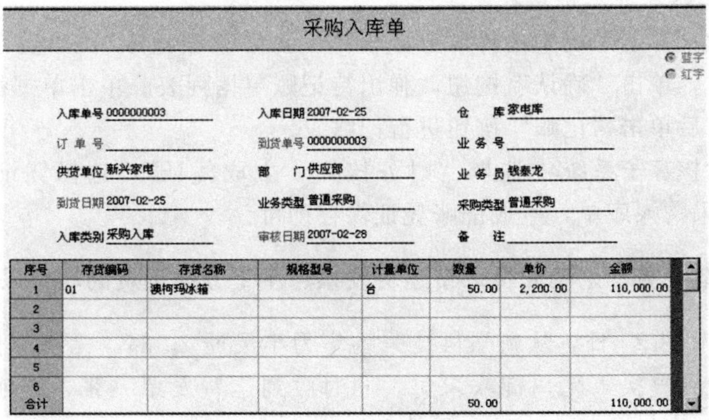

图 12-29　生成采购入库单

3. 填制并复核采购专用发票

在采购管理系统中，选择"业务｜发票｜专用采购发票"，点击"增加"按钮，日
期输入"2007-02-25"，供应商选择"新兴家电"，部门选择"供应部"，业务员选择
"钱泰龙"，存货选择"澳柯玛冰箱"，数量输入"50"，原币单价输入"2 200"，点击
"保存"即可。单击结算按钮，单据自动结算，如图 12-30 所示。

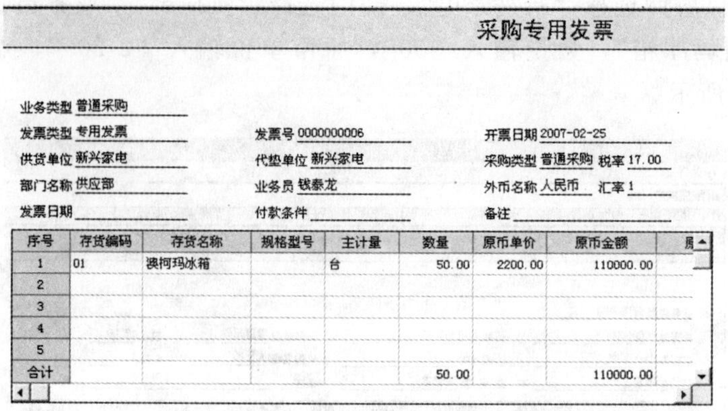
采购专用发票

业务类型 普通采购
发票类型 专用发票 发票号 0000000006 开票日期 2007-02-25
供货单位 新兴家电 代垫单位 新兴家电 采购类型 普通采购 税率 17.00
部门名称 供应部 业务员 钱泰龙 外币名称 人民币 汇率 1
发票日期 付款条件 备注

序号	存货编码	存货名称	规格型号	主计量	数量	原币单价	原币金额
1	01	澳柯玛冰箱		台	50.00	2200.00	110000.00
2							
3							
4							
5							
合计					50.00		110000.00

图 12-30 录入采购发票

4. 审核采购发票并对进行制单处理

(1) 在应付款管理系统中，选择“日常处理｜应付单据处理｜应付单据审核”，弹出单据过滤对话框，无需特别指定条件，点击“确定”，进入单据列表窗口，双击选中待审核的发票，点击“审核”即可完成发票审核。

(2) 在应付款管理系统中，选择“日常处理｜制单处理”，弹出单据过滤对话框，选择发票制单，点击“确定”，进入待制单的单据列表窗口，选择凭证类型“转账凭证”，输入制单日期“2007-2-25”，选中待制单的发票，点击“制单”，即弹出“填制凭证”窗口，点击“保存”即可完成记账凭证的生成。

5. 入库单记账、成本确认和制单

(1) 在存货核算子系统中选择“业务核算｜正常单据记账”，出现条件对话框，无需特别指定条件，单击“确认”按钮，弹出待记账单据列表。单击单据行选中待记账的采购入库单，然后单击“记账”按钮进行记账。

(2) 在存货核算子系统中选择“财务核算｜生成凭证”，选择凭证类型“转账凭证”，选择上述采购入库单，生成记账凭证保存即可。

(九) 第九笔业务：采购即付、带运费发票、手工分摊运费的现付采购业务

业务内容：2 月 26 日，从新强科技采购华为小灵通 20 部，无税单价 200，收到专用发票一张，货到直接入库，货款未付。同时收到运费发票一张，金额 200 元，税率 7%，以转账支票支付运费 200 元，票号 ZZ1012351。

【操作步骤】

1. 采购订单填制与审核

采购管理系统中，选择“业务｜订货｜采购订单”，出现采购订单窗口。单击“增加”按钮。输入表头信息。输入订单日期“2007-2-26”；选择供应单位“新强科技”；选择采购部门“供应部”；选择业务员“钱泰龙”；在表体部分存货选择“华为小灵通”，输入数量“20”，输入原币单价“5 000”，输入完毕后，单击“保存”按钮，如图 12-31 所示，确认无误后单击“审核”按钮进行审核。

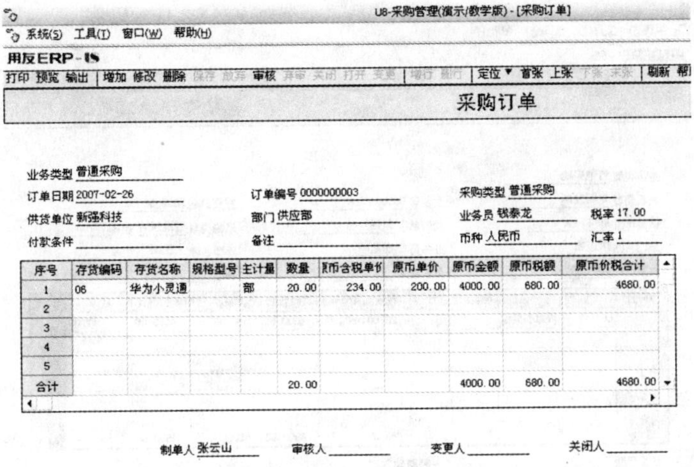

图 12-31　采购订单

2. 生成采购入库单并审核

在库存管理子系统中，选择"日常业务｜入库｜采购入库单"，点击"生单"，弹出"选择采购订单或采购到货单"窗口，选择"2007-02-26"采购单，勾选"显示表体"，选择"家电库"。点击"确定"后生成采购订单，如图 12-32 所示，点击"审核"。

图 12-32　采购入库单

3. 填制采购发票并复核

采购管理系统中，选择"业务｜发票｜采购专用发票"，出现采购专用发票窗口。单击"增加"按钮。输入表头信息。选择业务类型"普通采购"，输入日期"2007-2-26"；选择供应单位"新强科技"；选择采购部门"供应部"；选择业务员"钱泰龙"；存货，名称选择"华为小灵通"，在表体部分输入数量"20"，输入原币单价"200"，输入完毕后，单击"保存"按钮，如图 12-33 所示。

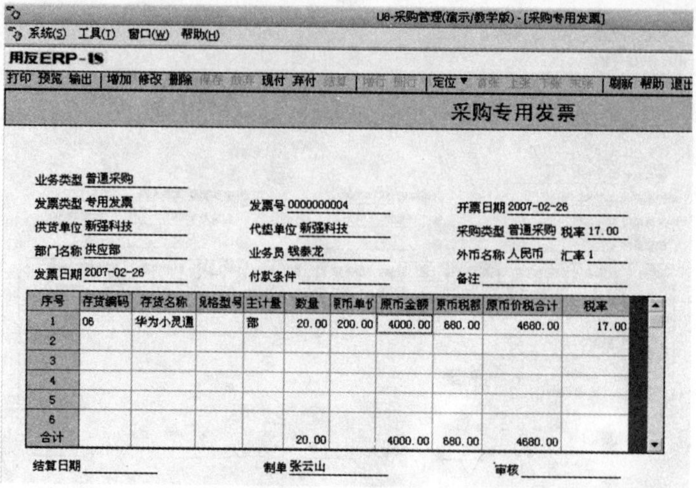

图 12-33 采购专用发票

4. 运费发票的填制、复核、结算，并进行现付处理

（1）增加存货类别：采购管理系统（或其他子系统）中，选择"设置|分类体系|存货分类"，单击"增加"输入"3，费用"，并在"3 费用"大类下设置"301 运输费"小类。

（2）增加"运输费"存货项目：采购管理系统（或其他子系统）中，选择"设置|编码档案|存货档案"，点击"增加"，输入编号"09"，名称"运输费"，计量单位选择"独立单位组"，并选择"应税劳务"的存货属性，点击"保存"确定，如图 12-34 所示。

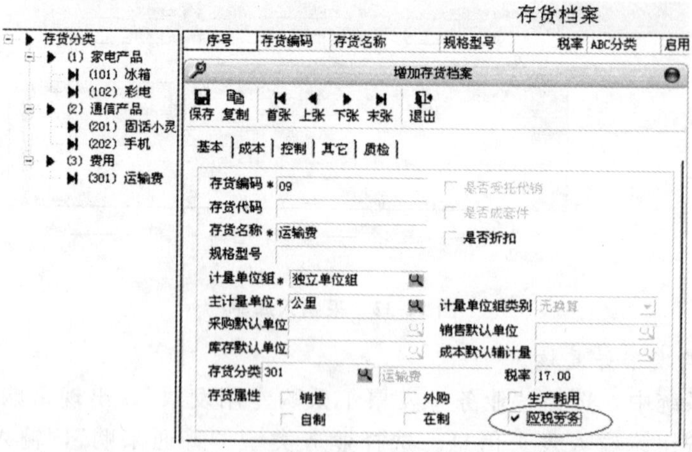

图 12-34 "运输费"存货档案设置

（3）采购管理系统中，选择"业务|发票|运费发票"，点击"增加"，选择业务类型"普通采购"，输入日期"2007-2-26"；选择供应单位"新强科技"；选择采购部门"供应部"；选择业务员"钱泰龙"；存货名称选择"运输费"，在表体部分输入数量

"1"，输入原币单价"200"，输入完毕后，单击"保存"按钮，如图 12-35 所示。

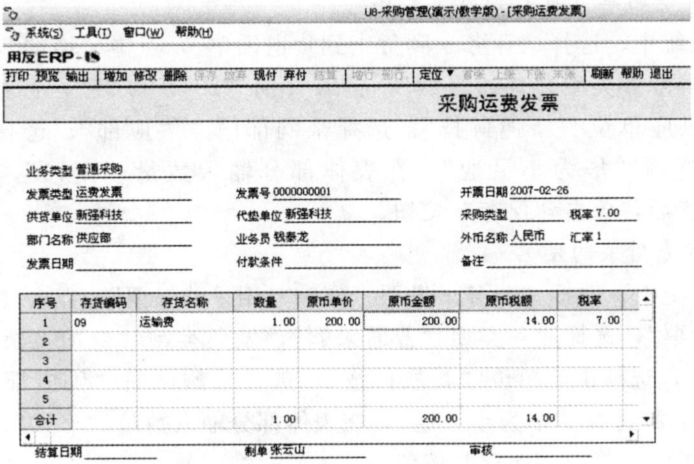

图 12-35　采购运费发票

（4）单击采购运费发票的"现付"按钮，弹出"采购现付"窗口，选择结算方式"转账支票"，输入结算金额"200"，输入票号"zz1012351"，输入银行账号"43015678001"，点击"确定"，采购运费发票即标注"已现付"的标志。

（5）运费结算，分摊至存货。

5．采购发票和运费发票的审核及制单

（1）在应付款管理系统中，选择"日常处理｜应付单据处理｜应付单据审核"，弹出单据过滤对话框，指定"含已现结发票"，点击"确定"，进入单据列表窗口，双击选中待审核的采购发票和运费发票，点击"审核"即可完成发票审核。

（2）在应付款管理系统中，选择"日常处理｜制单处理"，弹出单据过滤对话框，指定"发票制单"和"现结制单"，点击"确定"，进入待制单的单据列表窗口，选择凭证类型为"银行付款凭证"，输入制单日期"2007-2-26"，选中待制单的发票，点击"合并"，点击"制单"，即弹出"填制凭证"窗口，点击"保存"即可完成记账凭证的生成。

6．入库单记账、成本结算和制单

（1）在存货核算子系统中选择"业务核算｜正常单据记账"，出现条件对话框，无需特别指定条件，单击"确认"按钮，弹出待记账单据列表。单击单据行选中待记账的采购入库单，然后单击"记账"按钮进行记账。

（2）在存货核算子系统中选择"财务核算｜生成凭证"，选择凭证类型"转账凭证"，选择上述采购入库单，生成记账凭证保存即可。

（十）第十笔业务：入库单已记账的采购退货

业务内容：2月27日，发现26日从新强科技采购的华为小灵通有10部存在质量问题，货已退回，并收到红字专用发票一张，无税单价200元。

【操作步骤】

1. 填制到货退回单（负数到货单）

采购管理系统中，选择"业务｜到货｜到货退回单"，点击"增加"，增加一张"到货退回单"，选择业务类型"普通采购"，输入日期"2007-02-27"，选择采购类型"普通采购"，选择供应单位"新强科技"；选择采购部门"供应部"；选择业务员"钱泰龙"；存货名称选择"华为小灵通"，在表体部分输入数量"－10"，输入原币单价"200"，输入完毕后，单击"保存"按钮。

2. 填制红字专用采购发票

采购管理系统中，选择"业务｜发票｜红字专用采购发票"，点击"增加"，增加一张"采购专用发票"，选择业务类型"普通采购"，发票类型"专用发票"，输入开票日期"2007-02-27"，选择供应单位"新强科技"；选择采购部门"供应部"；选择业务员"钱泰龙"；存货名称选择"华为小灵通"，在表体部分输入数量"－10"，输入原币单价"200"，输入完毕后，单击"保存"按钮。

3. 审核红字专用采购发票，并进行制单处理

（1）在应付款管理系统中，选择"日常处理｜应付单据处理｜应付单据审核"，弹出单据过滤对话框，点击"确定"，进入单据列表窗口，双击选中待审核的红字专用采购发票，点击"审核"即可完成发票审核。

（2）在应付款管理系统中，选择"日常处理｜制单处理"，弹出单据过滤对话框，点击"确定"，进入待制单的单据列表窗口，选择凭证类型为"转账凭证"，输入制单日期"2007-2-27"，选中待制单的发票，点击"制单"，即弹出"填制凭证"窗口，点击"保存"即可完成记账凭证的生成。

4. 生成采购入库单并审核

在库存管理子系统中，选择"日常业务｜入库｜采购入库单"，点击"生单"，弹出"选择采购订单或采购到货单"窗口，选择"采购到货单"页签，选择所参照的到货退回单。点击"确定"后生成采购入库单（负数），点击"审核"。

5. 入库单记账、制单

（1）在存货核算子系统中选择"业务核算｜正常单据记账"，出现条件对话框，无需特别指定条件，单击"确认"按钮，弹出待记账单据列表。单击单据行选中待记账的负数采购入库单，然后单击"记账"按钮进行记账。

（3）在存货核算子系统中选择"财务核算｜生成凭证"，选择凭证类型"转账凭证"，选择上述负数采购入库单，生成记账凭证保存即可。

（十一）第十一笔业务：暂估入库，货到票未到

业务内容：2月28日，采购部钱泰龙从新兴家电采购 TCL 彩电 15 台，货已入库，发票未到，对货物进行暂估，暂估价为 3100 元。

【操作步骤】

1. 填制、审核采购订单

采购管理系统中，选择"业务｜订货｜采购订单"，出现采购订单窗口。单击"增

加”按钮。输入表头信息。输入订单日期“2007-2-28”；选择供应单位“新兴家电”；选择采购部门“供应部”；选择业务员“钱泰龙”；在表体部分存货选择“TCL 彩电”，输入数量“15”，输入原币含税单价“3100”，输入完毕后，单击“保存”按钮，确认无误后单击“审核”按钮进行审核。

2. 生成、审核采购入库单

在库存管理子系统中，选择“日常业务｜入库｜采购入库单”，点击“生单”，弹出“选择采购订单或采购到货单”窗口，选择“2007-02-28”采购单，勾选“显示表体”，选择“家电库”点击“确定”后生成采购订单，点击“审核”。

3. 采购入库单暂估成本录入、制单

（1）在存货核算子系统中选择“业务核算｜暂估成本录入”，出现条件对话框，无需特别指定条件，单击“确认”按钮，弹出单据列表。选定上述入库单进行暂估成本录入。

（2）在存货核算子系统中选择“财务核算｜生成凭证”，选择凭证类型“转账凭证”，选择上述采购入库单，生成记账凭证保存即可。

（十二）第十二笔业务：盘点业务

业务内容：2 月 28 日，对家电库进行盘点，结果发现缺少澳柯玛冰箱 1 台，价值 2400 元。经查明，是因为意外被盗，应确认为营业外支出。

【操作步骤】

1. 填制盘点单

（1）在库存管理子系统中，择“日常业务｜盘点”，点击“增加”，增加一张“盘点单”，输入日期“2007-02-28”，选择盘点仓库“家电库”，出库类别选择“盘亏出库”，部门选择“供应部”，经手人选择“李强”，点击“选择”选择“澳柯玛冰箱”存货进行盘点。

（2）存货名称选择“澳柯玛冰箱”，单价输入“2400”，调整出库数量输入“1”，原因输入“意外被盗”，点击“确定”，点击“审核”，生成盘点单，如图 12-36 所示。

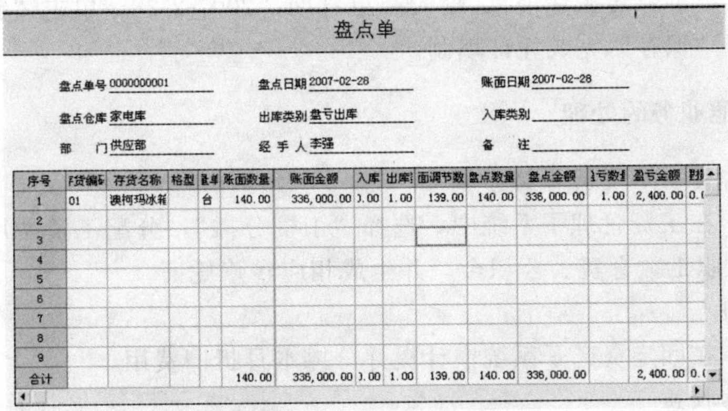
盘点单

盘点单号 0000000001　盘点日期 2007-02-28　账面日期 2007-02-28

盘点仓库 家电库　出库类别 盘亏出库　入库类别

部　　门 供应部　经 手 人 李强　备　　注

序号	存货编码	存货名称	规格型号	主计量单位	账面数量	账面金额	入库	出库	账面调节数	盘点数量	盘点金额	盈亏数量	盈亏金额	盈亏
1	01	澳柯玛冰箱		台	140.00	336,000.00	0.00	1.00	139.00	140.00	336,000.00	1.00	2,400.00	0.(
2														
3														
4														
5														
6														
7														
8														
9														
合计					140.00	336,000.00	0.00	1.00	139.00	140.00	336,000.00		2,400.00	0.(

图 12-36　存货盘点单

2. 盘点出库

在库存管理子系统中，选择"日常业务｜出库｜其他出库单"，点击"增加"，增加一张"其他出库单"，输入日期"2007-02-28"，选择盘点仓库"家电库"，出库类别选择"盘亏出库"，部门选择"仓库"，存货名称选择"澳柯玛冰箱"，数量输入"1"，单价输入"2400"，点击"保存"，点击"审核"。

3. 出库单记账、制单

（1）2月28日，在存货核算子系统中选择"业务核算｜正常单据记账"，出现条件对话框，无需特别指定条件，单击"确认"按钮，弹出待记账单据列表。单击单据行选中待记账的盘亏出库单，然后单击"记账"按钮进行记账。

（2）2月28日，在存货核算子系统中选择"财务核算｜生成凭证"，选择凭证类型"转账凭证"，选择上述盘亏出库单，检查确保借方科目为"待处理财产损益"，生成记账凭证保存即可。

（3）2月28日，在总账系统中，填制记账凭证，结转上述盘亏损失到"营业外支出"。

（十三）第十三笔业务：计算结转本月出库成本，并进行期末处理

1. 计算平均成本

2月28日，在存货核算子系统中选择"业务核算｜计算平均单价"，出现条件对话框，指定一个仓库，单击"确认"按钮，系统计算完成即弹出"平均单价计算表"。

2. 期末处理

2月28日，在存货核算子系统中选择"业务核算｜期末处理"，出现条件对话框，全选所有仓库，单击"确认"按钮，完成期末处理。

3. 出库单生成财务凭证

本月采用加权平均法计价的存货，其销售出库单尚未进行填制成本结转的记账凭证。期末处理了后应完成此项工作。2月28日，在存货核算子系统中选择"财务核算｜生成凭证"，出现条件对话框，选择所有销售出库单，单击"合成"以合并生成一张凭证。选择凭证类型"转账凭证"，输入制单日期"2007-2-28，单击"制单"按钮，即生成凭证，单击"保存"完成凭证填制。

（十四）其他业务的处理

1. 工资及工资附加费的计提分配

2月28日，在工资管理子系统中，选择"工资分摊"，分配工资费用，并计提福利费、工会经费、职工教育费、公积金，并生成相应转账凭证。

2. 计提折旧

2月28日，在固定资产子系统中计提并分摊本月折旧费用。

3. 结转汇总损益

2月28日，在总账系统中，通过期末转账功能，自动计算并结转汇总损益（月末汇率7.86）。

4. 结转本期损益

(1) 在总账系统中，确保所有本月记账凭证均已审核、记账。

(2) 2 月 28 日，通过期末转账功能，自动结转本月各项已实现收入。

(3) 2 月 28 日，通过期末转账功能，自动结转本月各项已发生的成本、费用及损失。

(4) 对上述两张凭证审核、记账。

5. 预提所得税

(1) 2 月 28 日，在总账系统中，通过期末转账功能，设置自动计算预提应交所得税，并生成本月预提所得税凭证。

(2)（自动或手动）填制结转本月所得税费用的记账凭证，并进行审核、记账。

第❶❸章

供应链与财务一体化综合实训

第一节　综合实训的目的、内容和方法

一、实训目的

通过一个数据量适中的供应链与财务一体化综合训练，在较短期间内将管理信息系统的各主要子系统有机结合起来进行综合训练，达到对所学过的知识、方法的提纲挈领的巩固和提高，使学生对整个财务业务一体化信息系统融会贯通地掌握，并能在实际工作中灵活运用。

二、实训内容

系统管理子系统、企业门户、账务子系统、报表子系统、工资管理子系统、固定资产管理子系统、应收款管理子系统、应付款管理子系统、库存管理子系统、采购管理子系统、销售管理子系统和存货核算子系统。

三、实训方法

在两个工作日或12课时内，自行根据以下内容，依次完成账套建立、各子系统的初始化、日常处理和期末结账、报表等工作。

第二节　实训资料

怡美食品有限责任公司，从 2008 年 1 月 1 号起启用 U8 软件进行会计和业务处理，有关资料如下：

一、账套资料

1. 账套信息

账套号：一位班级编码 ＋ 两位学号编码。

账套名称：怡美食品有限责任公司。

账套路径：默认值。

启用日期：2008 年 1 月。

会计期间：默认值。

2. 单位信息

单位名称：怡美食品有限责任公司。

单位简称：怡美公司。

单位地址：长沙市韶山南路北段 256 号。

法人代表：张宁。

邮政编码：411002。

联系电话：0731-5657555。

传真号：0731-5657666。

电子邮件：yimei0731@sohu.com。

税号：325423746535687。

3. 核算类型

记账本位币：人民币（RMB）。

企业类型：工业。

行业类型（会计制度）：新企业会计制度。

账套主管：刘三元。

建立账套时按行业性质预置会计科目。

4. 基础信息

无外币核算。

存货需要分类。

客户需要分类。

供应商需要分类。

5. 编码方案, 见表 13-1。

表 13-1 编码方案

项目	编码方案	项目	编码方案
存货分类	1、2	部门	1、2
客户分类	1、2	结算方式	1、2
供应商分类	1、2	地区分类	1、2
收发类别	1、2	科目	4、2、2

6. 数据精确

存货数量、单位小数位数均为两位。

7. 系统启用

同时启用总账、工资、固定资产、应收款、应付款、采购、销售、库存管理、存货核算等子系统, 启用时间为 2008 年 1 月 1 日。

二、用户及权限分配资料

用户权限分配资料如表 13-2 所示。

表 13-2 用户及权限

用户编号	用户姓名	用户角色	用户权限
01	刘三元	账套主管	拥有账套的全部权限
02	王晓琴	出纳	拥有出纳签字权, 现金、银行存款日记账和资金日报表的查询打印权, 支票登记权及银行对账权
03	刘蕾	主办会计	拥有各子系统及公共单据全部权限, 且为工资类别主管

三、基础信息资料

1. 部门信息

表 13-3 部门信息

部门编码	部门名称	部门属性
1	管理部门	管理部门
101	经理办公室	综合管理
102	财务部	财务管理
2	采购部	采购供应
3	销售部	市场营销
4	生产车间	产品生产

2. 职员信息

表 13-4 职员信息

职员编号	职员姓名	所属部门	职员属性
1001	张 宁	经理办公室	厂长
1002	刘三元	财务部	会计主管
1003	王晓琴	财务部	出纳
1004	刘 蕾	财务部	会计
2001	李庆云	采购部	采购经理
2002	肖 三	采购部	采购员
3001	周华亮	销售部	销售经理
3002	侯继新	销售部	销售员
4001	王培成	生产车间	生产主任
4002	李大力	生产车间	生产工人

3. 地区分类

表 13-5 地区分类

分类编码	分类名称	分类编码	分类名称
1	省外	2	省内
101	北京	201	长沙
102	上海	202	湘潭
		203	株洲

4. 客户分类

表 13-6 客户分类

分类编码	分类名称
1	批发客户
2	零售客户

5. 客户档案

表 13-7 客户档案

客户编号	客户简称	所属分类	所属地区	税号	开户银行	银行账号	地址	邮政编码	发展日期
01	A 客户	2	201	430145678912654	工行	65445678	长沙市韶山路 8 号	411001	2007-1-1
02	B 客户	1	202	430345678923852	工行	58745679	湘潭市建设路 9 号	413001	2007-7-1

6. 供应商分类

表 13-8 供应商分类

分类编码	分类名称
1	面粉供应商
2	白糖供应商
3	食用油供应商

7. 供应商档案

表 13-9　供应商档案

供应商编号	供应商简称	所属分类	所属地区	税号	银行账号	地址	邮政编码	发展日期
01	ABC粮油公司	1	101	012345678934567	工行	长沙市劳动路2号	411001	2007-1-1
02	XYZ公司	2	101	012345678945678	工行	长沙市幸福路5号	411001	2007-1-1
03	元康公司	3	101	012345678956789	工行	长沙市玩家6号	411001	2007-1-1

8. 存货分类

表 13-10　存货分类

类别编码	类别名称	类别编码	类别名称
1	原材料	2	产成品
101	面粉	201	普通糕点
102	白糖	202	生日蛋糕
103	食用油	3	应税劳务

9. 计量单位

计量单位组编码为"1"，名称为"独立单位组"，类型为"无换算"。该计量单位组包括"01公斤"、"02盒"、"03个"、"04公里"等计量单位。

10. 存货档案

表 13-11　存货档案

存货编码	存货名称	所属分类	主计量单位	税率	存货属性
01	华强面粉	101	公斤	17%	外购、生产耗用
02	白糖	102	公斤	17%	外购、生产耗用
03	食用油	103	公斤	17%	外购、生产耗用
04	怡美食品	201	盒	17%	销售、自制
05	怡美生日蛋糕	202	个	17%	销售、自制
06	运费	3	公里	7%	外购、销售、应税劳务

11. 会计科目

表 13-12　会计科目

科目名称	核算总账科目
现金	现金总账科目
银行存款	银行总账科目
应收账款	按不同客户核算
原材料	
面粉	数量核算，数量单位"公斤"
白糖	数量核算，数量单位"公斤"

续表

科目名称	核算总账科目
食用油	数量核算，数量单位"公斤"
库存商品	
普通糕点	数量核算，数量单位"盒"
生日蛋糕	数量核算，数量单位"个"
应付账款	按不同供应商核算
生产成本——基本生产成本——普通糕点	
生产成本——基本生产成本——生日蛋糕	

12. 凭证类别

表 13-13　凭证类别

凭证类别	限制类型	限制科目
收款凭证	借方必有	1001 1002
付款凭证	贷方必有	1001 1002
转账凭证	凭证必无	1001 1002

13. 结算方式

表 13-14　结算方式

结算方式编码	结算方式名称	是否票据管理
1	现金结算	否
2	支票结算	否
201	现金支票	是
202	转账支票	是

14. 开户银行

开户银行编码"01"，开户银行名称"工商银行韶山路分理处"，银行账号"12654678901"。

15. 仓库档案

表 13-15　仓库档案

仓库编码	仓库名称	计价方式
1	原料库	加权平均法
2	产品库	加权平均法

16. 收发类别

表 13-16　收发类别

收发类别	收发类别名称	收发标志
1	采购入库	收
2	产品完工入库	收
3	销售出库	发
4	领料出库	发

17. 采购类型

表 13-17　采购类型

采购类型编码	采购类型名称	入库类别	是否默认值
1	普通采购	采购入库	是

18. 销售类型

表 13-18　销售类型

销售类型编码	销售类型名称	出库类别	是否默认值
1	批发	销售出库	是
2	零售	销售出库	否

四、各子系统初始资料

（一）账务系统

1. 系统参数

表 13-19　系统参数

选项卡	参数设置
凭证	进行制单序时控制 不进行支票控制 对资金及往来科目进行赤字控制 允许修改、作废他人填制的凭证 可以使用应收款、应付款存货系统受控 凭证号采用系统自动编号 不进行制单及审核的明细权限控制 出纳凭证必须经出纳签字

2. 期初余额

表 13-20　期初余额

科目名称	余额方向	年初余额
库存现金	借	2 000
银行存款	借	6 228 000
库存商品	借	40 000
普通糕点	借	（100 盒）20 000
生日蛋糕	借	（100 个）20 000
固定资产	借	10 000 000
累计折旧	贷	270 000
实收资本	贷	15 000 000
利润分配	贷	800 000
未分配利润	贷	800 000
盈余公积	贷	200 000
法定盈余公积	贷	100 000
任意盈余公积	贷	50 000
法定公益金	贷	50 000

（二）工资子系统

1. 系统参数

工资类别个数：单个；不核算计件工资；核算币种为人民币（RMB）；代扣个人所得税；不进行扣零处理；人员编码长度：3 位；启用日期：2008 年 1 月。

2. 代发银行

工商银行长沙五一支行，账号长度"定长"，长度 11 位。

3. 人员类别

分为管理人员、生产经营人员。

4. 人员档案

见表 13-21。各职工均为中方人员、计税、不核算计件工资。

表 13-21　人员档案

人员编号	人员姓名	部门	人员类别	账号
101	张　宁	经理办公室	管理人员	20070100001
102	刘三元	财务部	管理人员	20070100002
103	王晓琴	财务部	管理人员	20070100003
104	刘　蕾	财务部	管理人员	20070100004
201	李庆云	采购部	管理人员	20070100005
202	肖　三	采购部	生产经营人员	20070100006
301	周华亮	销售部	管理人员	20070100007
401	周红旗	生产车间	管理人员	20070100009
402	李世名	生产车间	生产经营人员	20070100010

5. 工资项目

表 13-22　工资项目

项目名称	类型	长度	小数位数	增减项
基本工资	数字	8	2	增项
奖励工资	数字	8	2	增项
交通补助	数字	8	2	增项
应发合计	数字	10	2	增项
公积金	数字	8	2	减项
计税基数	数字	8	2	其他
代扣税	数字	8	2	减项
扣款合计	数字	10	2	减项
实发合计	数字	10	2	增项

6. 工资项目公式

交通补助公式：iff（人员类别＝"管理人员，"800，500）

公积金公式：（基本工资＋奖励工资＋交通补助）＊0.08

计税基数公式：基本工资＋奖励工资＋交通补助－公积金

7. 个人所得税

所得税项目：计税基数

费用扣除数：1 600 元

8. 工资分摊

应付工资总额＝应发合计

应付福利费＝应发合计＊14%

公费经费＝应发合计＊2%

职工教育经费＝应发合计＊1.5%

公积金＝公积金＊100%

分摊分录见表 13-23。

表 13-23　工资及相关费用分录

部门		工资总额		应付福利费		工会经费 教育经费		公积金	
		借方 科目	贷方 科目	借方 科目	贷方 科目	借方 科目	贷方 科目	借方 科目	贷方 科目
经理办公室	管理 人员	6602	2211	6602	2211	6602	2241	6602	2241
供应部、销售部		6601	2211	6601	2211	6602	2241	6602	2241
生产车间		5101	2211	5101	2211	6602	2241	6602	2241
供应部、销售部	生产 经营 人员	6601	2211	6601	2211	6602	2241	6602	2241
生产车间		5001	2211	5001	2211	6602	2241	6602	2241

9. 1 月初职工工资数据

表 13-24　1 月初职工工资数据

姓　名	基本工资	奖励工资
张　宁	5 000	2 000
刘三元	3 000	1 000
王晓琴	1 500	500
刘　蕾	2 000	500
李庆云	3 000	1 000
肖　三	2 000	500
周华亮	2 500	1 100
周红旗	2 000	500
李世名	3 000	1 000

（三）固定资产子系统

1. 系统参数

表 13-25　系统参数设置

系统参数	参数设置
启用月份	2008.01
折旧信息	账套计提折旧 折旧方法：平均年限法（一） 折旧汇总分配周期：一个月 当（月初已计提折旧＝可使用月份－1）时，将剩余折旧全部提足
编码方式	资产类别编码：2112 固定资产编码方式：按"类别编码＋部门编码＋序号"自动编码 卡片序号长度：3
账务接口	与账务系统进行对账 对账科目： 固定资产对账科目：1601 固定资产 累计折旧对账科目：1602 累计折旧
补充参数	业务发生后立即制单 月末结账前一定要完成制单登账业务 固定资产默认入账科目：1601 累计折旧默认入账科目：1602

2. 资产类别

表 13-26　固定资产类别设置

编码	类别名称	净残值率	单位	计提属性
01	房屋及建筑物	5％		正常计提
011	房屋	5％	间	正常计提
012	建筑物	5％	幢	正常计提
02	交通运输设备	5％	辆	正常计提
021	经营用设备	5％	辆	正常计提
022	非经营用设备	5％	辆	正常计提
03	机器设备	5％	台	正常计提

3. 部门及对应折旧科目

表 13-27　部门及对应折旧科目

部门	对应折旧科目	部门	对应折旧科目
经理办公室	管理费用	销售部	营业费用
财务部	管理费用	生产车间	制造费用
供应部	营业费用		

4. 增减方式及对应科目

表 13-28　增减方式及对应科目

增减方式	对应入账科目	增减方式	对应入账
增加方式		减少方式	
直接购入	1002 银行存款	毁损	1606 固定资产清理

5. 原始卡片（使用状况均为在用）

表 13-29 固定资产原始卡片

固定资产名称	类别编号	所属部门	增加方式	使用年限	开始使用日期	原值	累计折旧
办公楼	011	经理办公室	直接购入	50	2007.12.01	4 000 000	80 000
仓库	011	供应部	直接购入	50	2007.12.01	1 000 000	20 000
车间	012	生产车间	直接购入	50	2007.12.1	1 000 000	20 000
轿车	022	经理办公室	直接购入	20	2007.12.1	500 000	25 000
货车	021	销售部	直接购入	20	2007.12.1	500 000	25 000
糕点机	03	生产车间	直接购入	30	2007.12.1	3 000 000	100 000
合计						10 000 000	270 000

(四)应收款子系统

1. 系统参数

应收账款核销方式:按单据核销;坏账处理方式:应收账款余额百分比;控制科目依据:按客户;销售科目依据:按存货;受控科目制单方式:明细到客户;显示现金折扣;核算代垫费用的单据类型:其他应收单;录入发票时,显示提示信息,显示折扣信息。

2. 基本科目

表 13-30 基本科目设置

科目类型	设置值	科目类型	设置值
应收科目	1122	销售税金科目	22210105
销售科目	6001	销售退回科目	6001

3. 结算方式科目

表 13-31 结算科目设置

结算方式	科目
现金支票	1001
转账支票	1002

4. 坏账准备

提取比率:0.5%;坏账准备科目:1231;坏账准备期初余额:0;对方科目:6602 管理费用。

5. 账龄区间

表 13-32 账龄区间

序号	总天数
01	30
02	60
03	60 天以上

6. 报警级别设置

表 13-33 报警级别设置

序　号	总比赛	级别名称
01	30	A
02	50	B
03		C

7. 期初数据

无应收款期初数据。

(五)应付款子系统

1. 系统参数

应付账款核销方式:按单据核销;控制科目依据:按供应商;采购科目依据:按存货;制单方式:明细到供应商;汇兑损益方式:月末处理;显示现金折扣。

2. 应付系统基本科目设置

表 13-34 基本科目设置

科目类型	设置值
应付科目	2202
采购科目	1401
采购税金科目	22210101

3. 结算方式科目、账龄区间同应收子系统,无期初余额

(六)采购管理子系统

采购管理系统参数见表 13-35,其他无需特别设置,无期初数据。

表 13-35 采购管理子系统参数设置

系统参数	设置值
普通业务必有订单	不选
启用受托代销	不选
是否允许超订单到货及入库	不选
单价录入方式	手工录入
各种数据权限和金额权限控制	不选
最高进价控制口令	
其他参数	默认系统设置

(七)销售管理子系统

销售管理系统参数见表 13-36,其他无需特别设置,无期初数据。

表 13-36　销售管理子系统参数设置

系统参数	设置值
是否有零售日报业务	不选
是否有委托代销业务	不选
是否有销售调拨业务	不选
是否有分期收款业务	选中
是否有直运销售业务	选中
普通销售必有订单	不选
直运销售必有订单	不选
分期收款必有订单	不选
是否销售生成出库单	不选
各种数据权限控制	不选
新增发票默认	参照发货单生成
是否有最低售价控制	无
其他参数	默认系统设置

(八)库存管理子系统

库存管理系统参数见表 13-37,其他无需特别设置,期初数据见存货管理系统。

表 13-37　库存管理子系统参数设置

系统参数	设置值
有无组装拆卸业务	不选
有无形态转换业务	不选
有无委托代销业务	不选
有无受托代销业务	不选
有无成套件管理	不选
有无批次管理	不选
有无保质期管理	不选是否库存生成销售出库单
选中	
各种数据权限控制	不选
其他参数	默认系统设置

(九)存货核算子系统

1. 系统参数

表 13-38　存货核算子系统参数设置

系统参数	设置值
核算方式	按仓库核算
暂估方式	单到冲回
销售成本核算方式	按销售出库单核算
委托代销业务	不选
成套件管理	不选
各种数据权限控制	不选
其他参数	默认系统设置

2. 存货科目和分期收款发出商品科目

表 13-39 存货科目和分期收款发出商品科目

存货类别	存货科目	分期收款发出商品科目
面粉	原材料——面粉	
白糖	原材料——白糖	
食用油	原材料——食用油	
普通糕点	库存商品——普通糕点	分期收款发出商品
生日蛋糕	库存商品——生日蛋糕	分期收款发出商品

3. 对方科目

表 13-40 对方科目

收发类别	对方科目
采购入库	物资采购
产品完工入库	生产成本——基本生产成本
销售出库	主营业务成本
领料出库	生产成本——基本生产成本

4. 期初数据

表 13-41 存货期初数据

仓库	存货名称	期初数量	期初余额
普通糕点库	怡美食品	100	20 000
生日蛋糕库	怡美生日蛋糕	100	20 000

五、业务资料

1. 2008 年 1 月 5 日，乙可户订购怡美食品 100 盒，无税单价为 800 元，要求发货日期为 2008 年 1 月 10 日，销售部门为销售部、业务员为候继新。

2. 2008 年 1 月 10 日，B 客户提货，开出增值税专用发票，价款未付。

3. 2008 年 1 月 15 日，B 客户通过转账支票还款，价税合计 93 600 元，转账支票号 ZZ101。

4. 2008 年 1 月 15 日，销售部候继新向 A 客户销售怡美生日蛋糕 100 盒，无税单价 400 元，开出发货单，货物已由仓库发出，并开具增值税专用发票，价税合计 46 800 元，通过转账支票付款，转账支票号 ZZ102。

5. 2008 年 1 月 18 日，采购部肖三从 ABC 粮油公司购买华强面粉 1 000 公斤，无税单价 3 元，货物已验收入库，并取得增值税专用发票一张，价税合计 3 510 元，尚未支付。

6. 2008 年 1 月 20 日，用转账支票偿还 ABC 粮油公司货款 3 510 元，转账支票号 ZZ103。

7. 2008 年 1 月 21 日，采购部柴进从 XYZ 公司购买白糖 1 000 公斤，无税单价 3 元，收到专用发票一张，价税合计 3 510 元，货物已验收入库，同时收到运费发票一张，金额 200 元，税率 7%，货款及运费尚未支付。

8. 2008 年 1 月 22 日，采购部柴进从元康公司购买食用油 1 000 公斤，无税单价 10 元，收到专用发票一张，价税合计 11 700 元，货物分两次验收入库，第一次 600 公斤，第二次 400 公斤，直接用转账支票支付货款 11 700 元，转账支票号 ZZ104。

9. 2008 年 1 月 22 日，生产车间分别原料库领用面粉 1 000 公斤、白糖 500 公斤、食用油 500 公斤，用于生产生日蛋糕。

10. 2008 年 1 月 25 日，为生产车间购买货车一辆，价值 200 000 元，使用年限 20 年，采用直线法计提折旧，用转账支票支付价款，转账支票号 ZZ105。

11. 2008 年 1 月 31 日，分配工资费用，并计提福利费、工会经费、职工经费、公积金。

12. 2008 年 1 月 31 日，签发转账支票一张，票号 ZZ106（金额等于本月实发工资合计）委托工行办理代发工资，同时将工资发放清单以电子邮件形式送交银行。

13. 2008 年 1 月 31 日，向税务部门缴纳个人所得税。开出转账支票一张，转账支票号 ZZ107（金额为代扣个人所得税合计），同时将个人所得税扣缴申报表交给税务部门。

14. 2008 年 1 月 31 日，计提本月折旧。

15. 2008 年 1 月 31 日，结转制造费用至生产成本（假定全部结转至"生产成本——基本生产成本——普通糕点）。

16. 2008 年 1 月 31 日，普通糕点全部加工完毕并入库，共计 200 盒（假定金额为全部材料费、人工费、制造费用之和）。

17. 2008 年 1 月 31 日，结转期间损益。

18. 2008 年 1 月 31 日，按本月利润的 25% 计提所得税。

19. 2008 年 1 月 31 日，结转所得税至本年利润。

第三节 实训步骤及要求

请根据以上资料一次完成以下操作：

1. **系统初始化**：根据资料设置用户、建立账套、分配权限、设置基础信息、对各子系统进行初始化。

2. **业务处理**：根据资料，进行各子系统业务处理。

3. **账务处理**：根据资料，进行相应的账务处理。

4. **账表输出**：请将 2008 年 1 月份所有一级科目的发生额余额输出到 Excel 文件。

5. **编制报表**：根据账务处理结果，编制 2008 年 1 月份的资产负债表和利润表。

参考书目

[1] 李春友. 电算会计实训指导. 长沙：湖南大学出版社，2005.

[2] 何学武，袁怀宇. 电算会计. 长沙：湖南大学出版社，2005.

[3] 王晓炜，吕志明. 会计信息系统与实验. 北京：清华大学出版社，2006.

[4] 用友. ERP应用指南. 北京：机械工业出版社，2002.

[5] 编委会. 新会计电算化教程. 广东：珠海出版社，2003.

[6] 沈美莉等. 新会计电算化实用教程. 北京：电子工业出版社，2000.

[7] 财政部. 新会计准则体系. 北京：中国会计学会网站，2007.

[8] 财政部. 企业会计制度. 北京：中国财政经济出版社，2000.

[9] 何日胜. 会计电算化系统应用操作. 北京：清华大学出版社，2002.

[10] 用友. U850软件及其使用说明. 北京：用友公司，2005.

[11] 用友. U861软件及其使用说明. 北京：用友公司，2007.

[12] 用友. 财务通软件及其使用说明. 北京：用友公司，2007.

[13] 金蝶. K3软件及其使用说明. 深圳：金蝶公司，2006.

[14] 新中大. NGPower软件及其使用说明. 杭州：新中大公司，2006.